국군의 뿌리
한국광복군

국군의 뿌리
한국광복군

조승옥 지음

세종마루

추천사

　　'홍범도 장군 흉상 이전' 문제로 인해 만천하에 드러난 것이 하나 있다. 대한민국 국군의 정통성 문제이다. 대한민국은 독립운동을 통해 건립한 국가이다. 독립운동의 핵심은 무장투쟁이었다. 일제의 침략을 막아내기 위해, 빼앗긴 나라를 되찾기 위해, 의병·독립군·광복군 등을 조직하여 일제와 싸웠다. 그 성과로 건립한 것이 대한민국이다. 하지만 대한민국의 국군은 이러한 독립운동의 역사를 외면하거나 지워버리려고 한다. 상징적으로 말해주는 것이 육군사관학교에 세워놓은 홍범도 장군 흉상을 없애려는 시도였다.

　　대한민국 국군은 민족사의 위상과 정체성에 혼란을 겪고 있다. 가장 큰 이유는 그 뿌리에 대한 인식이 잘못되었다는 점 때문이다. 대한민국 국군은 그 뿌리를 조선경비대에서 찾고 있고, 육군사관학교는 군사영어학교에 두고 있다. 군사영어학교와 조선경비대는 미군정이 설립한 것으로, 1948년 대한민국 정부가 수립된 이후 육군사관학교와 국군이 되었다. 문제는 미군정이 설립한 것이라는 점, 일본군 출신들이 중심이 되었다는 점이다.

　　그동안 역사학계에서 대한민국 국군의 민족사적 위상과 정체성을 밝히려는 연구가 있었다. 최근 국군 관계자에 의해 국군의 뿌리를 찾는 주목할 만한 연구 성과가 나왔다. 육군사관학교에서 일평생 생도들을 가르쳤던 조승옥 교수가 『국군의 뿌리, 한국광복군』이란 저서를 출간한 것이다. 조승옥 교수는 지난 2024년에 『육군사관학교, 그 역사의 뿌리를 찾아서』라는 저서를 출간한 적이 있다. 육군사관학교는 1888년에 설립된 연무공원을 그 시원으로 삼고, 대한제국의 육군무관학교, 독립운동 시기의 신흥무관학교와 대한민국임시정부가 설립한 육군무관학교의 전통을 계승하였다는 역사적 사실을 다룬 것이다. 군사영어학교에 뿌리를 두고 있는 육군사관학교의 역사를 바로 잡은 역저이다.

『국군의 뿌리, 한국광복군』은 육군사관학교의 뿌리를 정립한 데 이어, 국군의 정체성을 바로잡기 위한 조승옥 교수의 노고이자 역작이다. 1907년 대한제국 군대해산으로부터 의병·독립군과 광복군에 이르기까지 독립운동 시기의 군사활동을 통해, 일제의 침략과 식민지 지배를 거치는 동안 국군과 같은 역할을 담당한 역사가 있었다는 사실을 강조하였다. 그리고 미군정 시기에 추진된 건군 활동과 대한민국 국군이 탄생하는 역사적 과정과 계승 관계를 일목요연하게 정리하고 있다.

특히 광복군이 국군으로 계승되는 과정을 소상하게 밝히고 있다. 미군정 시기 국방부 장관에 해당하는 통위부장에 대한민국임시정부 참모총장과 군무부장을 지낸 유동열 장군, 조선경비대 사령관에 광복군 출신인 송호성 장군이 임명된 사실을 통해, 미군정에서도 광복군을 건군의 주체로 삼았다고 하였다. 그리고 1948년 대한민국 정부 수립과 국군 창설 과정에서도 광복군이 중용된 사실을 언급하고 있다. 이승만 대통령은 초대 국방부 장관과 차관에 광복군 출신인 이범석과 최용덕을, 육군사관학교 교장에 광복군 출신 최덕신·김홍일·이준식·안춘생 등 4명을 연달아 임명하여 육군 창설에도 광복군이 크게 기여하였다고 한다. 당시 8개 사단장 가운데 4명이 광복군 출신이었다는 것이다.

대한민국 국군의 뿌리를 조선경비대에 두고 있는 것은 문제가 적지 않다. 조선경비대는 대부분 일본군 출신들로 편성되었다는 점에서, 자칫 국군의 뿌리가 일본군에게 있는 것으로 오해받기 쉽다는 점에서 그렇다. 이는 국군의 뿌리와 정체성은 물론이고, 국군의 사기와도 직결되는 문제다. 국군이 창설된 지 80주년을 맞는다. 저자 조승옥은 육군사관학교 교수 출신으로, 더욱이 여든이 넘은 노교수다. 국군의 뿌리와 정체성을 바로 세우려는 노교수의 열정과 연구에 깊은 경의와 감사를 표한다.

한시준 (전 독립기념관장)

책을 내면서

2023년 8월, 육군사관학교는 독립전쟁의 영웅 홍범도 장군의 흉상을 교내에서 외부로 이전하고, 이회영, 김좌진, 지청천, 이범석 등 나머지 네 분의 독립운동가 흉상은 교내 다른 장소로 옮기겠다고 발표했다. 홍범도 장군은 봉오동전투와 청산리 독립전쟁의 영웅이며, 김좌진 장군과 이범석 장군은 청산리 독립전쟁에서 활약한 대표적인 인물이다. 지청천 장군은 한국독립군 총사령과 광복군 총사령으로 활약하였고, 이회영 선생은 독립군 인재 약 3,500명을 배출한 신흥무관학교의 설립자다.

육군사관학교가 홍범도 장군 흉상 이전 계획을 발표하자, 국방부가 직접 나서서 "공산주의 활동 이력이 있는 홍범도 장군의 흉상을 육사에 계속 두는 것은 육사의 정체성을 고려할 때 적절하지 않다"라고 하며 육군사관학교의 결정을 옹호하며 나섰다. 이러한 발언으로 볼 때, 홍범도 장군 흉상 이전 문제는 육사 내부의 자율적 판단이라기보다 외부의 압력에 따른 결정으로 보인다. 국방부는 일관성을 지키기 위해 국방부 청사 앞에 설치된 홍범도 장군 흉상의 이전과 해군 잠수함 '홍범도함'의 명칭 변경도 검토할 수 있다고 밝혔다.

이에 대해 독립유공자 단체들은, "홍범도 장군은 항일무장독립운동의 상징적 인물이고, 광복 2년 전인 1943년 사망해 북한 정권 수립과 아무 관련이 없음에도 독립운동의 역사를 지우려고 한다"라며 강하게 반발했다. 국민 여론 또한 홍범도 장군 흉상 이전에 대체로 반대하는 태도를 보였다.

　이후 육군사관학교는 종합교실(충무관) 앞에 있던 독립운동가 흉상들을 교내에 별도의 기념공원을 조성해 이전하는 방안을 검토했으나, 이 역시 거센 반대 여론에 부딪혀 실행되지 못했다. 결국 홍범도 장군을 포함한 다섯 분의 독립운동가 흉상 이전 계획은 완전히 백지화되었다. 국방부 청사 앞에 설치된 홍범도 장군 흉상도 그대로 유지되었고, 해군 잠수함 '홍범도함'의 명칭 변경은 국방부 발표 직후 해군의 반대 의견 표명에 따라 시행되지 않았다.

　홍범도 장군 흉상 이전 문제를 둘러싼 일련의 논란은 나에게 육군사관학교와 국군의 정체성을 되돌아보는 계기가 되었다. 나는 먼저 육군사관학교의 정체성을 확인하기 위해 그간 연구해 온 육군사관학교의 역사를 정리하여 『육군사관학교, 그 역사의 뿌리를 찾아서』라는 책을 펴냈다. 이 책을 통해 육군사관학교는 1888년 설립된 연무공원을 그 시원으로 삼고, 대한제국 무관학교, 독립운동 시기 신흥무관학교와 임시정부 육군무관학교의 전통을 계승해 설립되었음을 밝혔다. 이들 학교는 모두 조국의 자주독립을 위해 헌신할 군사 인재를 양성하고자 했다는 공통된 목적을 지니고 있다. 따라서 항일 독립투쟁의 상징적 영웅들을 육군사관학교에 설치한 것은 너무나 당연한 일이다.

『육군사관학교, 그 역사의 뿌리를 찾아서』를 펴낸 이후, 나는 국군의 정통성과 광복군에 관한 학술 발표회에 초청받아 발표하거나 참석하며 "왜 광복군인가?", "왜 광복군이어야 하는가?"라는 질문을 화두 삼아 오랫동안 고민했다. 그 과정에서 나름의 결론에 도달하게 되었고, 그 결과물이 바로 이 책이다.

나는 전문 역사학자는 아니다. 그러나 나름의 소박한 역사관은 갖고 있다. 그중 하나는, 역사는 결국 '인간'에 의해 이루어진다는 믿음이다. 개인이든 단체든, 역사는 모두 인간의 선택과 행동을 통해 전개된다. 역사학자 아놀드 토인비는 이를 '도전과 응전'이라 표현했다. 인간은 끊임없이 문제 상황과 맞닥뜨리며 살아간다. 이때 어떤 선택을 하느냐가 한 인간의 삶을 결정짓는다. 민족과 국가 또한 그 구성원들의 선택이 역사를 결정한다. 이 책에 때로는 장황할 만큼 많은 인물을 소개한 이유도, 그러한 '선택'의 주체로서 인간을 역사 속에 기록

하고자 했기 때문이다.

또 하나의 역사관은, 어제가 있었기에 오늘이 있다는 믿음이다. 일제에 나라를 빼앗긴 이후 우리 민족은 쉬지 않고 독립을 위한 투쟁을 이어갔고, 그 끈질긴 노력은 결국 광복으로 이어졌다. 같은 맥락에서 대한민국 국군 역시 어느 날 갑자기 하늘에서 떨어진 존재가 아니다. 분명한 뿌리가 있으며, 역사적 계승의 흐름이 있기에 그 뿌리를 밝히고자 이 책을 쓰게 되었다.

이 책은 크게 서론과 4개 주제, 그리고 결론으로 구성되어 있다. 서론에서는 1907년 군대해산부터 1940년 광복군 창설까지 우리 민족의 군사 활동을 간략히 살펴본 뒤, 광복 후 군대 편성 주체를 둘러싼 '광복군 모체론'과 '경비대 모체론'을 고찰했다.

본론에 해당하는 네 가지 주제는 다음과 같다. 제1부는 대한민국임시정부가 광복군을 창설하게 된 배경과 과정, 그리고 창설 이후의 활동상을 다루었다. 제2부는 광복 후 3년 동안 미군정이 조선경비대와 조선해안경비대를 창설하게 된 경위와 그 과정을, 제3부는 대한민국 정부 수립 이후부터 6·25전쟁 직전까지 국군의 창군 노력과 직면한 시련을 담았다. 마지막 제4부에서는 건군 과정에서 활약한 광복군 출신들의 행적과 공적을 살펴본 뒤, 결론에서 국군의 정통성을 세우는 방안을 제안하며 글을 마무리하였다.

이 책이 나오기까지에는 많은 사람의 도움이 있었다. 이들에게 감사의 말을 전한다. 특히 출판을 맡아준 세종마루 이문용 대표님과 원고를 꼼꼼히 검토해 준 복일경 작가님께 깊이 감사드린다. 복일경 작가는 딱딱하고 재미없는 군대 이야기를 일반 독자도 이해하기 쉽도록 문장을 세심하게 다듬어 주었다. 그리고 무엇보다 집필을 포기하지 않도록 옆에서 늘 응원해 준 장남 형석이에게도 고마움을 전한다.

끝으로, 이 책을 집필할 수 있도록 귀중한 영감과 동기를 주신 한시준 박사님께 깊이 감사의 뜻을 표한다. 한 박사님은 광복군 연구의 권위자로서 제12대 독립기념관장을 역임하셨다.

광복군 창설 제85주년에 즈음하여
태릉에서
조승옥

추천사 005
책을 내면서 009

서론 왜 광복군인가? 021

군대해산, 항일투쟁의 시작 021 • 의병에서 독립군으로 024 • 만주와 연해주 독립군 026 • 대한민국임시정부 국군, 한국광복군 027 • 광복군 해산과 귀국 029 • "광복군을 모체로 국군을 편성해야 한다" 030 • 이승만 대통령의 광복군 출신 중용 032 • "국군의 모체는 경비대?" 033 • 민주화와 광복군 모체론 재등장 035

제1부
한국광복군
대한민국임시정부 국군

1 임시정부 초기 군사정책 038

대한민국임시정부 출범 038 • 통합 임시정부와 무관 계열의 부상 040 • 임시정부를 탄생시키고 지켜낸 이동녕 043 • 공군의 선각자 노백린 046 • 대한제국 무관학교 출신 신규식 049 • 국방 제도와 군사정책 052 • 임시정부 육군무관학교 056 • 도쿄 폭격에 출격할 비행사 양성 058

2 혈전의 해, 1920년 061

"혈전(血戰)의 때, 광복의 미래가 왔도다!" 061 • 봉오동전투, 독립군 최초의 대첩 064 • 청산리 독립전쟁, 일본군 5,000명과 대결 066

CONTENTS

3 독립전쟁의 영웅들　　　071

홍범도 장군, '불패의 전설 남긴 항일 투사' 071 • 청산리 독립전쟁의 영웅들 076 • 탁월한 리더십의 소유자 김좌진 사령관 079

4 군사 인재 양성　　　082

국민혁명군 장교 양성소 황푸군관학교 082 • 황푸군관학교 한인 교관들 086 • 남북한 초대 국방부장관을 배출한 윈난육군강무학교 091 • 장제스가 재학한 바오딩군관학교 092 • 김원봉의 조선혁명간부학교 095 • 김구가 개설한 뤄양군관학교 한인특설반 097 • 김원봉 세력을 배출한 성자(강릉)군관학교 099

5 고난과 시련 속의 독립운동　　　101

러시아 공산정권의 배신, 자유시참변 101 • 만주 독립군 탄압을 위한 미쓰야협정 103 • 임시정부의 혼란과 리더십 위기 105

6 독립운동 활로를 개척한 의열투쟁　　　109

의열단의 의열투쟁 109 • 한인애국단의 의열폭탄으로 독립을 약속받다 113 • 만주 독립군의 중국 본토 이동 117

7 한국광복군 창설　　　122

광복군 창설 준비, 군사위원회 설치와 군사특파단 파견 122 • 군사특파단장 조성환 124 • 한국광복군총사령부 창설 127 • 대한제국 국군·의병·독립군의 항일투쟁 계승 130 • 대한민국 여군의 선구자, 여성 광복군 133 • 지청천, 독립군 총사령에서 광복군 총사령으로 136 • 통수체제 확립과 지대 편성 138 • 황학수, 대한제국 국군에서 광복군까지 142

8 광복군 통수권을 둘러싼 갈등과 해결　145

조선의용대의 탈출과 광복군 지휘권 박탈 145 • 광복군 사상통일을 위한 공약과 서약문 148 • 9개 준승 폐지와 통수권 회복 152 • 광복군의 새로운 인적자원, 일본군 탈출 학병들 156 • 광복군 제3지대장 김학규 161

9 연합군과의 군사합작　164

임시정부의 대일 선전포고 164 • 한영 군사합작, 인도·미얀마전구공작대 파견 166 • 한미 OSS 독수리작전 172 • OSS 훈련과 국내정진군 편성 176 • 여의도 비행장에 착륙한 광복군 선발대 180 • 광복군의 확대 편성 185 • 광복군, 어떻게 볼 것인가? 187

제2부
조선경비대
건군 준비

1 광복과 귀환　194

광복군 확대 편성과 귀국 194 • 장준하·김준엽·노능서의 귀국 후 행적 198 • 23만여 명의 일본군 출신들 201 • 남한으로 귀환한 만주군 출신들 204 • 사설 군사단체 설립 209

2 국방경비대 창설, 건군 준비　214

일본의 항복과 미군정 시행 214 • 군사영어학교 개설 219 • 국방경비대 창설 224 • 남조선국방경비사관학교 설립 227

3 경비대의 한국화　232

계급 호칭, 계급장, 복장 232 • 훈련과 우리 말 구령의 제정 236 • 임시정부 군무부

장 출신 미군정청 통위부장 238 • 광복군 출신 경비대총사령관 243

4 해군창설 준비 246

해방병단 창설 246 • 해안경비대로 개칭 250 • 해군사관학교 개교 252

5 공군 창설 준비 255

임시정부 비행대 설치 계획과 공군설계위원회 255 • 항공기지사령부 창설 257 • 공군사관학교 설립 260

6 경비대의 국군 편입 262

한국 문제의 유엔 이관 262 • 경비대 5만 명 수준으로 증강 264 • 미군정의 종식과 경비대의 국군 편입 265

7 경비대, 어떻게 볼 것인가? 268

경비대 창설 주역, 군사영어학교 출신들 268 • 군대도 경찰도 아닌 경찰예비대 270 • "이따위 경비대 해산시켜라!" 274 • 경비대, '미군의 용병'이냐? '국군의 모체'냐? 276

제3부
대한민국 국군
진통과 시련 속의 건군

1 대한민국 국군 탄생 280

대한민국 육군과 해군의 탄생 280 • 『국군조직법』 제정 283 • 『국방부직제령』 286

2 주한미군 철수와 국방력 강화 289

한국의 전략적 가치 평가절하 289 • 정치를 모르는 군인의 정치 292 • 한국의 지형에는 전차가 필요 없다? 295 • 호국군과 학도호국단 창설 299 • 육군 사단 편성 300 • K-방산의 원조, 국방기술연구소 302 • 해군의 함정 확보 304 • 손원일, '해군의 아버지' 306

3 공군과 해병대 창설　　　　　　　　　　　　　　　　310

공군 창설 과정 310 • 해병대 창설 313

4 시련과 도전들　　　　　　　　　　　　　　　　　　　317

제14연대 반란 317 • 반란군 토벌사령부 설치 320

5 책임자 처벌과 숙군　　　　　　　　　　　　　　　　325

책임자 처벌과 반란부대 해체 325 • 숙군 선풍과 공포의 '김창룡 리스트' 327 • 고문 수사와 용공 조작, 그리고 김창룡의 최후 331 • 사형에서 살아난 박정희 소령 335

6 북한의 무력도발　　　　　　　　　　　　　　　　　　338

인민유격대 남파 338 • 38선에서의 무력도발 340 • 전차와 전투기 한 대 없이 맞이한 전쟁 343

제4부
국군의 뿌리
광복군

1 국군이 된 사람들　　　　　　　　　　　　　　　　　348

대한제국 '마지막 무관생도들' 348 • 나라 잃은 서러움을 안고 351 • 이종혁, 참의부 군사위원장 마창덕 353 • '육군의 산파' 이응준 357 • 신흥무관학교 졸업생들 359 • 강화린, 청산리 독립전쟁 중대장 362

2 국군이 된 광복군 365

국군이 된 광복군 출신들 365 • 광복군의 자질과 경력 367 • 국방부장관 2명, 참모총장 3명, 장군 26명 369 • 지정계와 노능서 370

3 건군에 공헌한 광복군 출신들 373

이범석 초대 국방부장관, 건군의 초석을 놓다 373 • "대한민국의 국방부장관은 나요!" 376 • 군사 인재 영입 378 • 이종찬, 군의 정치적 중립 지킨 '참군인' 380 • 정치 바람에 밀려난 이범석 장관 384 • 광복군 출신 사관학교 교장들 386 • 오성 장군 김홍일 389 • '공군의 아버지' 최용덕 391 • 마지막 기병대장 장철부 394

결론 국군의 뿌리 광복군 397

국군의 정통성 논란 397 • 국군의 정통성 확립을 위한 제안 399

참고문헌 402
부록 광복군 출신 국군 명단 406

이 책에서는 독자의 이해를 돕기 위해 다음과 같은 기준에 따라
제목과 문서명을 구분하여 표기하였습니다.

『 』: 단행본, 장편소설, 고유한 문서명, 역사적 선언문, 헌장, 법령 등
「 」: 단편소설, 시, 논문, 기사, 소제목 등
《 》: 신문·잡지 이름, 방송 프로그램, 전시·기획명, 국제 협약이나 선언문 등
〈 〉: 영화, 연극, 드라마, 노래 제목 등

서론 왜 광복군인가?

군대해산, 항일투쟁의 시작

　자주독립을 지향한 대한제국은 군사력 강화를 최우선 국정과제로 삼았다. 중앙군 4개 연대 9,000여 명, 지방군 6개 연대 1만 8,000여 명 등 총 2만 7,000여 명의 병력을 보유함으로써, 개항기 최강의 군대를 유지하고 있었다. 그러나 군사력은 절대 수치가 아니라, 당대의 위협 국가와의 상대적 비교 속에서 평가되어야 한다.

　러일전쟁 개전 당시, 일본은 육군 13개 사단 약 16만 명의 병력을 갖추고 있었고, 필요시 예비 병력 동원도 준비되어 있었다. 이에 비해 대한제국의 병력만으로는 일본군을 감당하기에 역부족이었다. 이러한 상황에서 대한제국 정부는 세계 최강의 군사력을 보유한 러시아에 접근했다.

　당시 러시아는 정규군 31개 사단 약 207만 명과 예비군 250만 명 등 총 450여만 명에 달하는 육군을 보유하고 있었다. 하지만 극동지역에 실제 배치된 병력은 만주에 주둔한 22만 명 정도에 불과했다. 일본은 이들이 증원되기 전에 속전속결로 전쟁을 끝내기 위해 움직였고, 육상에서는 러시아군을 격파했으며, 해상에서는 쓰시마 해전에서

시위대 병영(출처: 국립민속박물관). 서울시 중구 서소문로 중앙일보 사옥 앞에 '시위 병영 터' 표지석이 설치되어 있다.

러시아 발틱함대를 괴멸시키며 전쟁에서 승리했다.

러일전쟁에서 승리한 일본은 군대해산 준비 과정으로 대한제국 군대의 축소를 강력히 추진했다. 중앙군의 양대 주력이었던 시위대와 친위대 가운데, 친위대는 완전히 해산되고 시위대는 기존 2개 연대에서 1개 연대로 축소되었다. 이에 따라 중앙군은 3,300여 명으로 감축되었으며, 지방의 진위대 역시 5개 대대 4,500여 명 수준으로 대폭 줄어들었다. 이는 대한제국 전성기 군대의 절반 가까이 축소한 셈이었다. 그러나 일본은 이마저도 용납하지 않았다.

1907년 8월 1일, 일제는 대한제국 군대해산을 단행했다. 이에 반발한 시위대 2개 대대가 서울 중구 서소문 일대에서 봉기하여 일본군과 치열한 전투를 벌였다. 일본군은 숭례문 성벽 위에 기관총을 설치하고 시위대를 향해 집중 사격을 퍼부었다. 아침부터 시작된 전투는 정오 무렵에야 진압되었다.

김윤식(金允植, 1835~1922)의 『속음청사』 1907년 8월 1일 자 일기에 따르면, 이 전투에서 시위대 병사 약 100명과 일본군 약 30명이 전사했다고 기록되어 있다. 이 전투는 '남대문 전투'라고도 불린다.

이날 시위대의 항전에 참여했다가 순국한 대한제국 군인들 가운데, 국가보훈부의 독립유공자 명부에 이름을 올리고 건국훈장을 받은 인물은 모두 14명이다. 그중에는 이날 시위대 봉기의 직접적 계기가 된 박승환(朴昇煥, 1869~1907) 참령(오늘날 소령)을 포함해 장교 12명, 특무정교(오늘날 원사) 2명이 포함된다.

중앙군 해산에 이어, 8월 3일부터는 지방군인 진위대에 대한 해산 조치가 본격적으로 추진되었다. 서울 시위대의 항전 소식이 퍼지자, 전국 각지의 진위대에서도 이에 자극받아 봉기가 이어졌다. 시위대와 진위대 소속의 해산군인들은 스스로 의병부대를 조직하거나 기존 의병에 합류해 항일투쟁을 계속했다.

이처럼 군대해산은 항일투쟁의 본격적인 출발점이 되었으며, 그 정신과 전통은 이후 의병과 독립군을 거쳐 광복군으로 이어졌다. 이러한 흐름을 반영하듯, 한국광복군 총사령부 창설식에서 임시정부 외무부장 조소앙(趙素昻, 1887~1958)은 "대한제국 군대가 해산된 날이 곧 광복군의 창설일"이라고 선언했다. 이는 대한제국 군대는 해산된 것이 아니라 광복군으로 새롭게 태어났음을 의미한다.

의병에서 독립군으로

해산된 군인들이 의병 대열에 합류하면서 의병은 전보다 조직적이고 강력한 전투력을 갖추게 되었다. 김윤식의 『속음청사』에는 다음과 같은 기록이 남아 있다.

"가평·원주·제천 여러 곳의 의병 봉기는 모두가 해산군인들로, 서양 총을 가졌고, 일찍이 조련을 거쳐 규율이 있었으므로 일본군과 교전하면 살상이 심히 많고 세력이 장대하여, 의병 수가 4, 5천 명이라고 한다."

영국의 종군기자 프레더릭 A. 매켄지(Frederick A. MacKenzie, 1869~1931)도 이와 같은 상황을 상세히 기록으로 남겼다. 그는 저서 『대한제국의 비극』(The Tragedy of Korea)에서, 해산군인들이 조직한 의병부대가 일본군에 실질적인 타격을 가하고 있다는 소문을 서울에서 듣고, 그 진위를 확인하기 위해 이천·제천·충주·여주·양근(오늘날의 양평) 등지로 직접 찾아갔다.

현장에서 매켄지가 목격한 광경은 참혹했다. 일본군은 해당 지역에서 약탈과 방화, 살인, 강간 등 온갖 만행을 저질렀고, 그 결과 마을은 폐허로 변해갔다. 마을이 초토화될수록 주민들은 분노 속에 의병으로 합류했으며, 의병의 규모는 점차 커졌다. 그는 이렇게 썼다.

"이때 뿌려진 증오의 씨앗을 뿌리 뽑으려면 몇 세대가 지나야 할 것이다."

양평에서는 실제로 의병부대를 만나기도 했다. 우리나라 교과서에 실린 대표적인 의병 사진은 바로 이때 매켄지가 촬영한 것이다. 그 가

매켄지 기자가 촬영한 의병 사진(출처: 국사편찬위원회)

운데에는 대한제국 군복을 입은 의병도 있었다. 비록 무기는 낡았지만, 이들은 자신감과 애국심으로 가득 차 있었다. 당시 그들은 일본군과 교전을 벌여 4명을 사살했다고 밝혔다.[1]

1909년에 이르러 의병 항전의 중심이 호남 지방으로 옮겨지자, 일제는 소위 '남한대토벌작전'이라는 이름으로, 이 지역에 대규모 병력과 현지 군경을 총동원하였으며, 일본에서 증원되어 온 부대까지 투입하였다. 남해안 해상에 함정을 배치하여 의병들의 해상 탈출을 막아, 그야말로 빗질하듯이 의병을 소탕했다. 이를 계기로 국내 의병 활동은 크게 위축되었으며, 의병들은 압록강과 두만강을 건너 만주와 연해주로 피신해 독립군이 되었다.

---

[1] F.A.매켄지 지음, 신복룡 번역, 『대한제국의 비극』(집문당, 2019), 174~177쪽.

만주와 연해주 독립군

1910년 국권피탈 후, 이주 동포들이 많이 살고 있던 만주와 연해주는 독립운동의 근거지이자 독립군 양성을 위한 기지가 되었다. 그 대표적인 사례가 1911년 서간도에 세워진 경학사와 신흥무관학교이다. 경학사는 신흥무관학교를 지원하기 위해 설립된 동포 자치단체이다.

신흥무관학교는 1911년 6월 신흥강습소로 문을 연 후, 1920년 8월 문을 닫을 때까지 모두 3,500여 명의 독립군 인재를 양성해 냈다. 망명자들이 자신의 재산을 바쳐 망명지에 사관학교를 설립한 것은 세계 역사에서 유례를 찾기 어려운 일이다. 신흥무관학교의 교직원과 졸업생들은 만주의 독립운동 단체와 독립군, 대한민국임시정부와 광복군에서 활동했으며, 광복 후 대한민국 국군 창설에도 공헌했다.

1919년 3·1운동을 계기로 만주와 연해주에서는 독립군 편성이 활발히 추진되었다. 이들 독립군은 국내에 들어가 일본의 통치 기관을 습격하거나 파괴하고, 일제 군경을 사살하는 한편 친일파와 밀정을 응징했다. 이 가운데 봉오동전투와 청산리 독립전쟁은 만주 독립군이 일본군을 상대로 거둔 대표적인 대첩 사례가 된다.

청산리 독립전쟁 이후, 만주 독립군은 러시아 공산정권의 지원을 기대하며 러시아령 자유시로 이동했다가 참변을 겪었다. 이후 소련의 배신으로 러시아 내 한인 민족운동은 종식되었고, 시베리아에 거주하던 동포들은 중앙아시아로 강제로 이주당했다.

일본군이 만주에서 철수한 이후, 만주 독립군은 재기를 노렸으나 일본과 만주 군벌 사이에 체결된 미쓰야협정으로 활동이 크게 위축되었다. 이후 일본이 만주를 점령하자, 만주 독립군은 중국 의용군과 함께 일본군과 만주군을 상대로 전투를 벌여 적지 않은 성과를 거두기도 했다. 그러나 전세는 점차 불리해졌다. 이때 만주 독립군 가운데 끝까지 항전하던 한국독립군이 임시정부의 요청을 받아 중국 본토로 이동해 한국광복군 창설을 주도하게 된다.

대한민국임시정부 국군, 한국광복군

1937년, 일본군이 중국을 침략하여 삽시간에 베이징과 상하이를 점령한 데 이어 중국 국민정부의 수도 난징까지 함락시켰다. 난징을 점령한 일본군은 수많은 민간인과 중국군 패잔병을 학살하는 만행을 저질렀으며, 이는 오늘날까지도 중국인들에게 깊은 상처로 남아 있다. 난징이 함락되자 중국 국민정부는 충칭으로 수도를 옮겼지만, 일본군의 공습으로 충칭조차도 안전하지 못했다.

이처럼 긴박한 상황에서, 대한민국임시정부는 1940년 9월 17일 충칭에서 한국광복군총사령부를 먼저 창설했으며, 총사령에는 만주에서 활동하던 한국독립군 총사령 지청천이 임명되었다. 총사령부 창설 이후 병력을 모집하여 부대(지대)를 편성했다.

1941년 12월 7일, 일본군의 진주만 기습으로 태평양전쟁이 발발하자, 임시정부는 12월 9일 일본에 선전포고하고 연합군과의 군사 협력을 추진했다. 그 결과, 인도·미얀마 전선에서 일본군과 교전 중인 영국군에 광복군의 대적 선전대를 파견했고, 이어 미국 전략첩보국

독수리 작전을 협의하는 이범석 제2지대장(왼쪽에서 두 번째 안경 쓴 인물)과 도노반 소장(사진 중앙)(출처: 독립기념관)

(OSS)과 협력하여 국내 침투 작전을 준비했다. 이 작전의 명칭은 '독수리 작전'이었다.

독수리 작전은 OSS 특수 훈련을 받은 광복군 대원을 한반도에 침투시켜, 일본군 비행장과 군항, 군수시설, 교통망 등 주요 폭격 목표에 대한 정보를 무선으로 중국 OSS 본부에 전달하고, 동시에 현지 주민과 함께 게릴라전을 수행하는 특수 임무였다.

한반도 출동 준비를 모두 마친 1945년 8월 7일, 중국 시안에 있는 광복군 제2지대 본부에서 김구 주석과 OSS 총책임자 윌리엄 도노반(William J. Donovan) 소장이 최종 작전회의를 가졌다. 이 자리에서 도노반 소장은 공식적으로 한미 연합작전의 개시를 선언했다.

"오늘부터 '미국과 대한민국임시정부의 적(敵)' 일본에 항거하는 비밀공작을 시작한다!"

이렇게 광복군 OSS 요원들이 한반도 진입 명령만을 기다리고 있던 그때, 일본이 항복하고 말았다.

일본의 항복 이후, 광복군의 새로운 목표는 해방된 조국의 국군이 되는 것이었다. 이를 위해 임시정부는 중국 전선에 출동한 한국인 출신 일본군을 광복군에 편입하여 병력을 확장할 방침을 세웠고, 중국 주요 6개 지역에 각각 하나씩, 총 6개의 잠정 부대(잠편지대)를 편성하기 시작했다. 이를 통해 3만에서 3만 5천 명에 이르는 규모의 인원을 확보하게 되었다. 이 가운데는 중국 각지의 동포 청년들과 만주군에서 복무했던 한국인도 포함되어 있었다.

중국에서 광복군 잠편지대 편성이 추진되던 무렵, 남한에는 미군이 진주하여 조선총독에게서 항복 문서를 접수하고 군정을 시행했다. 이에 따라 광복군의 귀국 문제는 미군정의 승인을 받아야 하는 사안이 되었다.

광복군 해산과 귀국

잠편지대 편성 작업이 마무리되어 가던 무렵, 지청천 총사령은 중국 주둔 미군 당국을 통해 주한 미군정과 광복군 귀국을 위한 교섭에 나섰으나, 돌아온 답변은 광복군을 해산하고 개인 자격으로 귀국하라는 것이었다. 미군정은 남한에 미군 이외의 어떤 군대도 있을 수 없으며, 미군정 외의 어떤 정부도 존재할 수 없다는 확고한 방침을 갖고 있었다. 이러한 미군정의 방침에 따라 대한민국임시정부 요원들도 결국 개인 자격으로 귀국할 수밖에 없었다.

1946년 5월 16일, 지청천 총사령은 일본의 항복으로 중국에서의 광복군 임무가 일차적으로 완료되었으며, 해방된 조국으로 돌아가 새로운 국가 건설에 이바지하기 위해 광복군을 해산하고 개인 자격으로 귀국한다고 선언했다. 이에 따라 광복군의 주력 부대는 이범석 장군의 인솔 아래 미군 수송선을 타고 귀국하였고, 1946년 6월 인천항에 도착했다. 하지만 그들이 도착했을 무렵, 이미 일본군과 만주군 출신들이 국방경비대 창설을 주도하고 있었다.

광복된 조국에 돌아온 이범석 장군은 군대보다 국가를 먼저 세워야 한다는 신념 아래 '민족지상, 국가지상'이라는 슬로건을 내걸고 민족청년단을 창단했다. 이로부터 약 10개월 뒤인 1947년 4월, 귀국한 지청천 광복군 총사령 역시 대동청년단을 조직했다. 광복군 출신들은 이들 청년단에 가입하여 활동하면서, 대한민국 정부가 정식으로 수립되면 자신들이 국군으로 편입될 것으로 기대하고 있었기 때문에 미군정이 주도하는 경비대에 입대하기를 주저했다.

"광복군을 모체로 국군을 편성해야 한다"

남한에 주둔한 미군 병력만으로는 치안 유지와 38선 경비가 어렵다고 판단한 미군정은 5만 명 규모의 국방군 창설계획을 수립했다. 국방군은 미군 방식으로 편성하고 훈련되어야 했기에, 미군을 보조할 한국인 통역관 양성이 필수적이었다. 이에 따라 군사영어학교가 설립되었다.

그러나 워싱턴에서 이 계획이 승인되지 않자, 미군정은 병력 규모를 축소한 2만 5,000명 규모의 경찰예비대 창설로 방향을 전환했다. 한국 측 인사들은 이를 군대 성격에 가깝게 보이도록 '국방경비대'라 호칭했다.

1946년 1월 15일, 지금의 태릉 육군사관학교 자리에 국방경비대 제1연대 A중대가 창설되었으며, 군사영어학교 학생들이 장교로 임관해 부대 창설을 추진했다. A중대장은 군번 2번의 채병덕 정위(대위)가 맡았다. 채병덕은 일본 육사 출신으로, 이후 제2대 및 제4대 육군참모총장을 역임하게 된다.

경비대 창설이 본격화되자, 사회 여론은 물론 광복 전 일본군이나 만주군 복무자들조차도 "광복군을 모체로 국군이 편성되어야 한다"라는 데 의견을 같이했다.

당시의 한국 사회는 강한 반일 감정을 지니고 있었고, 일본군과 경찰에 대한 거부감 역시 여전히 뚜렷했다. 미군정 또한 이러한 정서를 무시할 수는 없었다. 이에 따라 미군정은 국방부 장관에 해당하는 통위부장에 임시정부 참모총장과 군무부장을 지낸 유동열(柳東說, 1877~1950)을 임명하고, 육군참모총장에 해당하는 경비대총사령관에는 광복군 출신 송호성(宋虎聲, 1889~1959) 중령을 임명했다.

유동열은 일본 육군사관학교를 졸업하고 대한제국 참령을 지낸 인물이다. 송호성은 신흥무관학교와 중국 한단군사강습소를 졸업한 뒤 중국군 장교로 복무하다가 광복군에 합류했다. 그는 육사 제2기에 특별 입학해 참령으로 특별 임관한 후 잠시 연대장으로 근무했으며, 이후 중령으로 진급해 경비대총사령관에 임명되었다. 당시 참령 다음 계급은 부령이었는데, 송호성이 참령으로 진급한 뒤 계급 호칭이 개편되면서 부령에 해당하는 중령이 된 것이다.

이승만 대통령의 광복군 출신 중용

대한민국 정부 수립 직후인 1948년 8월 24일, 대한민국 대통령과 주한미군사령관은 대한민국 국방군의 지휘권을 대통령에게 이양한다는 내용의 행정협정을 체결했다. 이 협정에 따라 1948년 8월 31일, 미군정청 통위부의 업무가 대한민국 국방부로 이관되었고, 9월 1일에는 조선경비대와 조선해안경비대의 지휘권이 대한민국 정부로 이양되었다. 이어서 9월 5일, 조선경비대와 조선해안경비대는 각각 대한민국 육군과 해군으로 명칭이 변경되었다.

당시 육군은 경비대로부터 물려받은 병력이 총 5만 4,090명(장교 1,403명, 사병 4만 9,087명)에 달했으며, 해군은 해안경비대로부터 총병력 약 3,000명, 함정 33척을 인수했다. 원래 해군 함정은 36척이었으나, 이 가운데 2척은 납북되고 1척은 좌초되어 실제로 사용할 수 있는 함정은 33척이었다. 육군 소속 항공부대는 인원만 80여 명에 불과했고, 비행기는 한 대도 없었다. 이후 정부 수립 직후인 1948년 9월 4일에 이르러서야, 주한미군으로부터 L-4형 연락기 10대를 인수하게 되었다.

대한민국 초대 대통령 이승만은 초대 국방부 장관과 차관으로 광복군 출신인 이범석과 최용덕을 각각 임명하였으며, 사관학교 교장 자리에도 광복군 출신을 기용했다. 또한 육군 창설 당시 8개 사단의 사단장 가운데 4명은 광복군 출신, 4명은 일본육사 출신으로 임명되었고, 최초의 육군 장군 진급자 4명도 2명은 광복군 출신, 2명은 일본육사 출신으로 구성되었다. 이는 광복군 출신 인사들을 일정 부분 배려한 인사로, 광복군을 모체로 국군을 편성해야 한다는 당시의 시대정신을 반영한 것으로 볼 수 있다.

"국군의 모체는 경비대?"

국군이 창설된 직후, 미군정 시기의 경비대에 침투한 좌익분자들에 의해 여수 제14연대와 대구 제6연대에서 발생한 반란 사건은 군은 물론 국가 전체에 엄청난 충격을 안겨주었고, 그만큼 파장도 컸다. 이 사건을 계기로 이범석 국방부 장관은 '반공'을 국군의 핵심 정신 지표로 삼았다. 국회는 국가보안법을 제정해 좌익분자들에 대한 처벌을 법제화했다.

이어 북한 공산정권의 남침으로 6·25전쟁이 발발하면서 '반공'은 국가 이데올로기로 자리 잡았고, 그로 인해 항일 독립운동과 광복군에 관한 관심은 점차 뒷전으로 밀려났다. 광복군의 전통을 계승하려는 국군 내부의 관심과 노력도 점차 소홀해지거나 무시되었다.

이러한 분위기 속에서, '국군의 모체는 미군정 시기의 경비대'라는 주장이 제기되었다. 대한민국 국군은 경비대를 인수해 창설되었기 때문에, 경비대가 국군의 모체이자 전신이라는 것이 이른바 '경비대 모체론'이다. 형식 논리로 보면 그럴듯하게 들릴 수도 있다. 그러나 이 주장에는 몇 가지 문제점이 제기된다.

첫째, 대한민국 정부가 미군정으로부터 통치권을 이양받아 수립되었다고 해서, 미군정을 대한민국 정부의 '모체' 또는 '전신'이라고 말하지는 않는다. 마찬가지로, 미군정으로부터 경비대의 지휘권을 넘겨받아 국군이 창설되었기 때문에, 경비대가 국군의 모체나 전신이라고 할 수는 없다. 경비대는 미군정청의 조직이고, 국군은 대한민국 정부의 정규군이라는 점에서 두 조직의 정체성(identity)은 근본적으로 다르다.

둘째, 경비대 모체론을 받아들인다면, 국군은 뿌리도 역사도 없는 군대가 되고 만다. 오늘날 우리가 사용하는 계급 명칭이나 부대 편제는 갑오개혁 시기의 군제에서 비롯된 것이며, 우리말 구령은 이미 대한제국 군대에서도 사용된 바 있다. 이는 국군의 역사가 절대 짧지 않다는 것을 보여준다. 이러한 역사적 관점에서 보아도, 경비대 모체론은 수용하기 어렵다.

셋째, 경비대 모체론을 주장하는 사람들조차도 국군의 정통성을 경비대에서 찾아야 한다거나, 국군이 경비대의 전통을 계승해야 한다고까지는 말하지 않을 것이다. 경비대는 계승해야 할 이념이나 역사적 전통을 갖고 있지 않기 때문이다.

결론적으로 말해, 국군이 경비대를 인수해 창설되었다는 것은 부정할 수 없는 사실이며, 경비대가 국군 발전에 기여한 공로도 분명 존재한다. 그러나 그것이 곧 경비대를 국군의 뿌리이자 모체로 볼 수 있다는 뜻은 아니다.

민주화와 광복군 모체론 재등장

1987년 6월 항쟁을 계기로 개정된 제6공화국 헌법 전문에, 대한민국이 "3·1운동으로 건립된 대한민국임시정부의 법통을 계승한다"라고 명문화함으로써, 광복군 모체론 또는 계승론이 다시 주목받기 시작했다.

1987년 헌법에 따라 출범한 노태우 정부 시기에, 육군본부에서 간행한 『국군의 맥』(1992)은 민주화 시대를 맞아 독립운동사 연구가 활발해지고, 독립운동 세력이 재평가되면서 광복군 모체론이 회복되었다고 기술하고 있다. 그리고 헌법 전문의 정신에 따라, "대한민국 정부가 임시정부의 법통을 계승했기 때문에, 대한민국 국군은 임시정부 광복군의 법통을 의당 계승했다고 보아야 할 것이다"라고 서술했다. 또한 국군의 날을 광복군 창설일인 1940년 9월 17일로 변경할 것을 제안하기도 했다.

『국군의 맥』 출간 이후, 국방부 군사편찬연구소는 『건군사』(2002), 『독립군과 광복군 그리고 국군』(2017), 『근현대 한국군의 역사』(2019), 『국방 100년의 역사: 1919~2018』(2020) 등을 연달아 간행했다.

『건군사』는 "광복군을 모체로 국군을 편성하여야 한다"라는 시대적 요구에 따라, 경비대와 국군의 상징적 위치에 광복군 출신 인사들을 기용하고, 광복군의 정신을 계승하기 위한 노력이 계속되었다고 서술하고 있다.

『독립군과 광복군 그리고 국군』에서 대한민국 초대 국방부 장관과 차관에 광복군 출신인 이범석과 최용덕을 각각 임명한 사실, 경비대 6개 여단 가운데 4개 여단의 여단장과 정부 수립 이후 창설된 8개 사단 가운데 4개 사단의 사단장을 광복군 출신으로 임명한 사실, 그리고 광복군 출신을 사관학교 교장으로 기용한 사실 등을 예로 들며, 광복군의 정신과 정통성을 계승하려 했다고 설명하고 있다.

『근현대 한국군의 역사』는, 대한민국 국군이 해방 후 갑자기 등장한 것이 아니라, 의병-독립군-광복군의 전통을 이어 형성되었음을 밝히고 있다. 또한 『국방 100년의 역사: 1919~2018』은, 대한민국 국방 조직의 변천을 대한민국임시정부의 군제에서부터 시작하고 있다.

1

한국광복군

대한민국임시정부 국군

1 임시정부 초기 군사정책

대한민국임시정부 출범

　3·1운동의 열기가 채 가시기도 전인 1919년 4월 10일 밤 10시, 상하이의 프랑스 조계지 김신부로(金神父路)에 각지에서 모인 독립운동가 대표 29명이 집결해 임시의정원을 조직했다. 이들은 이동녕(李東寧, 1869~1940)을 의장으로, 손정도(孫貞道, 1872~1931)를 부의장으로 선출했다. 다음 날인 4월 11일, 임시의정원은 국호를 '대한민국'으로 정하고, 정부형태로 총리제를 채택했다. 이어 국무위원 선출에 들어가 국무총리 후보로 이승만·이동녕·안창호가 추천되었고, 투표 결과 이승만(李承晩, 1875~1965)이 국무총리로 선출되었다. 이어서 내무총장 안창호, 외무총장 김규식, 재무총장 최재형, 교통총장 문창범, 군무총장 이동휘, 법무총장 이시영 등이 선출 또는 추천되었다. 총장(훗날 '부장'으로 명칭 변경)은 오늘날의 장관급 직책이다.

이와 함께, 임시정부는 헌법에 해당하는 기본 규범으로 10개 조항의 『대한민국임시헌장』을 제정했다. 아래는 당시 임시헌장의 주요 내용으로, 일부 표현은 현대적 문장으로 정리했다.

대한민국임시헌장(1919년 4월 11일)

제1조   대한민국은 민주공화제로 한다.

제2조   대한민국은 임시정부가 임시의정원의 결의에 따라 통치한다.

제3조   대한민국의 인민은 남녀, 신분, 빈부의 차별 없이 평등하다.

제4조   대한민국의 인민은 신앙과 종교·언론·저작·출판·결사·집회·통신·주거이전·신체 및 소유의 자유를 향유한다.

제5조   대한민국의 인민으로 공민 자격이 있는 자는 선거권과 피선거권을 가진다.

제6조   대한민국의 인민은 교육·납세 및 병역의 의무가 있다.

제7조   대한민국은 신(神)의 의사에 의하여 건국한 정신을 세계에 발휘하며 나아가 인류의 문화 및 평화에 공헌하기 위하여 국제연맹에 가입한다.

제8조   대한민국은 구 황실을 우대한다.

제9조   사형·태형(笞刑) 및 공창제(公娼制)를 폐지한다.

제10조   임시정부는 국토 회복 후 만 일개 년 내에 국회를 소집한다.

여기서 제9조의 '태형'이란 매질과 같이 신체의 고통을 가하는 형벌을, '공창제'란 국가가 성매매를 인정하는 제도를 말한다.

임시헌장은 훗날 제정된 대한민국헌법의 기본 정신에도 깊은 영향을 주었다. 예컨대 제1조 "대한민국은 민주공화제로 한다"는 오늘날 헌법 제1조 제1항 "대한민국은 민주공화국이다"로 계승되었다. 평등권, 자유권, 선거권과 같은 공민권, 교육·납세·병역의 의무 등도 현행 헌법에 그대로 반영되어 있다.

또한 국제 평화를 추구하며 국제연맹 가입을 명시한 제7조는, 헌법 제5조 제1항 "대한민국은 국제 평화의 유지에 노력하고 침략적 전쟁을 부인한다"라는 조항과 그 정신이 맞닿아 있다.

임시정부가 추구한 목표는 일제에 의해 강제로 점령당한 국토를 되찾는 것이었다. 이는 곧 나라를 다시 세우는 복국(復國)의 길이자, 빼앗긴 나라를 되찾는 광복(光復)의 길이었다.

통합 임시정부와 무관 계열의 부상

대한민국임시정부는 출범했지만, 초대 국무총리로 선출된 이승만을 비롯한 국무위원 대다수가 실제로는 취임하지 않아 정부 기능이 정상적으로 작동하지 못했다. 같은 시기, 러시아 블라디보스토크에서는 대한국민의회가, 서울에서는 한성정부가 각각 수립되어 임시정부는 크게 세 갈래로 분열된 상태였다. 대한국민의회는 상하이 임시정부보다 먼저, 한성정부는 상하이 임시정부 수립 직후 설립되었다.

임시정부 통합은 도산 안창호(安昌浩, 1878~1938)가 상하이에 도착해, 내무총장으로 부임하면서 본격적으로 추진되었다. 안창호는 당시 미국에 체류 중이던 이승만을 대신해 국무총리 대리를 겸임했다.

안창호는 먼저 러시아의 대한국민의회와 통합을 추진하면서, 정부는 상하이에 두되, 임시의정원과 국민의회를 통합하여 통합 국회를 러시아에 설치하는 방안을 제시했다. 한성

대한민국임시정부 국무총리 대리 겸 내무총장으로 임시정부 통합을 추진하던 시기의 안창호 모습(출처: 국사편찬위원회)

정부와의 통합은 상하이 임시정부의 개각과 헌법 개정을 조건으로 협상했다. 그 결과 국호는 '대한민국'으로, 정부의 위치는 상하이로 정하고, 한성정부의 집정관총재 체제를 대통령제로 바꾸며, 상하이 임시정부가 한성정부 각료들을 그대로 받아들이는 방식으로 통합에 합의했다.

이렇게 출범한 통합 임시정부의 구성은 다음과 같다. 대통령 이승만, 국무총리 이동휘, 내무총장 이동녕, 외무총장 박용만, 군무총장 노백린, 재무총장 이시영, 법무총장 신규식, 학무총장 김규식, 교통총장 문창범, 노동국총판 안창호, 참모총장 유동열 등이다.

참모총장은 오늘날의 육·해·공군 참모총장과는 성격이 다르다. 이는 군령기관인 '참모부'의 수장이며, 오늘날로 치면 합동참모본부가 국방부 산하가 아니라 정부의 한 부처로 독립해 있는 형태에 가깝다.

참모총장은 현역 군인이 아닌 정부조직의 일원이며, 군정 업무는 군무총장이 관장했다.

새로 출범한 임시정부의 특징 중 하나는 무관 출신 인사들이 대거 포진해 있다는 점이다. 국무총리 이동휘는 대한제국 군대 참령(소령), 군무총장 노백린은 정령(대령), 참모총장 유동열은 참령, 법무총장 신규식은 부위(중위) 출신이었다. 내무총장 이동녕과 재무총장 이시영은 신흥무관학교의 설립자이며, 이동녕은 초대 교장을 맡기도 했다. 외무총장 박용만은 미국에서 국민군단을 조직해 군사훈련을 실시한 무장투쟁론자였다.

이들 가운데 해방 후 귀국한 인사는 이승만, 이시영, 김규식, 유동열 네 사람이다. 김규식과 유동열은 미군정에 참여하여 각각 남조선과도입법의원 의장, 국방부장관(통위부장)으로 활동했다. 이승만과 이시영은 대한민국 초대 대통령과 부통령으로 선출되었다.

1919년 9월 11일, 상하이 임시의정원은 『대한민국임시헌법』을 공포하면서 통합 임시정부의 출범을 공식화했다. 이날 공포된 헌법은 앞서 제정된 임시헌장을 바탕으로 체계화한 것으로, 전문(前文)과 6개 장, 58개 조로 구성되어 있다. 그 체계와 내용은 오늘날 대한민국 헌법과도 많은 부분에서 일치한다.

예컨대 임시헌법 제2조의 "대한민국의 주권은 대한 인민 전체에 있음"은, 현행 헌법 제1조 제2항의 "대한민국의 주권은 국민에게 있고, 모든 권력은 국민으로부터 나온다"라는 조항으로 계승되었으며, 제3조의 "대한민국의 강토는 구한제국의 판도로 정함"은 현재 헌법 제3조의 "대한민국의 영토는 한반도와 그 부속 도서로 한다"와 정신을 같이한다. 또한 제5조에서는 "입법권은 의정원이, 행정권은 국무원이, 사법권은 법원이 행사한다"라고 명시하여 3권분립 원칙을 분명히 했다.

대통령의 권한이 막강해진 것도 임시헌법의 특징이다. 명령 발포권, 육·해군 통수권, 문무관 임명권, 개전·강화 선포권, 조약 체결권, 계엄 선포권, 임시의정원 소집권, 외국 사절 접수권, 법률안 제출권, 사면권 등이 대통령의 권한으로 명시되었다. 이러한 광범위한 권한은 훗날 "제왕적 대통령제"의 기원이 이미 임시정부 시절부터 존재했다는 평가를 가능하게 한다.

반면, 대통령 탄핵 제도는 상당히 엄격했다. 임시의정원 재적 의원 5분의 4 이상 출석과 출석 의원 4분의 3 이상의 찬성이 있어야 탄핵 또는 심판이 가능하도록 규정되어 있었다. 오늘날처럼 헌법재판소에서 탄핵 여부를 심사하는 방식이 아니라, 국회에 해당하는 임시의정원의 표결로 곧바로 탄핵이 결정되는 구조였다. 이승만 대통령은 바로 이 조항에 따라 탄핵당하고 파면되었다.

임시정부를 탄생시키고 지켜낸 이동녕

이동녕은 독립협회, YMCA, 상동교회, 신민회 등과 개인적인 인연을 통해 많은 애국지사와 교류했다. 독립협회와 만민공동회를 주도한 이상재, 헤이그 특사로 파견된 이상설, 상동교회 담임목사 전덕기, 군부의 이갑·노백린 등은 독립협회에서 알게 되었고, 이준·이승만과는 만민공동회 사건으로 함께 투옥되었다. 이동녕은 이승만보다 여섯 살 연상이었다. 상동교회를 통해 이회영·안창호·양기탁·김구 등을 알게 되었고, 이시영과는 이회영을 만나기 전부터 친분이 있었다.

1905년 을사늑약이 체결되자 동지들과 연좌시위를 벌이며 무효를 선언했다가 일본 헌병에 구금되었다. 이후 고문을 받고 풀려나 북간도로 망명하였고, 이상설·여준 등과 함께 서전서숙(西墊書塾)을 세워 민족교육을 실천했다. 이상설이 헤이그 특사로 파견된 뒤, 이동녕은 귀국하여 안창호·전덕기·양기탁·이동휘·이갑·노백린·유동열 등과 함께 신민회를 조직했다.

1910년 국권피탈 이듬해, 이회영·이상룡 등과 함께 서간도 삼원포에 신흥강습소(후에 신흥무관학교로 개편)를 세우고 초대 교장을 맡았다. 일제의 체포령이 내려지자 블라디보스토크로 피신했고, 이회영은 국내로, 이시영은 베이징으로 이동했다. 이동녕은 연해주에서 이상설·이동휘 등과 함께 독립운동을 전개했다.

1919년 2월, 민족대표 39인 중 한 사람으로 무오독립선언서(대한독립선언서)에 서명한 후 상하이로 건너가 대한민국임시정부 수립을 준비하던 중 3·1운동이 일어났다. 4월 10일, 그는 임시의정원 의장으로 선출되었고, 다음 날 대한민국임시정부 수립을 대내외에 선포했다. 같은 해 9월, 통합 임시정부의 내무총장에 임명되면서 손정도에게 의장직을 넘겼다. 손정도는 대한민국 '해군의 아버지'로 불리는 손원일 제독의 부친으로도 알려져 있다.

이동녕은 이시영과 함께 언제나 불안정했던 임시정부를 끝까지 지켜냈기에, 훗날 두 사람을 '임시정부의 어르신'이라 불렀다. 그러나 그는 광복을 보지 못한 채, 1940년 3월 13일 중국 쓰촨성 치장(四川省 綦江)의 임시정부 청사 2층에서 향년 72세의 나이로 쓸쓸히 순국했다.

이동녕이 세상을 떠난 이후, 김구가 그 뜻을 이어받아 이동녕이 미처 이루지 못한 일들을 완성해 나갔다. 그가 타계한 1940년 대한민국임시정부는 충칭으로 이동하였고, 한국국민당·조선혁명당·한국독립당이 통합되어 새로운 한국독립당이 결성되었다. 같은 해, 대한민국임시정부의 통합 정부가 구성되고, 한국

이동녕은 신흥무관학교 초대 교장을 지냈으며, 대한민국임시의정원의 초대 의장과 임시정부 주석을 역임했다.(출처: 공훈전자사료관)

광복군이 창설되었다. 이어 임시정부 지도 체제도 집단지도체제에서 주석 단일지도 체제로 바뀌었으며, 김구가 주석으로 선출되었다.

1948년, 해방 3년 만에 이동녕의 유해는 김구 주석이 장례위원장을 맡아 사회장으로 봉환되었고, 서울 효창공원에 안장되었다. 충남 천안시 목천읍에 있는 생가에는 그를 기리는 기념관이 건립되었다.

이동녕의 후손들은 독립운동가 후손은 으레 못 배우고 가난하다는 통념과 달리, 성공한 사례에 속한다. 장남 이의직은 신흥무관학교를 졸업하고 학교 교사로 부임하러 가던 중 사망하였으나, 차남 이의식은 경성제국대학 의학부를 제1회로 졸업해 의학박사가 되었다. 그는 미군정 시절 민주의원으로 활동했으며, 정부 수립 이후에는 서울대학교 이사와 반민족행위특별조사위원회 감찰관을 맡아 친일 인사 처벌

에 힘썼다. 이의식은 두 아들을 두었는데, 장남 이철희는 미국 유학 후 귀국해 대통령비서관과 서울교육대학장을 역임하였고, 차남 이석희는 서울대학교를 졸업한 뒤 중앙대학교 총장을 지냈다.

공군의 선각자 노백린

노백린(盧伯麟, 1875~1926)은 키는 작으나 힘이 세어, 어릴 적부터 '항우'라는 별명으로 불리었다. 1895년 봄, 국비 유학생으로 선발되어 일본에 유학을 떠났고, 1898년 12월에는 114명의 유학생 중 21명과 함께 일본 육군사관학교 제11기생으로 입학하여 이듬해 졸업했다. 이들은 졸업 후 6개월간 일본군 부대에서 견습사관 과정을 마친 뒤, 대한제국의 참위로 임관되었다. 그러나 귀국 명령이 내려오지 않고 급여마저 중단되자, 노백린을 포함한 6명의 대표가 정부에 탄원하기 위해 귀국했다. 이들은 모두 대한제국 무관학교 교관으로 임명되었으며, 일본에 남아 있던 노백린 동기생 가운데 일부는 반역 음모 혐의로 처형되거나 대한제국 장교로 복무했다.

일본육사 출신 장교들은 러일전쟁을 계기로 일본군의 후원 속에 빠르게 승진했다. 노백린 역시 정위로 진급해 무관학교 학도대장으로 임명되었으며, 엄격한 규율과 강도 높은 훈련으로 '호랑이 교관'이라 불렸다. 전형적인 야전형 군인이었던 그는 직설적이고 급진적인 언행으로 상관과 자주 충돌했지만, 생도들 사이에서는 우상과 같은 존재였다.

노백린(오른쪽). 임시정부 군무총장으로 임명된 후 워싱턴에서 이승만(왼쪽)과 함께(출처: 국사편찬위원회)

그는 참령을 거쳐 부령으로 승진하고 헌병대장에 임명되었다. 군대해산 이후에는 정령으로 무관학교 교장에 올랐으나, 이듬해 스스로 사직했다. 당시 그는 이미 애국계몽운동 단체인 신민회에 가담하고 있었고, 일제의 감시를 피해 결국 하와이로 망명했다.

그러다 자신이 대한민국임시정부의 군무총장(국방부 장관)으로 임명되었다는 소식을 접한 그는 곧 워싱턴으로 건너가 임시정부 대통령으로 선출된 이승만을 만나 독립운동의 방향을 논의했다. 노백린과 이승만은 모두 1875년생 동갑이었으나, 독립운동 노선은 상반되었다. 노백린은 무장투쟁을 주장한 독립전쟁론자였고, 이승만은 외교를 통한 독립을 추구한 외교론자였다.

노백린은 이승만을 만난 뒤, 샌프란시스코 북쪽에서 쌀 농장을 운영하던 재미동포 김종림(金鍾林, 1884~1973)의 후원을 받아 한인 비행사양성소를 설립했다. '앞으로는 하늘을 지배하는 자가 곧 세계를 제패할 수 있다'라는 그의 신념에서 선각자다운 면모를 엿볼 수 있다.

대한민국임시정부의 군무총장으로 임명된 노백린은 본격적으로 군사정책을 수립하고 추진했다. 이어 이승만 대통령으로부터 국무총리로 임명되어 임무를 성실히 수행했으나, 임시정부의 만성적인 재정난과 계속된 내부 갈등에 대한 책임을 지고 사임했다. 그의 후임으로 이동녕이 국무총리로 임명되었으며, 노백린은 다시 군무총장으로 재임명되었다. 이후에도 군무총장, 교통총장, 국무총리 등을 번갈아 맡으며 임시정부의 핵심 요직에서 활동하던 그는 지병이 재발하여 1926년, 52세를 일기로 상하이에서 순국했다.

노백린의 세 자녀 역시 아버지의 뜻을 이어 독립운동에 몸 바쳤다. 장남 노선경은 신흥무관학교를 졸업한 뒤 만주에서 독립운동을 벌이다가, 1920년 군자금을 국내로 반입하던 중 체포되어 옥고를 치렀다. 해방 이후 육군사관학교를 졸업하고 국군 장교로 임관했다. 차남 노태준은 중국의 황푸군관학교를 졸업하고 이범석이 지휘한 광복군 제2지대에서 활동했다. 차녀 노순경은 세브란스병원 간호사로 재직 중, 3·1운동 당시 서울에서 만세 시위를 주도하다가 붙잡혀 수감되기도 했다. 노백린과 그의 세 자녀는 대한민국 정부로부터 각각 건국훈장을 받았다.

대한제국 무관학교 출신 신규식

신규식(申圭植, 1879~1922)은 지금의 충북 청주시 상당구 가덕면 인차리에서 태어났다. 세 살 무렵 글을 깨칠 정도로 총명하고 영특했으며, 어린 시절부터 한문으로 글을 짓고 시를 쓸 정도로 글재주가 뛰어나 신동으로 이름을 알렸다. 17세가 되던 해 그는 상경하여 관립한어학교(官立漢語學校)에 입학하였으나, 재학 중 독립협회에 가담해 적극적으로 활동하다 보니 끝내 졸업하지 못했다. 그러나 그곳에서 익힌 중국어 실력은 상당한 수준이었으며, 훗날 중국에서 활동할 당시에는 현지인들조차 그를 중국인으로 오해할 정도였다고 전해진다.

20세가 되던 1900년, 신규식은 대한제국 무관학교 제2회로 입학해 1902년 참위로 임관했다. 무관학교 동기생 가운데 조성환과는 절친한 사이로, 훗날 독립운동 동지가 되었다.

군대해산 당시 그는 자결로 항거한 박승환 참령이 복무하던 시위 제1연대 제1대대에 소속되어 있었다. 신규식은 부위로 해직된 뒤 산업과 공업의 발전이 국가의 부강을 이끄는 핵심이라 생각하고, 대한협회와 기호흥학회에 참여하며 《공업계》라는 잡지를 창간하는 등 구국 계몽운동에 힘썼다. 1910년 일제에 국권이 강탈되자 그는 독립운동에 투신할 것을 결심하고, 모든 재산을 정리해 마련한 자금을 가지고 1911년 상하이로 망명했다. 상하이에 도착한 그는 신해혁명에 참여하며 중국 혁명가들과 교류했고, 중국 문인 단체인 남사(南社)에 외국인으로는 유일하게 정식회원으로 가입했다. 이러한 활동은 훗날 신

대한제국 부위 때 촬영한 무관학교 동기생들. 전열 우측이 신규식이고 좌측이 신팔균. 신팔균은 강화도조약과 조미수호통상조약 체결 때 조선 정부 대표로 활동한 신헌의 손자로 만주에서 독립군 사령관으로 활동 중 순국 (출처: 청주고인쇄박물관 근현대전시관)

해혁명의 지도자 쑨원(孫文)과의 연결 고리가 되었다.

그는 무관학교 동기생 조성환과 함께 상하이에 박달학원(朴達學院)을 설립하여, 한국인 유학생들에게 중국·미국·유럽 유학에 필요한 기초과목을 가르쳤다. 대한민국 초대 국방부 장관이자 국무총리를 지낸 이범석과, 4·19 혁명 이후 과도정부 수반을 역임한 허정(許政, 1896~1988)이 이곳에서 수학했다. 신규식은 이범석이 윈난(雲南)육군강무학교에 입학할 수 있도록 주선했으며, 허정이 프랑스 유학을 갈 수 있도록 도왔다.

1921년 11월, 그는 임시정부 국무총리 대리 자격으로 광저우 호법정부(護法政府) 대총통 쑨원을 만나, 북벌이 완성되면 한국 독립운동을 적극 지원하고 중국의 각 군관학교에 한인 청년들의 입학을 허용하겠다는 약속을 받아냈다. 이 약속은 훗날 임시정부가 중국 정부에 지원을 요청하는 데 있어 중요한 외교적 근거가 되었다.

당시 임시정부는 이념과 투쟁 노선, 지역 차별로 인해 분열의 위기에 놓여 있었다. 일부에서는 임시정부를 부정하며 국민대표회의 소집을 주장했다. 신규식은 이동녕, 이시영과 함께 임시정부를 지키기 위해 힘썼으나, 국민대표회의 개최를 막지는 못했다. 내부 갈등이 극심한 현실을 개탄하던 그는, 임시정부의 앞날을 걱정하다 1922년 9월 25일 운명했다. 그에게는 대한민국 정부로부터 건국훈장이 추서되었고, 상하이 공동묘지에 묻혔던 그의 유해는 1993년 국내로 봉환되어 국립서울현충원 임시정부 요인 묘역에 안장되었다.

국방 제도와 군사정책

　대한민국임시정부는 오늘날의 정부조직법에 해당하는 『대한민국 임시관제』를 공포했다. 이 관제는 대통령 직속의 군사기구로 대본영, 참모부, 군사참의회를 설치하도록 규정하고 있었다. 대본영은 대통령을 원수로 하는 군 최고통수부로, 국무총리와 참모총장이 주요 참모로 참여했다. 이는 대한제국 시기의 원수부를 모델로 한 조직이며, 광복군 창설 이후에는 통수부로 개편되어 주석이 통수권을 행사하게 되었다.

　참모부는 국방과 용병 계획 전반을 담당하였으며, 참모총장이 이를 총괄했다. 오늘날의 합동참모본부에 해당하지만, 임시정부 참모부는 정부의 독립된 기관으로 설치되었고, 현역 군인이 아닌 장관급 인사가 참모총장을 맡은 점에서 차이가 있다. 군사참의회는 군사 관련 사안을 대통령에게 자문하는 기관으로, 오늘날의 국가안전보장회의와 유사한 성격을 지녔다.

　총사령부는 예하 부대를 지휘·통솔하는 조직으로, 총사령관은 부대 관리와 인사 등 군정(軍政)에 대해서는 군무총장의 지휘를 받고, 작전 및 지휘 등 군령(軍令)에 대해서는 참모총장의 지휘를 받았다. 이러한 체계는 군정권과 군령권을 분리하여 각각 군무총장과 참모총장에게 귀속시키는 구조였다. 군정·군령의 분리 원칙은 조선시대부터 내려오는 전통으로, 당시의 병조(兵曹)와 삼군부(三軍府), 그리고 대한제국 시기의 군부와 원수부 또한 이러한 구조를 취해 상호 견제를 가능케 했다.

그러나 대한민국 정부 수립 이후에는 국방부 장관이 군정과 군령을 모두 겸하면서 2024년 12·3 내란 당시 국방부 장관이 직접 부대에 출동 명령을 내리는 사태가 벌어지기도 했다.

임시정부는 수립 당시부터 오늘날 국방부에 해당하는 군무부를 설치하였지만 곧바로 군대를 창설하거나 군사 활동을 펼칠 수 있는 여건은 아니었다. 타국의 영토에서 군대를 편성하거나 훈련하는 것은 제한이 많았고, 세계 최강의 군사력을 자랑하던 일본군을 상대로 전면전을 벌이기는 현실적으로 어려운 상황이었다.

따라서 임시정부의 초기 군사정책은 먼저 국방 및 군사제도를 마련하고 군사력을 양성한 뒤, 훗날 일본이 미국이나 중국 등 열강과 충돌할 경우 국제정세의 변화에 편승해 연합국과 공동전선을 형성하고 독립전쟁을 전개하려는 전략이었다.

먼저 군사제도를 마련하기 위해 1919년 12월 18일 군무부령 제1호로 『대한민국육군임시군제』, 『대한민국육군임시군구제』, 『임시육군무관학교조례』를 공포했다. 『대한민국육군임시군제』는 오늘날의 국군조직법에 해당하는 법령으로, 군의 편성과 조직, 계급체계, 군복과 복무 태도까지 포괄적인 내용으로 구성되어 있다. 『대한민국육군임시군구제』는 병력 모집을 위한 지역 구분 규정으로, 동포가 많이 거주하는 만주와 연해주를 세 개의 군구(軍區)로 나누고, 각 군구 내 일정 연령의 남성을 병역 대상으로 삼았다. 『임시육군무관학교조례』는 향후 창설될 군을 지휘할 장교를 양성하기 위한 사관학교 설립과 운영 방침을 규정한 법령이다. 이 가운데 육군임시군제는 훗날 광복군 편성의 기본 지침이 되었으며, 그 주요 내용을 살펴보면 다음과 같다.

광복군 모표   광복군 마크. 왼쪽은 제3지대, 오른쪽 위는 총사령부, 밑은 제2지대 마크(출처: 국사편찬위원회)

군대는 분대-소대-중대-대대-연대-여단-군단의 순으로 편성되었다. 통상 연대 이상의 편제에서는 여단 다음에 사단-군단으로 이어지지만, 사단이 생략되었다. 실제로 사단 편성은 대한민국 정부 수립 이후에야 처음으로 이루어졌다. 일반적으로 군단은 정원이 없이 구성되지만, 임시정부는 군단 창설을 최종 목표로 삼고 병력 동원에 현실적 제약이 있었기 때문에 군단 정원을 1만 4,322명으로 설정한 것으로 해석된다.

병역은 상비병과 국민병으로 구분하고, 상비병은 20세 이상 40세 미만의 건장한 남성 중 징병령에 따라 소집된 자와, 18세 이상 50세 이하의 자발적으로 지원한 건장한 남녀(男女)로 규정했다. 상비병은 다시 현역과 예비역으로 나뉘며, 현역을 마친 자는 예비역, 예비역을 마친 자는 국민병에 편입됐다. 참고로 징병제가 처음으로 거론된 것은 1894년 갑오개혁 시기였으나, 생업에 지장을 초래한다는 고종의 판단에 따라 본격적으로 시행되지 못했다.

군복의 색상은 담황색으로 정하고, 모표(帽標)는 태극 문양 둘레에 교차한 화살 두 개를 배치한 형태로 했다. 실제로 한국광복군이 사용한 모표는 그림에서 보듯 차이가 있었다. 군복은 계급에 따라 부착물을 달리했다. 군인의 계급은 '무관'과 '병원(兵員)'으로 나뉘며, 무관은 하사(下士) 이상의 계급을, 병원은 1등병·2등병·3등병 등 일반 병사를 의미한다.

광복군의 계급 호칭은 대체로 대한제국의 군제(軍制)를 따랐지만, 중국군과의 혼동을 피하고자 부사관 계급에 사용되던 '교(校)' 자 대신 '사(士)' 자를 도입했다. 예컨대 대한제국의 '정교(正校)'는 광복군의 '정사(正士)'로 변경되었으며, 광복군 때부터 부사관 계급에 '사'자를 사용하는 것은 오늘날까지도 이어지고 있다. 이는 중국군이 영관 계급에 '교' 자를 사용했기 때문에 생긴 조치였다.

아래는 광복군과 대한제국 군제의 계급 호칭 비교이다.

계급 구분	광복군 계급 호칭	대한제국 계급 호칭
장관	정장 · 부장 · 참장	대장 · 부장 · 참장
영관	정령 · 부령 · 참령	정령 · 부령 · 참령
위관	정위 · 부위 · 참위	정위 · 부위 · 참위
하사	정사 · 부사 · 참사	특무정교 · 정교 · 부교 · 참교
병원	1등병 · 2등병 · 3등병	상등병 · 일등병 · 이등병

모든 군인은 상관의 명령에 '절대복종'해야 하며, 군인의 책무를 위

반하거나 군율을 침해한 때에는 『육군형법』 또는 『육군징벌령』에 따라 처벌받도록 했다. 그러나 실제로 『육군형법』과 『육군징계령』이 제정되었는지는 확인되지 않는다.

임시정부 육군무관학교

임시정부 육군무관학교는 앞서 제정된 『임시육군무관학교조례』에 따라 1920년 1월 상하이에서 개교했다. 제도는 큰 틀에서 대한제국 무관학교의 형식을 따랐지만, 임시정부의 현실과 여건에 맞게 조정되었다. 개교 초기에는 김희선이 교장을, 도인권이 교관을 맡아 학교를 운영하였으며, 이후 황학수가 합류하여 교육에 참여했다. 김희선은 당시 군무부 차장을 겸직하고 있었으며, 군무총장 노백린과 일본 육군사관학교 동기생이었다. 도인권은 대한제국 군대 시절 특무정교 출신으로, 임시정부 군무부 군무국장이자 학도대장을 맡고 있었다. 황학수는 대한제국 무관학교 제1회 졸업생으로, 만주 지역에서 독립운동을 전개하다 뒤늦게 임시정부에 합류했다.

1920년 6월 10일 자 상하이판 《독립신문》에는 육군무관학교 제1회 졸업식 관련 기사가 실렸다. 기사에 따르면, 6개월 교육 과정을 마친 졸업생들에게 황학수 교관이 이름을 부르면 김희선 교장이 졸업증서를 수여하였으며, 장승조·박승근·황훈·강영한 등에게 최우등상이, 황훈에게 개근상이 수여되었다. 또한 김희선 교장의 식사(式辭)와 이동휘 국무총리의 축사, 졸업생 대표 이현수의 답사가 있었다. 당시 답사는 다음과 같은 내용이었다.

"오늘은 우리에게 가장 영광스러운 날이요, 오늘이 우리에게 영광스러운 날일수록 우리의 책임이 더욱 중대함을 깨닫습니다. (중략) 작년 3월 1일 독립운동이 시작됨으로부터 우리는 이 책임을 다하지 않으면 천만 대 후손에게 죄를 짓는 것으로 여겼습니다. 조국 광복의 대업은 희생과 피를 요구한다는 것을 알게 되었습니다. 이에 결심하고 본교에 들어왔고, 교장 이하 교관들의 정성 어린 지도 아래 '앞으로 갓'에 발을 들이게 되었습니다. 앞으로 우리는 포연탄우(砲煙彈雨) 속에서 팔이 끊어지고 다리가 잘릴지라도 주저하지 않고 전진하여 국민정신을 세계에 알리고, 선생님의 은혜에 보답하고자 합니다."

또한 기사에는 졸업생과 재학생이 함께 독립군가를 합창했다는 내용이 실려 있는데, 이를 통해 졸업식 당시 이미 제2회 신입생이 입학해 있었음을 짐작할 수 있다.

1921년 1월 1일 자 상하이판《독립신문》에는 임시정부 육군무관학교 제2회 졸업식이 1920년 12월 24일에 열렸다는 기사가 실려 있다. 보도에 따르면 이날 졸업식에는 약 300명의 내빈이 참석했으며, 이승만 대통령, 이동휘 국무총리 겸 군무총장, 손정도 의정원 의장이 훈시를 맡았다. 각계 단체의 축하장 낭독에 이어 졸업생 대표 이충실이 답사를 했고, 군가 제창과 함께 이동휘 총리의 선창으로 만세삼창을 외치며 식이 마무리되었다.

이 졸업식을 끝으로 육군무관학교는 문을 닫았다. 설립 1년 만에 폐교된 가장 큰 이유는 재정문제였다. 학교는 정부 예산 없이 상하이 거주 교민들의 성금에 의존했지만, 곧 후원이 중단되며 운영이 불가

비행학교 한인 교관 한장호(출처: 독립기념관)

능해졌다. 이후 임시정부는 군사 인재 양성을 중국의 군관학교를 통해 이어가게 된다.

육군무관학교는 두 차례의 졸업식을 통해 1회 18명, 2회 24명 등 총 42명의 졸업생을 배출했다. 배치할 부대가 마땅치 않았기에 이들은 대부분 군무부 직원, 무관학교 교관 또는 국민군 훈련 요원 등으로 활동했다. 일부는 중국 군관학교에 진학하거나 만주로 파견되어 무장 독립운동에 참여했다.

비록 학교의 존속 기간은 짧았지만, 임시정부가 독립전쟁 수행을 위한 군사 지도자를 직접 양성했다는 점에서 역사적 의미는 적지 않다.

도쿄 폭격에 출격할 비행사 양성

캘리포니아에 도착한 노백린은 김종림의 후원을 받아 비행학교 설립에 나섰다. 초기에는 샌프란시스코 남쪽의 레드우드(Redwood) 비행장에서 미국인 운영하에 훈련을 시작했으며, 이후 윌로스에 있는 김종림의 농장에 교사와 훈련장을 마련해 1920년 7월, 한인 비행사양

노백린 군무총장(중앙)과 한인 비행 교관들(출처: 국사편찬위원회)

성소 개소식을 개최했다. 비행훈련은 미국인 교관 1명과 레드우드에서 교육받은 한인 조종사 6명이 담당했으며, 훈련기 2대를 활용해 이뤄졌다.

비행사양성소 총재를 맡은 김종림은 "나라의 독립과 민족의 자유는 철과 피로 얻는 것"이라며, 아시아에서는 비행훈련이 불가능하고 미국 내 동포 인구가 적어 육군 편성이 어려운 현실에서 미국에 비행사양성소를 설립하게 되었다고 그 이유를 설명했다.

노백린은 훈련생들에게 다음과 같이 강조했다.

"우리 비행사들의 궁극적 목표는 일본 도쿄다. 독립전쟁이 일어날 때, 우리의 공군이 도쿄 상공을 날아가 도시를 초토화할 수 있도록, 이 목표를 언제나 명심하고 전투 출격 태세로 훈련에 임해야 한다."

비행사양성소는 이후 쌀 흉작과 가격 하락으로 재정난을 겪었고, 약 2년 만에 문을 닫았다. 그러나 이곳에서 양성된 한인 조종사 가운데 일부는 훗날 제2차 세계대전 중 미군 조종사로 참전한 이들도 있었다고 전해진다.

2

혈전의 해, 1920년

"혈전(血戰)의 때, 광복의 미래가 왔도다!"

3·1운동을 계기로 민족 지도자들은, 일제로부터의 해방은 오직 강력한 무장투쟁을 통해서만 가능하다는 사실을 절실히 깨닫게 되었다. 평화적인 만세 시위는 일제의 무자비한 탄압으로 좌절되었고, 파리강화회의에 대한 기대마저 무산되면서, 무장투쟁을 통한 독립 쟁취라는 '독립전쟁론'이 급부상한 것이다.

파리강화회의는 제1차 세계대전의 승전국들이 전후 처리 문제를 논의하기 위해 1919년 1월부터 6월까지 프랑스 파리의 베르사유 궁전에서 개최되었다. 회의에 앞서 미국의 토머스 우드로 윌슨(Thomas Woodrow Wilson) 대통령은 전후 국제 질서의 원칙 가운데 하나로 '민족자결주의'를 제안했다. 이에 큰 기대를 건 상하이의 독립운동 진영은 김규식(金奎植, 1881~1950)을 대표로 파견했다. 그는 훗날 미국

파리강화회의에 파견된 한국 대표들. 앞줄 맨 오른쪽이 김규식이고 뒷줄 왼쪽에서 세 번째가 조소앙(출처: 국사편찬위원회)

로어노크대학에서 명예박사 학위를 받았다. 그러나 민족자결 원칙은 패전국의 식민지에만 적용되었고, 승전국인 일본의 식민지였던 한국에는 적용되지 않았다.

이러한 상황에서 독립을 청원하려던 시도는 좌절될 수밖에 없었다. 그 결과, 외교 활동을 통해 독립을 이루려는 외교론은 힘을 잃고, 무장투쟁을 통한 독립 쟁취, 즉 독립전쟁론이 부상하게 되었다. 이 무렵 간도와 연해주 등 동포들이 밀집해 있던 지역에서는 한인 자치단체들이 전시체제로 전환하고, 독립전쟁을 수행할 독립군 편성에 나서고 있었다.

이처럼 항일무장투쟁의 열기가 고조되던 가운데, 임시정부 군무부는 1920년 1월 조국 독립의 핵심 과제로 군대 편성을 천명하며, 전 민중의 참여를 호소하는 『국무부 포고 제1호』를 군무총장 노백린 명의로 발표했다. 포고문은 다음과 같이 시작된다.

"충성스럽고 용감한 대한의 남녀여! 혈전의 해, 광복의 미래가 왔도다. 너도 나아가고 나도 나아갈지라. 정의를 위하여, 자유를 위하여, 민족을 위하여! '철과 혈'로써 조국을 살릴 때가 이때가 아닌가!"

여기서 '철과 혈'이라는 표현은 "모든 위대한 과업은 오직 철과 피로써 달성된다"라는 독일 제국 수상 오토 폰 비스마르크(Otto von Bismarck)의 취임사에 기원을 둔다. 그는 '철혈재상' 또는 '철의 재상'이라 불린다. '철'은 무기를, '혈'은 전장에서 흘리는 피를 의미하며, 궁극적으로는 강력한 무장력과 생사를 건 투쟁을 상징한다.

같은 해 6월 8일, 임시정부 육군무관학교 제1회 졸업식에서 김희선 교장 역시 군사력의 중요성을 강조하며 다음과 같이 말했다.

"세상이 아무리 인도니, 정의니 하더라도 최후의 권위 있는 판결은 위력(힘)이다. 일본이 강하다 할지라도 한국이나 중국의 세력이 이와 균형을 갖추면 동양은 평화를 얻을지니, 힘을 앞세우며 뒤세우며 하고서야 평화도 말하며 도덕도 말할 것이다."

임시정부 육군무관학교 제2회 졸업식에 참석한 이승만 대통령도 국민개병주의의 필요성을 강조하며 철혈주의(鐵血主義)로 정신 무장을 갖추고 기회를 기다려야 한다고 훈시했다. 이어진 식전에서 국무총리 이동휘는, 졸업생들이 오늘부터는 전시에 임하는 각오로 적과 맞설 준비를 하고, 용기 있게 혈전에 대비해야 한다고 당부했다.

'혈전의 해'로 불린 1920년, 만주에서는 봉오동전투와 청산리 독립 전쟁에서 독립군이 일본군을 상대로 처절한 혈전을 벌였고, 이는 항일 무장투쟁사에 길이 남을 대첩으로 기록되었다.

봉오동전투, 독립군 최초의 대첩

1919년 8월, 100여 명의 독립군을 이끌고 연해주를 떠난 홍범도는 마침내 간도에 도착했다. 이후 병력을 모집하고 무기를 확보하며 부대의 규모와 체계를 정비해 나갔다. 같은 해 12월, 그는 '노령 주둔 대한독립군 대장' 명의로 포고문을 발표했다. 포고문의 요지는, 위로는 임시정부가 국정을 이끌고, 아래로는 백성이 단결하여 독립 만세를 외치는 지금이야말로 독립군이 출동할 때라는 것이었다. 정의와 인도, 국제사회에만 기대어서는 독립을 이룰 수 없으며, 독립군의 사명은 전장에 나서 몸을 바쳐 반만년 역사를 지키고 국토를 회복하는 것이라 선언했다.

홍범도는 이러한 목표를 실현하기 위해 최진동(일명 최명록)의 도독부, 안무의 국민회군과 연합하여 대한북로독군부를 조직했다. 독군부의 총책임자는 최진동, 부책임자는 안무가 맡았으며, 홍범도는 실질적인 독립군 지휘를 맡았다. 병력은 약 800~900명 규모였고, 여기에 신민단 소속 독립군 80여 명이 합류했다.

대한북로독군부는 봉오동을 근거지로 삼았다. 봉오동에는 최진동·최운산·최명순 3형제가 막대한 토지를 소유하고 있어 독립군의 활동에 필요한 물적 지원을 제공할 수 있었기 때문이다. 최진동과 최운산은 훗날 건국훈장을 추서 받았다.

1920년 6월 4일, 대한북로독군부가 국내 진공 작전을 준비하던 중 신민단 독립군 30여 명이 함경북도 종성군 강양동의 일본군 순찰소대를 급습한 뒤 간도로 복귀했다. 다음 날, 이에 대한 보복으로 일본군 1개 소대와 헌병 10여 명이 중국 영토인 화룡현 삼둔자(和龍縣 三屯子)로 불법 침입했다. 그러나 이들은 삼둔자 북쪽 고지에 매복해 있던 독립군의 기습을 받아 큰 피해를 보고 철수했다. 이 전투가 바로 삼둔자 전투이며, 곧 이어질 봉오동전투의 서막이었다.

　일본군은 대대 규모의 추격대를 편성해 6월 7일 새벽 두만강을 건너 봉오동을 향해 진격해 왔다. 봉오동은 사방이 야산으로 둘러싸인 분지 지형으로, 가운데는 평지가 펼쳐져 있어 방어에 유리한 조건을 갖춘 곳이었다. 골짜기 입구부터 하촌, 중촌, 상촌의 세 마을이 있었으며, 각 마을에는 50~60호 가량의 한인 동포가 거주하고 있었다.

　홍범도는 결전을 앞두고 독립군 3개 중대를 봉오동 삼면의 고지대에 배치하고, 1개 중대는 적의 진입로에 매복시켜 유인 작전을 펼치도록 했다. 그리고 명령을 내리기 전에는 절대로 사격하지 말라고 강하게 주의를 주었다.

　일본군은 독립군의 포위망이 펼쳐진 줄도 모른 채 하촌을 수색하고 중촌을 지나, 오후 1시경 상촌 인근에 이르렀다. 마침내 선두 부대인 첨병(尖兵)이 매복 지점을 지나고, 일본군 본대가 매복 지역 중심까지 들어섰을 때, 홍범도 부대는 일제히 사격을 가하며 반격을 시작했다.

　기습 사격을 받은 일본군은 막대한 피해로 인해 퇴각하지 않을 수 없었다. 이에 홍범도 부대 제2중대가 즉각 추격전을 벌여 적을 섬멸

했다. 이렇게 하여 봉오동전투는 독립군의 압도적인 승리로 마무리되었다. 독립군을 일거에 '소탕'하겠다며 출동한 일본군이 도리어 참패를 당한 것이다.

그렇다면 봉오동전투에서 독립군이 거둔 전과는 어느 정도였으며, 일본군의 피해는 얼마나 되었을까? 전과(戰果)는 본래 승전 측이 과장하고 패전 측은 축소하는 경향이 있어, 당시 임시정부 군무부의 발표와 일본군 측의 보고 사이에는 상당한 차이가 있었다. 그러나 봉오동전투를 연구한 국내외 학자들은 중국 신문 등 객관적 자료를 종합하여, 일본군은 약 120~150명이 전사하거나 다쳤고, 독립군은 수십 명의 사상자가 있었던 것으로 추정한다.

봉오동전투는 만주 지역 독립군이 정규 일본군과의 전투에서 처음으로 거둔 대첩으로, 무장투쟁의 흐름을 바꾸는 전환점이 되었다. 이 승리는 대한민국임시정부는 물론 국내외의 독립운동 세력과 재외동포들에게 큰 용기와 자신감을 안겨주었다. 반면, 일본군은 전례 없는 패전에 충격을 받았고, 독립군의 전력을 새롭게 인식하게 되었다. 이에 따라 일제는 전보다 조직적인 '토벌작전'을 수립하게 되었으며, 그 결과 청산리전투로 이어지게 되었다.

청산리 독립전쟁, 일본군 5,000명과 대결

봉오동전투에서 참패당한 일본군은 북간도 지역의 독립군을 대상으로 대대적인 '토벌' 방침을 세웠다. 이는 만주의 독립군 세력을 제압하지 않고서는 한반도 식민 통치의 안정도 어렵다는 판단에 따른 것이었다.

일제는 우선 만주의 실질적 지배자였던 장쭤린(張作霖, 1875~1928)을 압박해 독립군 토벌에 협조하도록 했다. 중국 측이 소극적으로 대처할 경우, 일본은 직접 병력을 투입하겠다고 위협했다.

일본의 압력에 굴복한 장쭤린은 보병 제1단장 멍푸더(孟富德)를 사령관으로 하는 '토벌대'를 편성해 독립군을 단속하도록 지시했다. 그러나 중국군은 실제로 독립군을 토벌할 의사가 없었고, 설령 그럴 의지가 있었더라도 무장을 갖춘 독립군을 강제로 진압할 능력이 없었다. 결국 중국군은 독립군 측에 일본의 눈을 피할 수 있도록 근거지를 산림지대로 옮기라는 식의 '형식적 단속'으로 대응했다.

이처럼 중국군을 앞세운 일본의 토벌 시도가 실패하자, 일제는 직접 일본군을 간도에 출병시켜 무력 진압에 나서기로 방침을 정했다. 이를 위해 일제는 1920년 10월 2일, 중국 마적을 사주해 만주와 러시아의 국경지대 훈춘(琿春)에 있는 일본영사관을 습격하게 했다. 이것이 이른바 '훈춘 사건'이다.

사건 직후, 일본군은 영사관 보호를 구실로 함경북도 나남에 본부를 두고 있던 제19사단의 1개 대대를 훈춘에 투입했다. 곧이어 일본 정부는 일본군이 제출한 '간도 지방 불령선인(不逞鮮人) 초토 계획'을 승인하였고, 간도 독립군을 대대적으로 토벌하는 군사작전을 공식화했다. 하지만 일본군의 간도 출병은 중국 정부의 승인을 받지 못하였기 때문에, 일제는 이를 일방적으로 선언하고 무단으로 병력을 이동시켰다.

간도에 투입된 일본군 병력은, 한반도에 주둔하던 2개 사단과 시베리아 파병군 3개 사단 중 일부를 차출해 총 2만 5,000여 명에 달했다. 이 중 1만 3,000명은 서간도와 북간도를 사방에서 포위하는 외곽 봉쇄 임무를 맡았고, 제19사단 주력 1만 2,000명은 3개 작전 지대로 편성되어 포위망 내부에서 독립군 탐색 및 격멸 작전을 수행하도록 했다.

이 중에서 간도 독립군과 직접 교전한 부대는, 육군 소장 이지마(東支)가 지휘하는 이지마 지대의 5,000명 규모였다. 1920년 10월 18일, 이지마 지대는 이도구 어랑촌 부근에 집결해 있던 독립군을 향해 진격했다. 이 일대에는 홍범도 부대를 포함한 여러 독립군 부대가 이동 중이었다.

한편, 같은 시기 안도현을 향해 서대파를 출발한 북로군정서 독립군은 10월 21일, 화룡현 삼도구 백운평(和龍縣 三道溝 白雲坪) 계곡에서 일본군 토벌대와 마주쳐 치열한 교전을 벌였다. 이 전투가 바로 청산리 독립전쟁의 시작을 알린 백운평 전투였다. 북로군정서 독립군은 유리한 지형을 활용한 매복 전술로 일본군에게 큰 타격을 입혔다.

이 백운평 전투를 시작으로, 10월 26일까지 6일간 화룡현 삼도구와 이도구(二道溝) 일대에서 북로군정서 독립군과 홍범도 부대가 일본군과 10여 차례의 전투를 '청산리 독립전쟁'이라 부른다.

전투별로 살펴보면, 백운평·천수평·맹개골·만기구·쉬구 전투는 북로군정서 독립군이 단독으로 수행하였고, 완룩구 전투와 고동하곡 전투는 홍범도 부대가 단독으로 전개했다. 어랑촌 전투와 천보산 전투는 두 부대가 연합하여 공동으로 치른 전투였다.

청산리 독립전쟁에서 첫 전투는 백운평 전투, 가장 치열했던 전투는 어랑촌 전투, 마지막 전투는 고동하곡 전투로 꼽힌다. 특히 어랑촌 전투에서는 일본군이 연대장을 포함해 큰 피해를 보았으며, 독립군 또한 많은 희생자를 내야 했다.

청산리전투에 참전한 독립군 병력은 북로군정서 600명, 최진동(최명록) 부대 700명, 홍범도 부대 300명, 안무 부대 200명 등 모두 약 1,800명이었다.[2] 이 가운데 일본군과 직접 교전한 주력 병력은 김좌진이 이끈 북로군정서 부대와 홍범도 부대를 합한 약 900명 규모였다.

그렇다면 청산리전투에서 만주 독립군이 거둔 전과와 입은 손실은 과연 얼마나 되었을까?

청산리전투 직후, 대한군정서(북로군정서)가 상하이 임시정부에 제출한 보고서에 따르면, 일본군은 연대장 1명, 대대장 2명을 포함해 총 1,257명이 전사하였으며, 이 가운데 오인 사격으로 인한 사망자 500명도 포함되었다고 한다. 또한 일본군 부상자는 200명으로 보고되었고, 기관총 4정, 소총 53정, 기병총 31정, 탄약 5,000발 등을 노획했다고 기록되어 있다.[3]

한편, 일본군은 자국의 피해에 대해 공식 발표를 하지 않은 채, 단지 '기대에 반하여 성과가 좋지 않아 작전이 실패로 끝났다는 비난을 피하기 어렵다'라는 식의 간접적인 표현만을 남겼다. 그러나 일본 측에서 작성한 다른 자료에 따르면, 연대장 1명, 대대장 2명, 소대장 9명

2   상하이판《독립신문》, 1921.1.21(음력 1920년 12월 13일), 「아군대의 활동」.
3   상하이판《독립신문》, 1921.1.18(음력 1921년 정월 18일)자 「대한군정서 보고」.

을 포함해 병사 800여 명의 사상자가 발생한 것으로 나온다.[4]

이에 비해 독립군의 피해는, 전사자 130여 명, 부상자 220여 명 등 총 350여 명의 사상자가 발생한 것으로 상하이 임시정부는 추산하고 있다.[5]

---

[4] 신용하, 「독립군의 봉오동전투와 청산리독립전쟁」, 『한국근대민족운동사연구』(일조각, 2017, 323-428쪽, 363쪽.
[5] 신용하, 앞의 책, 364쪽.

3 독립전쟁의 영웅들

홍범도 장군, '불패의 전설 남긴 항일 투사'

　홍범도(洪範圖, 1868~1943)는 평안남도에서 가난한 농부의 아들로 태어났다. 15세 무렵, 나이를 두 살 올려 평양 감영의 나팔수로 입대해 약 3년간 복무한 뒤, 공장에서 일했으나 임금을 받지 못해 주인과 싸운 후 일을 그만두었다.

　1907년 11월, 군대해산 직후 홍범도는 함경북도 북청에서 사냥꾼들을 중심으로 의병부대를 조직하여 본격적인 항일투쟁에 나섰다. 그는 북청과 갑산 일대에서 유격전을 전개하며 일본 군경에게 타격을 입혔고, 이 무렵부터 '나르는 홍범도'라는 별명으로 불렸다. 1909년경에는 연해주로 건너가, 현지의 의병 조직과 독립운동 단체와 합류하여 활동했다. 그는 노동과 군자금 모집에 종사하면서 국내 진입 기회를 엿보며 독립군 부대를 정비했다.

1922년 모스크바 극동민족혁명단체 대표자 대회에 조선 대표단 일원으로 참석한 **홍범도 장군**(출처: 국사편찬위원회)

1920년, 홍범도는 독립군 연합부대를 이끌고 봉오동전투와 청산리 독립전쟁에서 일본군을 상대로 대승을 거두었다. 이 두 전투는 무장력이 열세였던 독립군이 정규 일본군을 상대로 거둔 승리로, 우리 민족의 항일무장투쟁사에 길이 남는 상징적 업적이다. 홍범도 장군을 빼놓고는 봉오동대첩과 청산리대첩은 존재할 수도, 말할 수도 없다.

청산리 독립전쟁 이후, 홍범도는 일부 병력을 이끌고 극동공화국 자유시로 이동했다가 1921년 6월 '자유시참변'을 겪었고, 이후 이르쿠츠크로 이송되어 러시아 공산혁명군 제5군단 예하 고려혁명군 제1대대장에 임명되었다. 1922년 1월, 그는 국제공산당이 주최한 극동민족혁명단체대표자 대회 참석차 다른 52명의 한인 대표와 함께 모스크바를 방문했다. 이때 그는 레닌을 접견하고, 레닌으로부터 권총과 상금 100루블, 적군 모자, 그리고 레닌이 친필 서명한 '조선군 대장' 증서를 선물로 받았다. 이후 홍범도는 이르쿠츠크로 돌아왔다.

1922년 4월, 레닌은 건강 악화로 인해 공식 직무에서 사실상 물러났고, 같은 해 스탈린이 러시아 공산당 서기장으로 취임했다. 이후 1922년 말, 스탈린 체제하에서 소련(소비에트 사회주의 공화국 연방, USSR)이 공식 출범하였고, 극동공화국 역시 소련에 흡수·편입되었다.

소련은 일본과의 충돌을 피하고자, 일본군이 재차 출병할 구실을 주지 않기 위해 고려혁명군을 해산시켰다. 고려혁명군 해산 이후, 홍범도는 일부 동지들과 함께 집단농장을 운영하며 생계를 이어갔다.

그는 1927년 소련공산당에 가입했다. 당시 집단농장을 조직하고 운영하기 위해서는 당원 자격이 필요했고, 무엇보다 일제와 맞서 싸운 독립운동 동지들과 함께 살아가려면 제도 안으로 들어가는 것이 필요했다. 또한 연해주 한인 사회에서 홍범도처럼 상징적인 인물이 당원으로 활동하는 것은, 한인 사회의 목소리를 대변하고 생존을 도모하는 데 있어 큰 의미가 있었다.[6]

이후 홍범도는 집단농장과 농업협동조합 지도자로 일하다가 소련의 정책에 따라 1937년 연해주 지역의 20만에 달하는 동포들과 함께 중앙아시아 카자흐스탄으로 강제로 이주당했다. 홍범도는 카자흐스탄의 크즐오르다에 정착해 연금과 고려극장 수위로 받은 급료로 비교적 여유로운 말년을 보낼 수 있었다.

카자흐스탄 고려인 사회의 영웅인 홍범도 장군은 1943년 10월 25일, 75세의 나이로 생을 마감했다. 그의 사망 이후, 현지 고려인 사회는 그를 기리기 위한 추모사업을 추진했다. 임시 묘소는 이후 중앙공동묘지로 이장되었고, 그가 생전에 거주했던 거리는 '홍범도 거리'로 명명되었다. 크즐오르다 중앙공원에는 그의 흉상이 세워졌으며, 현지 한글 신문《레닌기치》에는 장편소설『홍범도』가 연재되기도 했다.

---

6   장세윤,『봉오동·청산리전투의 영웅 홍범도』(역사공간, 2006), 226-228쪽.

1962년, 대한민국 정부는 홍범도 장군에게 건국훈장 대통령장을 추서했다. 당시 반공 이념을 국시로 삼았던 5·16 군사정부 시기였음에도, 그의 항일무장투쟁 공적은 국가적으로 높이 평가되었다.

1994년부터 홍범도 장군의 유해 봉환 문제가 본격적으로 논의되었으며, 초기에는 북한이 유해를 모셔갈 것이라는 이야기가 돌았으나 실현되지 않았다. 이후 남한이 유해를 봉환하려 하자 북한이 반대 입장을 취했고, 이에 따라 카자흐스탄 정부도 남북 사이의 미묘한 외교 관계에서 결정을 내리지 못하는 상태가 지속되었다.

우여곡절 끝에 대한민국과 카자흐스탄 양국 정상의 결단으로 2021년 8월 15일, 홍범도 장군의 유해가 서거 후 78년 만에 고국으로 봉환되었다. 유해는 국립대전현충원에 안장되었고, 홍범도 장군에게는 대한민국 정부의 최고 훈격인 건국훈장 대한민국장이 추서되었다.

홍범도에 대한 학계의 평가는 대체로 영웅적 항일 투사라는 데 의견을 같이한다. 신용하 서울대 교수는 홍범도 장군을 "한국독립운동사와 한국근대사에서 찬란하게 빛나는 영원불멸의 큰 별"이라고 평가한다.[7] 『홍범도 장군』의 저자 반병률 교수 또한 그를 "불패의 전설을 남긴 항일투사"로 높이 평가했다.

『봉오동·청산리전투의 영웅 홍범도』의 저자 장세윤은, 홍범도가 의병과 독립군 계열의 항일무장투쟁사를 대표하는 인물임은 분명하다고 보면서도, 그의 사상이나 특정 시기의 행적에 대해서는 해석의 여지가 있다고 말한다.

---

7 신용하, 『한국근대민족운동사연구』, 428쪽.

"하지만 더 중요한 문제는, 그의 이념이 무엇인가를 무리하게 재단하기보다는, 그의 철저한 항쟁과 투철한 애국심이 어디에서 연유하고 무엇을 위한 것이었는지를 규명하는 일일 것이다. 왜냐하면 홍범도는 이론이나 사상을 앞세우고 행동한 사람이 아니라, 철두철미하게 실천적 투쟁으로써 구국항쟁 대열에 앞장선 사람이었기 때문이다."[8]

일제강점기, 사회주의는 조선의 지식인과 독립운동가들, 그리고 민족적·계급적 억압을 받던 농민·노동자 대중에게 새로운 해방 이념으로 강하게 다가왔다. 제국주의 열강이 조선인의 독립 열망을 철저히 외면하던 상황에서, 소련 공산정권은 약소민족의 해방과 노동자·농민의 계급 해방을 약속하는 혁명적 이상을 내세웠고, 이는 식민지 조선 사회에 깊은 영향을 주었다.

3·1운동의 열기가 가라앉을 무렵 일본에 유학을 떠났던 김산의 증언에 따르면, 당시 일본에 있던 한국인 유학생의 70%가량이 공산주의에 동조적이었다고 한다.[9] 그만큼 당대 청년 지식인들은 공산주의 사상에 빠져들고 있었다는 증거다.

1924년, 중국이 제1차 국공합작(1924~1927)을 추진하자, 좌익이든 우익이든 대부분의 조선 청년은 중국에서 새롭게 전개되는 공산주의

---

8 장세윤, 『봉오동·청산리전투의 영웅 홍범도』, 12-14쪽.
9 김산(金山, 1905~1938)의 본명은 장지락(張志樂)으로, 신흥무관학교를 졸업했다. '김산'이라는 이름은 미국 작가 님 웨일스(Nym Wales)가 장지락과 함께 집필한 『아리랑: 어느 한국인 혁명가의 이야기』에서 필명으로 제안하면서 사용되기 시작했다. 장지락은 중국공산당에 가입해 활동했으나, 님 웨일스와 대담한 지 2년 후 반동분자로 몰려 처형되었다. 중국과 미국의 국교 정상화 이후 님 웨일스의 노력으로 그의 명예는 회복되었다. 현재 국가보훈부 공훈록에는 본명인 장지락으로 등재되어 있으며, 2005년 건국훈장 애족장이 추서되었다.

혁명 운동을 목격하며, 그것이 조국 해방의 실마리가 될 수 있다고 여겼다. 당시 베이징에 체류하던 조선인 유학생들은 민족주의 계열과 공산주의 계열로 분화되어 있었지만, 김산은 다음과 같이 회고한다. "비록 방법은 달랐지만, 모든 한국인이 단 두 가지를 열망했다. 독립과 민주주의. 실제로는 단 하나뿐이었다. 자유. 일제의 압제로부터의 자유였다."

이처럼 일제강점기 독립운동가들 가운데 일부는 소련과 국제 공산주의 세력의 힘을 빌려 독립을 이루고자 했으며, 그 방법의 하나로 공산당에 가입하기도 했다. 따라서 홍범도를 단순히 '공산주의자'로 규정하기보다, 그의 행적을 투철한 독립운동가의 길로 이해해야 한다.

청산리 독립전쟁의 영웅들

청산리 독립전쟁을 승리로 이끈 진짜 영웅은 죽음을 무릅쓰고 용감하게 싸운 무명의 독립군 병사들이라 할 수 있다. 그러나 이들의 이름은 오늘날 독립유공자 명단에서 찾아보기 어렵다. 대부분은 '만주벌의 이름 없는 전사들'로 남았다. 또 다른 영웅은 전투 지역에 거주하던 조선인 동포들이었다. 이들은 일본군의 동태를 독립군에게 전달하고, 반대로 일본군에게는 허위 정보를 흘리며 작전을 지원했다. 어떤 이들은 치열한 전장까지 주먹밥을 날라주며 생명을 건 지원을 아끼지 않았다. 그러나 많은 이들이 곧 일본군의 보복 학살로 희생되는 비극을 겪어야 했다. 이들 역시 만주벌의 이름 없는 독립투사였다.

그나마 이름이 기록으로 남겨진 인물들은 전투를 지휘한 독립군 간부들이다. 청산리 독립전쟁 당시 북로군정서 독립군의 부대편성과 주요 간부 명단은 다음과 같다.

- 사령부
  - 사령관 김좌진
  - 참모장 나중소
  - 부관　박영희
- 보병대
  - 대대장(서리) 홍충희(제2중대장 겸임) 부관 김옥현
  - 제1중대장 강화린(제1소대장 신희경 제2소대장 강승경)
  - 제2중대장 홍충희(제1소대장 채춘 제2소대장 김명하)
  - 제3중대장 김찬수(제1소대장 이익구 제2소대장 정면수)
  - 제4중대장 오상세(제1소대장 김명섭 제2소대장 이운강)
  - 기관총대 제1소대장 김덕선 제2소대장 최인걸
  - 제1중대 특무정교 나상원 제2중대 특무정교 권중행
- 연성대
  - 연성대장 이범석
  - 종군장교 이민화 김춘식 백종열 한건원

사령부 참모장 나중소, 보병대 대대장 서리 홍충희, 보병대 제3중대장 김찬수는 대한제국 무관학교를 졸업한 해산군인 출신이다. 이들

외에도 다수의 해산군인이 북로군정서에 합류해 청산리전투의 승리에 이바지했다. 연성대장 이범석은 신흥무관학교 교관이었으며, 사령부 부관 박영희, 제1중대장 강화린, 제4중대장 오상세, 제4중대 제2소대장 이운강, 종군장교 이민화, 김춘식, 백종열 등도 신흥무관학교 출신이다. 국가보훈부 독립유공자 공훈록에는 박영희는 박두희, 오상세는 오상서, 김춘식은 김훈이라는 이름으로 등록되어 있다.

청산리 독립전쟁에 참전한 간부 27명 가운데 15명이 독립유공자로 건국훈장을 받았고, 해방 후 살아서 고국에 돌아온 사람은 연성대장 이범석, 보병대 제1중대장 강화린, 제4중대 2소대장 이운강 등 3명이다. 이범석은 광복군 참모장과 제2지대장을 역임하고, 해방 후 대한민국 초대 국무총리 겸 국방부장관을 지냈다. 강화린(강근호로 개명)과 이운강은 해방 후 육군사관학교를 거쳐 대한민국 장교로 임관했다.

오상서와 백종렬은 해방 전 만주에서 병사했고, 박두희는 신민부에서 항일운동 협조를 위해 블라디보스토크에 파견되었다가 소련 비밀정보요원에 체포되어 처형당했다. 연성대 종군장교 이민화는 자유시 참변 후 만주로 복귀하던 도중에 일본군에 의해 피살되었다. 김좌진 사령관을 도와 청산리 독립전쟁을 승리로 이끄는 데 크게 공헌한 참모장 나중소는 신민부에서 활동하던 중 1928년 병사했다.

연성대 종군장교 김춘식(김훈으로 개명)은 청산리 독립전쟁 직후 신흥무관학교 교사를 지낸 윤기섭과 함께 상하이로 가서 동포 환영회에 참석해 청산리전투의 전과를 알렸다. 이후 그는 쿤밍으로 가서 양주평이라는 이름으로 윈난강무학교에 입학해 1923년 우수한 성적으로 졸업한 뒤 황푸군관학교 교관으로 선발되었다. 이곳에서 훗날 중국 초대 총리가 된 저우언라이(周恩來)와 인연을 맺고 중국공산당에 입당했다. 이후 홍군의 대장정에 참가했다가 국민당군의 공격을 받아 전사했다.

탁월한 리더십의 소유자 김좌진 사령관

김좌진(金佐鎭, 1889~1930)은 충청남도 홍성에서 태어났다. 그가 만주에서 본격적인 항일무장투쟁을 시작하게 된 계기는 1919년 2월, 지린(吉林)에서 발표된 대한독립선언서(일명 무오독립선언서)에 서명한 일이다. 3·1독립선언과 비교하면 대한독립선언은 선언의 성격과 서명자의 구성, 투쟁 방식에서 분명한 차이를 보인다. 3·1독립선언이 비폭력 평화운동을 지향했다면, 대한독립선언은 "궐기하라 독립군!", "육탄혈전으로 독립을 완성하자!"라는 구호에서 보이듯 무장투쟁을 명확히 천명했다.

3·1운동의 민족대표 33인이 천도교·기독교·불교 등 종교계 인사와 사회 각계 대표로 구성된 반면, 대한독립선언서에는 미국·만주·중국·연해주 등지에서 실제로 독립운동을 전개하고 있던 대표적인 인물 39명이 서명했다. 대표적인 서명자는 이승만, 안창호, 이동녕, 이시영, 문창범, 이동휘, 유동열, 신규식(신성), 조성환(조욱), 김동삼 등으로, 이들은 이후 상하이 대한민국임시정부, 러시아 국민의회, 한성정부 등에 참여했다.

따라서 김좌진이 무오독립선언서에 서명했다는 사실은 그가 당시

청산리 독립전쟁의 영웅 김좌진 사령관(출처: 국사편찬위원회)

이미 독립운동 단체에 가담해 적극적으로 활동했다는 중요한 근거가 된다.

대한독립선언 발표 이후 김좌진은 북간도의 대한군정서에 영입되었다. 대한군정서는 서간도의 대표적 독립운동단체인 서로군정서와 대비해 통상 '북로군정서'라 불린다. 이 단체는 단군을 신앙하는 대종교 신도들이 조직한 중광단이 3·1운동 이후 무장투쟁을 목표로 정의단으로 확대 개편되었고, 다시 '대한군정부'로 발전하였다가 임시정부의 통제 아래 들어가면서 '대한군정서'로 개칭된 것이다.

북로군정서는 본부 격인 총재부와 군사 조직인 사령부로 구성되었으며, 김좌진이 사령관으로 임명되었다. 이때 대한제국 부위 출신 나중소는 총재부 참모부장으로 영입되었다. 북로군정서는 사관연성소를 개설하고 김좌진이 소장을 겸직했다. 그러나 김좌진은 군사교육 경험이 부족했고, 북로군정서 역시 종교인 중심의 조직이었기에 전문 군사 교관이 필요했다. 이에 김좌진은 신흥무관학교 출신 인사들을 초빙했다. 당시 초빙된 인물은 신흥무관학교 교장을 지낸 이장녕, 원난육군강무학교 졸업 후 신흥무관학교 교관으로 있던 이범석, 졸업생 김춘식, 박영희, 오상세, 이운강, 최해, 강화린, 백종렬, 이민화 등이었다. 일부는 본교 교관으로도 활동했다.

김좌진 사령관은 서울에 사람을 보내 김규식, 홍충희, 김찬수 등 대한제국 해산군인들도 초빙했다. 김규식은 정위로 임관한 뒤 의병활동 경력이 있었고, 홍충희와 김찬수는 대한제국 무관학교를 졸업한 장교 출신이었다.

김좌진의 인물됨이 어떠했는지는 여러 인물의 회고를 통해 확인된다. 이범석은 김좌진을 처음 본 인상에 대해 "7척 장신에 위엄 있는 풍채, 총명한 눈빛과 언변, 사람을 끄는 매력과 정연한 이론을 갖춘 인물"이라고 회상했다. 군 경험이 풍부하고 연장자인 참모장 나중소가 성심껏 김좌진을 보좌했던 점도 그의 인격과 지도력의 무게를 보여준다.

청산리 독립전쟁 이후 김좌진은 북로군정서 독립군을 이끌고 러시아로 들어갔으나, 공산군 측이 무장해제를 요구하자 이에 불응하고 북로군정서 독립군 주력을 이끌고 만주로 돌아왔다. 그로 인해 자유시참변을 겪지 않았다.

이후 김좌진은 만주에서 신민부를 설립하고 군사부위원장 겸 사령관으로 활동했다. 신민부 설립 이후 일제는 중국 측과 협정을 맺어 독립운동을 탄압했고, 조선공산당 만주총국이 조직되어 동포들을 포섭해 나갔다. 김좌진은 이에 맞서 무정부주의자들과 함께 한족총연합회를 조직해 공산주의 세력에 대응하고자 하였으나, 1930년 1월 24일 조선공산당계 인물인 박상실에게 피살당했다. 민족 해방을 위해 싸우던 지도자가 동족의 손에 희생되는 비극적인 사건이었다.

4

군사인재 양성

국민혁명군 장교 양성소 황푸군관학교

한도명(본명, 김응삼, 건국훈장 애국장)이 받은 중국 중앙육군군관학교 졸업장. 한도명은 이후 광복군에 입대(출처: 대한민국역사박물관)

일제강점기 한인 청년들이 진학한 주요 외국 사관학교로는 일본 육군사관학교, 만주의 군관학교, 그리고 중국의 여러 군관학교가 있다. 이 가운데 한인 청년들이 가장 많이 입학한 곳은 중국 군관학교이며, 특히 황푸(黃浦)군관학교, 윈난(雲南) 육군강무학교, 바오딩(保定)군관학교, 구이저우(貴州)강무당, 뤄양(洛陽)강무당, 한단(邯鄲)군사강습소 등이었다.

중국 군관학교 가운데 한인 청년들이 가장 많이 입교한 곳이 바로 황푸군관학교였다. 이 학교는 쑨원(孫文, 1866~1925)이 국민혁명군 장교를 양성하기 위해 창설한 군관학교로, 초대 교장은 장제스(蔣介石, 1887~1975)가 맡았다. 학교는 광둥성(廣東省) 광저우(廣州)의 황푸(黃浦) 지역에 위치해 '황푸군관학교'로 불렸으며, 정식 명칭은 '중국 국민당육군군관학교'였다.

제1차 국공합작에 따라 소련 공산 정부로부터 자금과 무기를 지원받고, 소련 군사고문의 지도로 설립되었다. 소련군의 영향을 받아 군사교육뿐 아니라 정치교육에도 큰 비중을 두었다. 정치교육은 쑨원의 삼민주의와 마르크스주의 사상을 병행하는 방식으로 진행되었다.

쑨원이 사망하자 장제스는 공산당과 결별하고 1927년 난징에 국민정부를 수립한 뒤, 이곳에 중앙육군군관학교를 설립하여 황푸군관학교를 흡수했다. 이에 황푸군관학교는 제6기 졸업생을 배출한 후 폐교되었으나, 이후 중앙육군군관학교 졸업생도 관례적으로 '황푸군관학교 졸업생'이라 불리었다.

황푸군관학교 본교와 분교에 입교한 한인 학생은 제1기부터 제6기까지 약 250명에 이르렀다. 이 가운데 재학 중 광둥 공산 봉기에 가담해 40여 명이 희생되는 등 실제 졸업생은 200여 명으로 추산되나, 행적이 확인되는 인원은 많지 않다.[10]

---

10   강정애는 『황푸군관학교의 한인』(2024)에서 입학생은 250명이라고 밝히고, 행적이 확인되는 졸업생 64명의 명단과 경력을 소개하고 있다.

황포군관학교 후신인 중앙육군군관학교에 한인들의 입학은 계속되어, 최종적으로 약 200명이 졸업한 것으로 추산된다. 한인 졸업생들은 중국의 국민당군과 공산당군에 복무하거나, 김원봉이 이끄는 조선의용대와 임시정부 한국광복군에서 활동했으며, 일부는 광복 후 대한민국 장교가 되었다.

　광복 이후 국군 장교가 된 황푸군관학교(중앙육군군관학교 포함) 출신은 총 18명이며, 이들 모두 독립유공자로서 건국훈장을 받았다. 다음은 해당 인물들의 명단이다(괄호 안은 황푸군관학교 기수와 광복군 경력임).

- 권준(제4기, 광복군 무한잠편지대장) 육사 제8기 특별1반(대령 임관), 초대 수도경비사령관(소장)
- 박시창(제5기, 중국 육군대학 졸업, 광복군 총사령부 고급참모) 육사 제3기, 제3군단 부군단장(소장)
- 장흥(제5기, 중국군 헌병 중령) 특별 임관, 초대 육군 헌병사령관(소장)
- 고시복(제10기, 광복군 제2지대 간부, 총사령부 심리작전 연구실 주임) 육사 제2기, 서울지구병사구사령관(준장)
- 최덕신(제10기, 광복군 총사령부 선전과장) 육사 제3기, 육사 교장, 육군 제1군단장(중장)
- 김동수(제10기, 광복군 제5지대, 총사령부 토교대장) 특별임관, 제27사단장(준장)
- 안춘생(제10기, 광복군 제2지대) 육사 제8기 특별1반(중령 임관)

육사 교장, 국방부차관보(중장)

- 나태섭(제10기, 광복군 총사령부 참모) 육사 제7기 특별기, 육군 대령
- 박기성(제11기, 광복군 총사령부 서무과) 육사 제3기, 제101사단장(준장)
- 노복선(제12기, 광복군 총사령부 부관) 육사 제8기 특별4반, 연대장(대령)
- 유해준(제15기, 광복군 제2지대) 군사영어학교, 제1군사령부부사령관(소장)
- 박영준(제17기, 광복군 총사령부 서무과) 육사 제8기 특별2반, 육본 정훈감, 제29사단장(소장)
- 송면수(제18기, 광복군 제2지대 정훈조장) 초대 국방부 정훈국장(비군인)
- 장철(제18기), 육사 제7기 특별반, 제119연대장, 육본조달감 차장(대령)
- 강홍모(제20기, 광복군 제1지대) 육사 제4기, 제2사단 32연대장(대령)
- 이건국(제20기, 광복군 제3지대) 육사 제4기, 6·25전쟁 중 전사(대령)
- 장철부(제20기, 광복군 제1지대) 육사 제5기, 기병대대장으로 6·25전쟁 중 전사(중령·태극무공훈장 추서)
- 조동린(제21기, 광복군 제3지대) 육사 제7기 특별반, 사단 정보참모(중령)

황푸군관학교 한인 교관들

황푸군관학교에는 한국인 교관들도 20여 명 있었다.[11] 그중 이름이 알려진 인물로는 오성륜, 채원개, 최용건(최추해), 김훈(양림), 이용, 안경근, 김성숙, 장지락 등이 있다. 오성륜은 의열단 출신으로, 1922년 3월 상하이 황포탄 부두에서 일본군 장교 다나카 기이치(田中義一)를 저격하려다 실패한 뒤 체포되었으나 탈출에 성공했다. 이후 공산주의로 전향하여 모스크바 공산대학을 졸업하고, 1926년 황푸군관학교 러시아어 교관으로 부임했다.

채원개는 조선보병대(군대해산에서 제외되어 황실 경호를 맡던 근위대)에서 복무하던 중 3·1운동이 일어나 만세 시위에 참여했다가 체포되었으나, 탈출하여 만주로 망명했다. 이후 만주에서 독립군으로 활동하다가 뤄양강무당에 입학해 졸업했고, 황푸군관학교 한인 학생 지도관으로 부임했다. 그 후 중국군에 복무하다가 광복군 창설과 함께 총사령부 참모처장과 제1지대장을 지냈으며, 광복 후에는 육군사관학교 3기로 임관하여 연대장과 사단장을 거쳐 준장으로 전역했다. 건국훈장 독립장이 수여되었다.

최용건은 윈난육군강무학교 졸업 후 황푸군관학교 한인 학생 구대장으로, 광둥 공산폭동을 지휘했다. 봉기가 실패하자 만주로 넘어가 중국공산당이 주도한 동북항일연군에서 활동했다. 이후 일본 관동

---

11   황푸군관학교 한인 교관에 관한 상세한 내용은 강정애의 『황푸군관학교의 한인』에 자세히 서술되어 있다.

군이 만주에 있는 항일 무장세력에 대해 대대적인 토벌작전을 벌이자, 소련 극동군 88국제여단에 합류해 김일성·김책과 함께 '트로이카'로 불리며 활동했다. 해방 후 북한 정권 수립에 참여하여 초대 인민군총사령관 겸 민족보위상(국방부장관)에 올랐다.

채원개(중앙)(출처: 공훈전자사료관)

김훈(김춘식)은 청산리 독립전쟁 당시 연성대 종군장교로 참전한 뒤, 상하이로 파견되어 교민들에게 전투의 실상을 알렸다. 이후 만주로 귀환하지 않고 윈난 육군강무학교에 '양주평'이라는 이름으로 입학하여 우수한 성적으로 졸업, 황푸군관학교 기술 교관으로 부임했다. 당시 황푸군관학교 정치부 주임 저우언라이(周恩來)의 신임을 얻어 중국공산당에 입당하였고, 2년간 모스크바에 유학하여 정치이론과 군사학을 공부했다. 중국으로 돌아온 후 중국공산당 홍군(紅軍)의 대장정에 참여하여 1936년 2월 황하 도하작전 중 국민당군의 공격을 받아 전사했다. 대한민국 정부는 그의 청산리 독립전쟁 공훈을 기려 1995년 김훈이라는 이름으로 건국훈장 독립장을 추서했다.

이용은 헤이그 특사로 활동한 이준 열사의 장남이다. 자유시참변 때 체포되어 벌목장으로 끌려가던 열차에서 탈출해 고려혁명의용군을 조직해 소련의 위성국가인 극동공화국의 군대와 손을 잡고 러시아 공산혁명에 반대하는 백군을 상대로 싸워 공훈을 세웠다. 1925년 소련 군사학교 포병과에서 훈련받고 있던 이용은 소련군 고문단과 함께 황푸군관학교에 부임했다. 1927년 중국공산당이 일으킨 광둥 봉기에 참여했으나 실패했다. 이후 만주로 돌아가 조선공산당 재건 활동 중 일본 경찰에 체포되어 서대문형무소에 갇혔다가 풀려났다. 광복 후 월남하여 활동하다가 이승만이 남한 단독정부 설립을 발표하자 이에 반대 성명을 내고 자진 월북하여 북한 정권 수립에 참여했다.

안경근은 안중근 의사의 4촌 동생으로 1922년 윈난육군강무학교에 입학하여 졸업 후 만주에서 활동하다가 황푸군관학교 교관으로 부임했다. 이곳에서 윈난강무학교 동기생으로 2년간 같은 방을 썼던 최용건을 만났다. 그 뒤 임시정부에 합류해 한인애국단 조직 임무를 맡아 김구를 도왔으며, 윤봉길 의사의 의거 이후에는 김구의 신변 보호와 경호를 담당했다. 이러한 공로로 건국훈장 독립장을 받았다. 광복 후 귀국한 그는, 김구가 남북협상회의에 참가하기 전 북한의 실정을 파악하기 위해 밀사로 파견되어 임무를 수행한 뒤 돌아왔다.

김성숙은 평안북도 철산군의 가난한 농부의 아들로 태어나 농사일을 하며 성장했다. 이후 만주에서 독립운동을 하던 삼촌을 따라 독립군이 되기 위해 신흥무관학교에 입학하고자 만주로 향했다. 그 길에서 한 승려를 만나 경기도 용문사에서 출가했고, 곧 광릉 봉선사로 옮겨 '성숙'이라는 법명을 받았다. 봉선사에 머무는 동안 3·1 독립선언 지도자 손병희와 한용운의 거사를 돕는 일을 하였으며, 자신도 만세시위에 가담했다. 그로 인해 일본 경찰에 체포되어 서대문형무소에 수감되었고, 그곳에서 공산주의자로부터 사회주의 사상을 접했다. 출옥 후에는 사회주의 단체에 가입해 활동을 이어갔다.

이후 베이징으로 망명, 베이징 중산대학 정치경제학과에 입학했다. 김성숙은 여기서 공산주의 선전 잡지인《혁명》을 창간해 많은 호응을 받았다.《혁명》의 기본 논지는 공산주의를 통한 민족독립운동의 완성이었다. 중산대학을 졸업하던 해 광저우 공산봉기에 가담했으나, 실패해 광저우를 탈출해 상하이로 갔다. 1938년 조선의용대가 조직될 때 김성숙은 지도위원과 정치부장을 맡았다.

태평양전쟁이 발발하고 연합군의 승리가 예견되자 김성숙은 임시정부에 들어가 내무차장, 외교위원회 위원, 홍보위원을 역임했다. 해방된 조국에 돌아온 김성숙은 과거 좌파였다는 이유로 핍박을 받으며 곤궁한 생활을 이어갔다. 그가 죽은 지 13년이 지난 1982년 대한민국 정부는 그의 공훈을 기려 건국훈장을 수여했다.

장지락은 이미 앞에서 소개했듯이 소설『아리랑』의 주인공 김산이다. 그는 공산주의 운동만이 조선 독립을 이룰 수 있는 유일한 희망이라고 믿고 중국공산당에 가입했다. 이후 오성륜과 함께 광저우 공산봉기에 참가했으나 실패하자 상하이로 향했다. 여기서 김산은 중국공산당 베이징지구당 조직부장에 임명되어 베이징으로 갔다. 그리고 만주로 가서 조선공산당 만주분국을 해체하고, 그 당원을 중국공산당으로 흡수하라는 임무를 부여받았다. 만주에서 임무를 마치고 베이징으로 돌아온 그는 베이징 경찰에 체포되어 일본영사관에 넘겨졌다. 일본영사관은 그를 즉시 한국으로 이송했다. 그는 왜놈 형사로부터 의식을 잃을 때까지 물고문을 당하면서도 끝까지 공산당원이 아니라고 버틴 끝에 풀려났다.

1931년 6월, 베이징에 도착한 김산은 일본인 첩자라서 쉽게 풀려났다는 모함에 시달렸다. 김산은 누명을 벗기 위해 공개재판을 요구했고, 그 결과 당원으로 복권되었다. 1933년 4월 그는 다시 체포되어 한국으로 압송되었으나, 이번에도 끝까지 공산당원이 아니라고 버텨 풀려나 베이징으로 다시 돌아갔다.

1935년 8월, 제2차 국공합작이 발표되었다. 그러자 한국인들도 중국 민중과 협력하기 위하여 조선민족해방동맹을 결성하여 중앙위원을 선출하였다. 중앙위원회는 공산주의자들뿐만 아니라 민족주의자들과 무정부주의자들도 있었다. 이 동맹을 주축으로 조선민족연합전선이 조직되었다.

김산은 중국공산당의 권유로 중국 홍군 대장정의 마지막 도착지인 연안으로 이동했고, 이 무렵 님 웨일스를 만났다. 그러나 1938년, 그는 중국공산당에 의해 일본 스파이이자 트로츠키주의자로 몰려 비밀리에 처형되었다. 여기서 '트로츠키주의'란, 스탈린주의자들이 반대파 공산주의자를 숙청하기 위해 내세운 명분으로, 극좌 모험주의자 또는 종파주의자를 가리킨다.

님 웨일즈가 김산의 처형 사실을 알게 된 것은 미·중 국교 정상화 이후였다. 1981년, 그녀는 김산의 아들 고영광에게 편지를 보내 중국공산당이 김산을 부당하게 처형했다고 알렸다. 이에 고영광은 중국공산당에 재심을 청구했고, 1983년 덩샤오핑 집권 시기 중국공산당은 과거의 잘못을 인정하며 김산을 복권했다. 이후 대한민국 정부는 장지락이라는 본명으로 김산에게 건국훈장을 추서했다.

남북한 초대 국방부장관을 배출한 윈난육군강무학교

황푸군관학교에 이어 한인 학생들이 두 번째로 많이 입학한 중국 군관학교는 윈난육군강무학교였다. 1916년, 이범석을 포함한 한국인 4명이 입학한 것을 시작으로, 1923년까지 50여 명의 한인 청년들이 이 학교를 졸업했다. 이처럼 윈난육군강무학교에 한인 학생들이 입학할 수 있었던 배경에는, 대한제국 무관학교 제2회 졸업생이자 부위 출신인 신규식(申圭植)의 역할이 컸다. 그는 당시 윈난성의 실권자였던 탕지야오(唐繼堯, 1883~1927)에게 부탁하여 한인 청년들의 입학을 성사시켰다. 탕지야오는 일본육사를 졸업한 군인으로, 귀국 중 한국을 방문한 경험이 있었고 한국의 독립운동에 대해 깊은 동정심을 갖고 있었다. 그는 사후 대한민국 정부로부터 독립유공자로 인정받아 1995년 건국훈장 대통령장을 받았다.

윈난육군강무학교 출신 가운데 광복군과 국군에서 활약한 대표적 인물은 다음과 같다. 괄호 안은 광복군 직책이며, 괄호 밖은 광복 후 직책이다.

- 이범석(광복군 참모장·제2지대장) 초대 국무총리 겸 국방부장관
- 이준식(광복군 제1지대장) 사단장, 육사 교장, 육본작전부장(중장)
- 김관호(광복군총사령부 참모처장) 연대장, 관구부사령관(소장)

황푸군관학교 기술 교관 김훈과 구대장 최용건 역시 이 학교 졸업생이다. 최용건은 북한 초대 민족보위상(국방부장관)을 역임해, 결과

적으로 윈난육군강무학교 동창생이 남북한의 초대 국방부장관이 된 셈이다.

이들 말고도 이영무와 권기옥(임국영)도 1925년 윈난육군항공학교 제1기로 졸업했다. 이영무는 항공 장교로 중국군에 복무하다가 해방 후 귀국하여 대한민국 공군 창설 7인 가운데 한 사람으로 활약했다. 권기옥(權基玉, 1903~1988, 건국훈장 독립장)은 우리나라 최초의 여성 비행사로, 중국군 항공 장교로 복무하던 중 1932년 일본군의 상하이 침공 당시 출격하여 전공을 세워 중국 정부로부터 훈장을 받았다.

우리나라 최초의 여성 조종사 권기옥(오른쪽)(출처: 국사편찬위원회)

장제스가 재학한 바오딩군관학교

바오딩군관학교는 청나라 북양대신 이홍장(李鴻章, 1823~1901)이 양무운동의 일환으로, 1885년 톈진에 설립한 톈진무비학당(天津武備學

堂)에 뿌리를 두고 있다. 이홍장 사후, 위안스카이(袁世凱, 1859~1916)가 이를 계승하여 베이징 남쪽 약 140km 떨어진 바오딩에 군관 양성 기관을 설립하고, 명칭을 '군관학교'로 바꾸며 체제를 정비했다. 이로써 바오딩군관학교는 중국 근대 군사교육의 중심지 중 하나로 자리잡았다.

장제스 역시 바오딩군관학교에 재학 중 일본 육군사관학교 유학생으로 선발되어 일본으로 건너갔다. 그는 일본육사 예비학교를 수료하고 일본군 야전포병 연대에서 실습 근무를 하던 중, 본국에서 신해혁명이 발발하자 일본육사 진학을 포기하고 급히 귀국했다. 이후 1924년 황푸군관학교가 설립되자 초대 교장으로 취임했다.

위안스카이 사후 중국은 군벌 간의 분열과 사회적 혼란기에 접어들었고, 그로 인해 바오딩군관학교는 운영에 어려움을 겪다가 1923년 폐교되었다.

이 학교에 입학한 한인 인물로는 최용덕, 오광선, 조개옥, 무정(본명 김무정) 등이 있다. 최용덕은 바오딩 항공학교를 졸업했으며, 오광선은 바오딩군관학교를 중도에 그만두고 신흥무관학교로 전학해 졸업했다.

이들 가운데 최용덕과 오광선은 한국광복군에서, 조개옥은 화북의용군에서, 무정은 조선의용군 사령관으로 활약했다. 해방 이후 최용덕, 오광선, 조개옥은 대한민국 국군 장교가 되었고, 무정은 북한 인민군 제2군단장으로 6·25전쟁 당시 춘천 방면 공격을 지휘했으나 작전실패로 해임되었다가 김일성에 의해 숙청되었다. 국군에 복무한 세 인물의 경력은 다음과 같다.

- 최용덕(광복군 총사령부 참모처장) 대한민국 초대 국방부 차관, 제2대 공군참모총장 역임(공군 중장)
- 오광선(광복군 국내지대장) 육군사관학교 제8기 특별반 출신, 대전지구 위수사령관 역임(육군 준장)
- 조개옥(화북의용군 여단장) 육군사관학교 제3기(조윤식으로 개명) 출신, 6·25전쟁 중 전사(육군 중령)

앞서 언급한 주요 군관학교 외에도 한인 청년들이 진학한 중국의 군사교육기관으로는 구이저우강무당, 뤄양강무학교, 한단군사강습소 등이 있다. 이들 학교 출신 가운데, 광복 후 대한민국 국군 장교로 임관한 주요 인물은 다음과 같다.

- 구이저우강무 : 김홍일(광복군 참모장, 중국군 중장) 육사 교장, 제1군단장(중장)
- 뤄양강무 : 채원개(광복군 총사령부 참모처장) 제2사단장(준장)
- 한단군사강습 : 송호성(광복군 편련처장) 경비대총사령관, 육군 총사령관(준장)

한편, 한단군사강습소 한인 졸업생 중에 일제의 식민 수탈기관인 동양척식주식회사 경성지부와 조선식산은행에 폭탄을 투척한 의열단원 나석주(羅錫疇, 1892~1926) 의사도 있다.

김원봉의 조선혁명간부학교

중국 군관학교와는 별도로, 독립운동가들은 자체적인 한인 군사교육기관을 설립하여 군사 인재를 양성하고자 했다. 그 대표적인 사례가 김원봉이 세운 조선혁명군사정치간부학교(약칭 조선혁명간부학교)이다.

황푸군관학교 제4기 졸업생인 김원봉은, 의열단을 '혁명정당'으로 전환하고 '민족협동전선'을 구축하는 방향으로 활동의 노선을 설정했다. 그는 만주사변을 계기로 이를 실현할 기회로 보고, 황푸군관학교 인맥을 활용해 조선혁명간부학교의 설립을 추진했다.

1932년 10월, 학교는 중국 난징 교외에서 개교했다. 교장은 김원봉이 맡았으며, 교직원과 교관 대부분은 황푸군관학교를 졸업한 의열단 출신들이었다. 제1기 신입생 26명은 6개월 과정의 교육을 이수하고 1933년 4월 졸업했다. 일제강점기에 시「청포도」와「광야」를 남긴 민족시인 이육사(李陸史, 1904~1944)도 제1기 졸업생이었다. 조선혁명간부학교는 모두 125명의 졸업생을 배출하고 폐교되었다.

이 학교의 표면적 설립 목적은 조선 청년 간부들에게 항일투쟁 정신을 계승시키고, 근대적 군사교육을 통해 조국의 독립을 달성하며, 동시에 중국 측의 목표였던 만주국 탈환에 이바지하는 것이었다. 그러나 실제로는 조선민족혁명당 조직을 위한 전위 투사 양성이 주된 목적이었다고 평가된다.

졸업생과 재학생 대부분은 김원봉이 주도한 민족혁명당에 입당하여 그의 정치적 기반을 다지는데 기여했다. 이를 통해 김원봉은 김구·

지청천과 더불어 항일 지도자로서의 입지를 공고히 하게 되었다. 이들은 이후 조선의용대의 핵심 간부로 활약했으며, 조선의용대가 한국광복군에 편입된 이후에는 광복군으로도 활동을 이어갔다.

조선혁명간부학교의 교직원과 졸업생 중, 후일 광복군에 참여한 인물은 다음과 같다.[12]

- 김원봉(교장) 광복군 총사령부 부사령, 제1지대장
- 권준(교관) 광복군 우한잠편지대장
- 김승곤(황민, 졸업생) 광복군 제1지대 구대장
- 양민산(왕형, 졸업생) 광복군 제1지대 분대장
- 왕통(졸업생) 광복군 제1지대 총무조장
- 이명(진가명, 졸업생) 광복군 제2지대
- 이진영(뤄양분교로 전학) 광복군 총사령부

이들 중 권준, 이명, 이진영은 광복 후 대한민국 국군 장교로 복무했다. 권준은 수도경비사령관을 역임하고 소장으로 예편하였으며, 이명과 이진영은 6·25전쟁 중 전사했다. 세 사람 모두 독립유공자로 인정받아 건국훈장을 받았다.

---

[12] 한시준, 『한국광복군연구』, 319-358쪽, 부록: 「한국광복군 명단」 참조

김구가 개설한 뤄양군관학교 한인특설반

1932년 4월 29일, 윤봉길 의사의 훙커우 공원 의거 이후, 김구는 장제스로부터 한인 장교 양성에 대한 약속을 받아냈다. 이후 중국 측 실무 책임자인 천궈푸(陳果夫, 1892~1951, 대한민국 건국훈장 추서)와 협의를 통해, 중국 중앙육군군관학교 뤄양(洛陽)분교에 한인특설반을 설치하기로 했다. 이 특설반의 공식 명칭은 '중앙육군군관학교 뤄양분교 제2총대 제4대대 육군군관훈련반 제17대'이며, 제1대부터 제16대까지는 중국인으로 구성되어 있었다. 한인특설반은 일제의 감시를 피하고자 비밀리에 운영되었다.

1934년 2월, 92명의 한인 청년이 입교하며 개교했다. 입학생은 김구 계열, 지청천 계열, 김원봉 계열로 나뉘었으며, 특설반은 김구의 지도로 운영되었다. 교육은 만주에서 중국 관내로 이동한 한국독립군 간부들이 담당했는데, 지청천이 총교도관을 맡았고, 오광선·조경한·윤경천 등이 교관으로 참여했다. 청산리전투에 참전한 이범석은 당시 중국군 장교로서 교관과 학생대장을 겸임했다.

그러나 계열 간 갈등과 운영상의 어려움으로 인해 특설반은 순조롭게 운영되지 못했다. 김구는 자신의 계열 학생 38명 중 25명을 난징으로 철수시켰고, 이범석 등 교관들도 사직했다. 이후 잔류 학생들은 중국인 대대에 편성되어 교육을 마쳤고, 1935년 4월 졸업생 62명을 배출한 뒤 한인특설반은 폐지되었다.

졸업생들은 계열에 따라 김구·지청천·김원봉이 주도하는 정당이나 단체에 참가해 활동을 이어갔다. 난징으로 철수한 25명 중 일부는 중국 중앙육군군관학교 제10기에 진학해 졸업했다.

한일특설반 출신 중 김인(金仁, 1918~1945, 건국훈장 애족장 추서)은 김구의 장남으로, 황푸군관학교를 졸업한 뒤 아나키즘 계열 청년들의 무장 단체인 한국광복진선청년공작대에서 활동했다. 이 단체는 광복군 창설 후 광복군 제5지대로 개편되었다. 김인은 광복 5개월 전인 1945년 3월 충칭에서 병사했다.

노태준은 임시정부 군무총장과 국무총리를 지낸 노백린의 차남이다. 광복군 제2지대 간부로 활약했으며, 해방 후에는 이범석이 조직한 민족청년단에서 조직부장을 맡았다. 이후 이범석이 국무총리 겸 국방부장관에 취임하자, 국무총리 비서실장으로 기용되었다.

안춘생은 안중근 의사의 5촌 조카로, 광복군 제2지대의 OSS 독수리작전 요원으로 국내 진입 명령을 기다리던 중 일제의 항복을 맞이했다. 귀국 후 태릉 육군사관학교를 거쳐 중령으로 임관하였으며, 이후 진해에 재개교한 4년제 육군사관학교의 초대 교장을 역임하고 중장으로 예편했다. 초대 및 제2대 독립기념관장을 지냈다.

고시복은 중국군 장교로 복무하다가 광복군과 임시정부에 합류하여 독립운동에 참여했다. 해방 후에는 태릉 육사 제2기로 졸업하고, 6·25전쟁 당시 연대장으로 활약했다.

최덕신은 임시정부 외무부장을 지낸 최동오의 아들로, 해방 후 육사 제3기를 졸업하고 장교로 임관했다. 육사 교장을 거쳐 6·25전쟁 중 사단장으로 참전하였고, 휴전회담 한국 측 대표를 역임했다. 이후 제1군단장을 지냈으며, 1956년 중장으로 예편한 뒤 5·16 군사정부에서 외무장관과 주서독 대사를 역임했다.

김동수는 해방 후 특별임관되어 사단장을 지냈으며, 준장으로 예편했다.

김원봉 세력을 배출한 성자(강릉)군관학교

김원봉의 조선혁명간부학교가 만주사변을 계기로 설립되고, 김구의 뤄양군관학교 한인특설반이 윤봉길 의사의 의거를 계기로 설립되었다면, 성자(星子)분교 한인특설반은 중일전쟁을 계기로 개설되었다. 성자분교는 원래 장제스의 국민당 정부가 중국 공산군 토벌을 목적으로 장교를 양성하기 위해 설립한 기관이었다. 그러나 1937년 7월 중일전쟁이 발발하자, 항일 역량을 강화한다는 취지로 예비역 장교 약 3천 명을 소집해 재교육에 들어갔다.

이 무렵 중국 측은 한중 연합 항일전선을 강화하기 위해 한인 청년들을 성자분교에서 훈련해 국민당군과 함께 항일전에 참여시키고자 했다. 이에 따라 김원봉이 이끄는 조선민족혁명당은 1937년 12월경 90여 명의 청년을 모집하여 성자분교 중앙육군군관학교 특별훈련반 제4중대에 입교시켰다.

그러나 훈련을 시작한 지 한 달도 채 되지 않아 일본군이 난징을 점령하자, 중국인 학생 약 1,000명은 시안(西安)으로, 나머지 중국인 훈련생이나 한인 학생들은 후베이성(湖北省) 강릉(江陵)으로 후퇴했다. 이후 훈련은 강릉에서 계속되었으며, 이 시기부터 성자분교는 흔히 '강릉분교'로 불리게 된다. 강릉으로 이동한 뒤, 한인 학생들은 독립

중대로 편성되었고, 중대장과 소대장을 제외한 교관과 지도원, 견습사관은 모두 한인으로 교체되었다.

훈련이 끝나갈 무렵 김원봉과 민족혁명당 간부들이 현지를 방문해 학생들의 의견을 청취하고, 졸업 후 진로와 민족혁명당의 통합 방향에 대해 논의했다. 학생 대표도 참여한 가운데 조선혁명당 대표자 회의가 열리기도 했는데, 이는 김원봉이 이들을 민족혁명당의 핵심 기반으로 육성하려는 구상이 반영된 것이었다. 1938년 5월, 훈련을 마친 한인 학생들은 민족혁명당 본부가 있는 한커우(漢口)로 이동해 민족혁명당에 가입하였고, 같은 해 10월 창설된 조선의용대의 주력 구성원으로 편성되었다.

5 고난과 시련 속의 독립운동

러시아 공산정권의 배신, 자유시참변

　청산리 독립전쟁에서 만주 독립군부대가 대승을 거두었으나, 탄약이 바닥나고 병사들도 지친 데다 일본군의 대대적인 추격전을 감당할 수 없었다. 결국 만주 독립군부대들은 러시아 공산혁명 정권의 지원을 받아 재기를 도모할 목적으로 자유시(오늘날 러시아 아무르주의 스보보드니(Svobodny))로 이동했다. 만주 독립군이 자유시에 도착하기 전부터 러시아 지역에서 활동하던 한인 빨치산부대들이 이미 이곳에 집결해 있었다. 이로써 자유시에 모인 만주 독립군과 러시아 지역의 한인 빨치산 병력은 총 2,000명에서 2,200명에 달했다. 이들 병력에 대한 군권을 장악하기 위해 러시아 한인 빨치산부대 간에 쟁탈전이 벌어졌고, 이 과정에서 만주 독립군은 치명적인 타격을 입었다. 이를 '자유시참변'이라 한다.

청산리 독립전쟁 이후 만주 독립군의 이동 경로

    자유시참변은 매우 복합적인 요인이 작용한 결과였다. 당시 한인 빨치산부대의 배후에는 러시아 내 한인 공산당 조직인 상하이파 고려공산당과 이르쿠츠크파 고려공산당의 대립이 있었고, 두 공산당을 각각 지원하는 러시아 공산당과 국제공산당(코민테른)이 있었다.

    결국 자유시에 집결해 있던 만주 독립군과 러시아 빨치산부대에 대한 군권은 국제공산당의 지원을 받은 이르쿠츠크파 고려공산당이 장악했다. 이 과정에서 자유시 수비대 소속 1개 연대가 통합에 반대한 만주 독립군부대와 시베리아 빨치산부대에 총격을 가했고, 그로 인해 많은 사상자가 발생했다.

    자유시참변 이후 포로 신세가 된 만주 독립군은 고려혁명군에 편입되어 이르쿠츠크로 이송된 뒤, 러시아 공산혁명군 제5군단에 배속되었다.

1922년으로 해가 바뀌자, 레닌 정부는 시베리아에 주둔하고 있던 일본군의 철수 문제를 두고 일본과 협상에 나섰다. 일본군 철수가 절실했던 러시아 공산혁명 정부는 협상의 걸림돌을 제거하기 위해, 그해 8월 고려혁명군을 치타 북쪽으로 이동시키고 병력을 대폭 감축시켰다. 고려혁명군이 치타로 이동한 직후인 1922년 10월, 시베리아 주둔 일본군 철수 문제가 타결되었고, 이에 따라 시베리아 전역이 공산정권의 통제하에 들어가 소비에트 사회주의 연방공화국이 수립되었다.

일본군이 시베리아에서 철수하자, 러시아 공산 정부는 러시아 내 한인 무장 부대의 존재가 일본의 재출병 명분이 될 수 있다고 판단하고, 한인 독립운동 단체와 무장 부대를 러시아 공산당이나 공산군에 흡수시키거나, 이에 불응하면 무장을 해제하거나 국외로 추방하는 방침을 세웠다. 이에 따라 상하이파 고려공산당과 이르쿠츠크파 고려공산당은 해산되었고, 고려혁명군 역시 해체되었다. 이로써 러시아에서의 민족 독립운동은 사실상 막을 내리게 되었다.

만주 독립군 탄압을 위한 미쓰야협정

한편, 만주 독립군이 간도를 떠난 이후, 간도에 출병한 일본군은 청산리전투 패배에 대한 보복으로 한인 동포들을 무차별 학살하고, 한인 거주 지역의 가옥과 학교, 교회를 불태우거나 파괴하는 등 천인공

노할 만행을 저질렀다. 이를 '경신참변(1920)'이라 부른다.

이후 일본군이 만주에서 철수하자, 그간 일본군을 피해 만주 각지로 흩어졌던 독립운동가들과 독립군들, 그리고 러시아로 넘어갔다가 다시 돌아온 독립군들이 재기를 도모했다. 그 결과 1922년 2월, 남만주에서 대한통군부가 결성되었으며, 곧 통군부는 통의부로 확대 개편되어 산하에 의용군을 편성했다. 이후 통의부는 다시 의군부, 참의부, 정의부로 분열되었다.

여기에 1925년 3월 북만주에서 신민부가 결성되면서, 만주의 독립운동 진영은 참의부·정의부·신민부의 '3부 체제'로 재편되었다.

그러나 신민부가 결성된 직후인 1925년 6월, 일제와 만주 군벌 사이에 미쓰야협정이 체결되면서 만주 지역의 독립운동은 큰 난관에 봉착했다. 미쓰야협정은 조선총독부 경무국장 미쓰야 미야마쓰(三矢宮松)와 봉천 군벌 장쭤린(張作霖) 간 비밀리에 체결된 협정으로, 한인 독립운동가와 독립군을 체포하면 일본영사관에 인계하고, 체포에 협조한 중국 관리에게는 포상금을 지급한다는 내용이었다.

이 협정으로 인해 만주의 중국 관리들은 앞다투어 한인 독립운동가 검거에 나섰고, 포상금을 노리고 무고한 동포를 납치하거나 살해해 일본 측에 넘기기까지 했다. 일제는 생포한 한인에게는 20원, 살해 후 목을 가져오면 40원을 포상금으로 지급했다.

신민부가 한창 세력을 확대하던 1928년 1월, 일제 경찰과 중국 경찰은 합동으로 신민부 본부를 급습하여 회의 중이던 영도자 김혁을 포함한 간부 12명을 체포해 하얼빈의 일본영사관으로 연행했다. 김좌진은 당시 마을 시찰 중이어서 체포를 면했다.

김혁(본명 김학소)은 대한제국 무관학교 제1회 졸업생으로, 대한제국 군대의 정위(正衛)를 지낸 인물이다. 그는 체포 이후 10년 형을 선고받고 복역하던 중 병세가 악화하여 가석방되었으며, 경기도 용인시 기흥면 농서리로 귀향했다. 그러나 오랜 수감 생활로 얻은 병이 악화하여 1939년 4월 23일, 향년 65세로 생을 마감했다.

임시정부의 혼란과 리더십 위기

대한민국임시정부는 출범 초기부터 순탄하지 않았다. 1920년 12월, 이승만 대통령이 상하이로 와서 취임하자, 임시의정원에서는 그가 미국에서 모금한 동포 성금의 사용처에 대해 추궁했다. 더불어 1919년 3월, 이승만이 윌슨 대통령에게 한국을 국제연맹의 위임통치령으로 둘 것을 요청하는 청원서를 제출한 사실이 문제가 되어 결국 불신임을 받았다. 결국 이승만은 대통령 재직 6개월 만에 다시 미국으로 돌아갔다.

더 큰 사건은 이동휘 국무총리의 자금 조달 과정에서 발생했다. 그는 자신의 측근을 러시아로 보내 레닌으로부터 200만 루블의 지원을 약속받았으나, 1차로 전달된 40만 루블을 그의 비서 김립이 횡령하는 일이 발생했다. 이에 대해 임시정부가 책임을 추궁하자, 이동휘는 1921년 1월 국무총리직을 사퇴하고 임시정부를 떠났다.

이러한 내분 속에, 독립운동 진영 일각에서는 임시정부의 무능과 분열을 비판하며, 국외 각지의 모든 독립운동 세력이 참여하는 국민대표회의 소집을 요구하는 성명을 발표했다. 이에 동조한 안창호는 노동국 총판을 사임하고 국민대표회의 소집을 촉구하는 연설회를 열었다. 임시의정원도 국민대표회의 소집 청원서를 통과시켰다. 그 결과 1923년 1월 3일부터 6월 8일까지 120여 개 지역과 단체를 대표하는 125명이 상하이에 모여 국민대표회의가 개최되었다.

회의는 시작부터 기존 임시정부를 개편하여 유지하자는 '개조파'와, 임시정부를 해산하고 새로운 독립운동 조직을 세우자는 '창조파'로 나뉘어 극심한 대립을 겪었다. 결국 내무총장 김구가 회의 해산을 명령하고 활동을 봉쇄함으로써, 국민대표회의는 아무런 결실도 없이 막을 내렸다.

이후 공산주의자들은 '좌우합작'이라는 명분 아래 민족주의 독립운동을 공산혁명으로 이끌려 하였고, 청년동맹 등 조직을 통해 상하이의 한인 청년들을 포섭하고 있었다.

이러한 움직임 속에서, 국민대표회의가 임시정부 주도권을 둘러싼 권력 투쟁에 불과하다고 본 무정부주의자들은 1924년 4월 베이징에서 '조선무정부주의자연맹'을 결성했다. 이들은 독립운동에 중심 세력은 필요하지만, 정부형태일 필요는 없다고 보았으며, 자유 연합 원리에 따라 각 민족해방운동 단체가 연대할 것을 주장했다. 그러나 볼셰비키 혁명을 따르는 공산주의자들과의 연대에는 반대 뜻을 분명히 밝혔다.

이러한 이념 분열과 갈등이 이어지는 가운데, 1925년 3월 임시의정원에서는 이승만 대통령 탄핵안을 가결했다. 그로 인해 연통제가 폐지된 후 주요 자금원이 되었던 미주 한인들의 성금마저 끊기며, 임

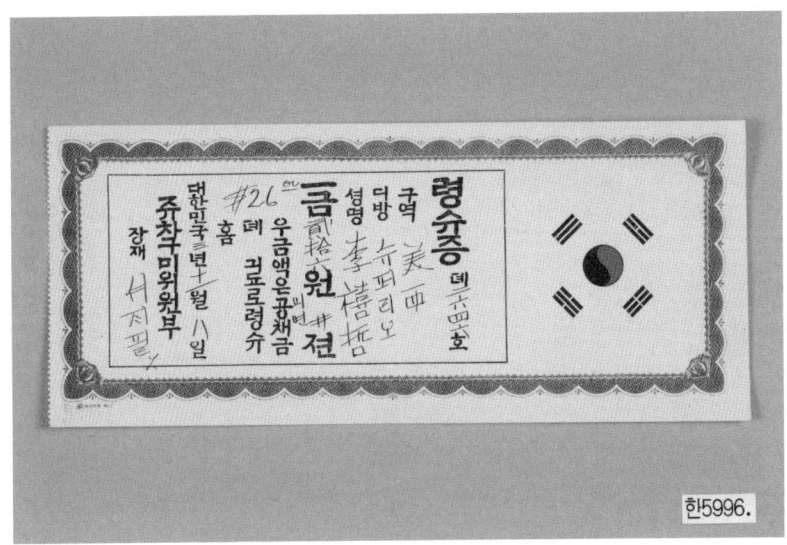

미국에 거주하던 동포 이희철이 임시정부 공채(채권) 26달러를 매입하고 발급받은 영수증. 영수인은 구미위원부의 서재필이다.(출처: 대한민국역사박물관)

시정부는 청사 임대료조차 감당하기 어려울 정도로 심각한 재정난에 빠지게 되었다.

여기에 인재난까지 겹쳤다. 『백범일지』에 따르면, 한창때는 천여 명이나 되던 독립운동가가 수십 명도 채 되지 못하는 형편이 되었다. 그 이유로 백범은 일부 지도층의 변절, 연통제의 발각으로 인한 대대적인 체포, 그리고 생활고로 인해 취업하거나 생업에 종사하는 사람이 많아졌기 때문이라고 설명한다.

이승만에 이어 대통령에 취임한 박은식(朴殷植, 1859~1925)은 대통령제를 폐지하고 국무령제로 개헌한 뒤, 스스로 물러났다. 국무령은 단지 국무회의를 대표하는 자리로, 실질적인 권한은 축소되고 대신 임시의정원의 권한이 확대되었다. 박은식의 뒤를 이어 만주의 대표적인 독립운동가 이상룡(李相龍, 1858~1932)이 국무령에 선출되었으나, 정부를 구성하지 못하고 만주로 돌아갔다. 이후는 김구가 국무령이 되어 가까스로 정부 구성을 마쳤으나, 곧 주석제로의 개헌을 추진한 뒤 물러났다. 주석은 별다른 실권 없이 국무회의를 주재하는 정도의 역할로 제한되었다. 이렇듯 혼란스러운 변화가 반복되며 임시정부는 구심점을 잃고 사실상 무정부상태에 빠지게 되었다.

사정은 국내뿐 아니라 시베리아와 만주에서도 마찬가지였다. 국내에서는 1925년 조선공산당 창당, 1926년 6·10 만세운동, 1927년 신간회 결성, 1929년 광주학생운동 등 항일운동이 이어졌지만, 일제의 혹독한 탄압 속에 조직적인 민족운동으로 발전하지는 못했다.

시베리아에서는 1922년 이후 소련공산당의 강력한 통제로 독립운동이 사실상 종식되었고, 만주에서는 1925년의 미쓰야협정으로 인해 독립운동이 큰 난관에 봉착했다. 여기에 공산주의 세력의 급속한 확산은 독립운동 진영의 내부 분열을 불러왔으며, 이후 일본군이 만주를 점령하고 괴뢰국인 만주국을 수립하면서, 만주는 독립운동의 거점 역할을 더는 할 수 없게 되었다.

6. 독립운동 활로를 개척한 의열투쟁

의열단의 의열투쟁

'의열투쟁'이란 대의를 실현하기 위해 생사를 초월해 감행하는 폭력적 행위를 뜻한다. 이러한 의미의 의열투쟁은 3·1운동 이전에도 존재했다. 의병 항쟁을 비롯해 을사오적, 침략 원흉, 그리고 침략에 협력한 부역자를 암살·응징한 장인환, 전명운, 안중근, 이재명 등의 행위가 그 대표적인 예다.

그러나 3·1운동 이후의 의열투쟁은 이전과 달리 보다 공격적이고 조직적으로 전개되었으며, 그 목표 역시 암살을 통한 응징을 넘어 독립 쟁취로 전환되었다. 이 시기 의열투쟁을 본격적으로 이끈 단체가 바로 김원봉의 의열단이다.

김원봉은 경남 밀양에서 9남 2녀 중 장남으로 태어나, 밀양공립보통학교를 자퇴한 뒤 동화중학 2학년에 편입했다. 이때 동화중학의 전홍표 교장으로부터 받은 가르침은 그의 인생관에 큰 영향을 끼쳤다.

"우리가 살아 있는 한 강도 일본과의 투쟁을 단 하루도 게을리해서는 안 된다. 빼앗긴 국토를 되찾고, 잃어버린 주권을 회복하기 전까지 우리는 언제나 부끄럽고, 슬프며, 비참하다."

이 말은 어린 김원봉의 가슴에 깊이 새겨졌고, 훗날 그가 의열투쟁의 길로 나서는 데 결정적인 영향을 끼쳤다.

그 뒤 김원봉은 1913년 서울의 중앙중학교 2학년에 편입했으나 중도에 그만두었다. 이후 세계에서 가장 강력한 군대를 가진 독일에서 군사학을 배우겠다는 생각으로, 1916년 톈진의 덕화학당에 입학했다. 그러나 제1차 세계대전의 여파로 학교가 폐쇄되자, 난징의 금릉대학으로 옮겨 영어를 공부했다. 전쟁이 끝난 뒤, 그는 금릉대학을 그만두고 만주로 향하던 중 3·1운동 소식을 접했다.

3·1운동 직후인 1919년 6월, 김원봉은 고산자 신흥무관학교에 입학했다. 그러나 마적 떼가 학교를 습격해 윤기섭(尹琦燮, 1887~1959) 학감을 비롯한 교관과 생도들을 납치해 가는 참담한 사태를 목격한 그는 일본처럼 강대한 제국에 맞서 군대를 양성해 싸우기에는 시간도 자원도 너무 부족하다는 결론에 이르렀다. 이에 그는 신흥무관학교를 자퇴하고, 같은 해 11월 의열단을 결성했다. 의열단 창립 요원은 총 13명이었으며, 이 중 10명은 신흥무관학교 동기였고, 나머지 2명은 김원봉의 고향인 경남 밀양 출신이었다.

의열단은 창단 직후 근거지를 베이징으로 옮긴 뒤, 폭탄과 권총을 구입하고 단원을 포섭하는 활동에 나섰다. 준비를 마친 의열단은 일본 고관 암살과 주요 일제 기관 폭파를 목표로 하는 제1차 암살·파괴

계획에 따라 무기를 국내로 반입하고, 창단 요원들이 직접 국내에 잠입했다.

그러나 반입한 무기들이 일본 경찰에 압수되었고, 윤세주·곽재기·이성우·신철휴·한봉인 등 창단 요원들이 체포되었다. 이종암·김상윤·서상락은 추적을 피해 중국으로 돌아갔다. 이들이 체포된 지 1년 후인 1921년 6월, 경성지방법원은 중형을 선고했고, 이 사건을 계기로 의열단의 존재가 세상에 알려지게 되었다.

1차 계획이 좌절된 지 얼마 지나지 않은 1920년 9월 14일, 의열단원 박재혁이 부산경찰서에 폭탄을 투척해 경찰서장을 포함한 3명이 사망했다. 박재혁은 상처를 입은 채 투옥되었고, 단식 끝에 9일 만에 순국했다.

같은 해 12월 27일에는 최수봉이 밀양경찰서에 폭탄을 던졌으나 제1탄은 불발, 제2탄은 복도에서 터져 의거는 실패로 끝났다. 그는 현장에서 체포되어 사형을 선고받았고, 21세의 나이로 교수형에 처했다.

이듬해인 1921년 9월 12일 오전 10시경, 조선총독부 청사 2층으로 폭탄이 던져졌지만, 당시 범인은 밝혀지지 않았다. 그로부터 반년 뒤인 1922년 3월 28일, 일본 육군대장 다나카 기이치(田中義一)가 상하이 황포탄 부두에 도착했을 때 의열단원 오성륜이 저격을 시도했으나 앞을 가린 서양 여성이 맞아 실패했고, 김익상이 다시 저격했으나 그의 모자만 관통시키는 데 그쳤다. 이어 이종암이 폭탄을 던졌지만 역시 불발되었다. 김익상과 오성륜은 현장에서 체포되었고, 이종암은 탈출했다. 이후 김익상은 총독부 청사 폭탄 투척 사건의 범인임을 자백했다.

1923년 1월 12일 김익상은 종로경찰서에 폭탄을 던지는 의거를 감행했다. 의거 실행 후 그는 눈 덮인 남산을 넘어 금호동의 안장사에서 승복을 입은 뒤, 효제동 이혜수의 집에 은신했다.

그로부터 열흘 뒤인 1월 22일 새벽, 일본 무장경찰 수백 명이 의열단원 김상옥을 체포하기 위해 효제동 일대를 겹겹이 포위했다. 김상옥은 방 안 벽장에 숨어 있다가 일본 경찰 간부를 사살한 후, 순식간에 옆집으로 피신했다. 이후 집 담장에 몸을 의지한 채, 일경과 무려 3시간 반에 걸친 치열한 총격전을

종로경찰서에 폭탄을 투척한 의열단원 김상옥(1889~1923)(출처: 독립운동인명사전)

벌인 끝에 10여 명의 경찰을 사살하고도 끝까지 항복하지 않았다. 결국 그는 남은 한 발로 자결하며 34세의 짧은 생애를 마감했다. 이 장면은 마치 한 편의 드라마처럼 전해지며, 2015년에 개봉해 큰 인기를 끈 영화 〈암살〉 속 김장옥 캐릭터의 실제 인물이 바로 김상옥이다.

이후 의열단의 투쟁은 1926년 12월 28일, 나석주가 동양척식회사와 조선식산은행에 폭탄을 투척한 의거를 마지막으로 사실상 일단락되었다.

의열투쟁의 한계를 절감한 김원봉은 새로운 독립운동의 방향을 모색하게 되었고, 1926년 3월에는 의열단원 24명과 함께 중국 국민당이 운영하는 황푸군관학교 제4기에 입학했다. 이후 무장 항일전선에 적극적으로 참여하던 그는 1938년 10월, 마침내 조선의용대를 창설하여 항일 무장투쟁의 새로운 전기를 마련했다.

한인애국단의 의열폭탄으로 독립을 약속받다

임시정부가 혼란을 겪고 독립운동이 국내외에서 침체에 빠져 있을 때, 만주에서는 만보산사건이 발생했다. 만보산사건이란, 1931년 7월, 중국 길림성 장춘현 만보산(吉林省 長春縣 萬寶山) 지역에서 한인 농민들이 소작으로 빌린 논에 농업용수를 공급하기 위해 수로 공사를 하는 과정에서 중국인 토지를 무단으로 파헤치며 양측 사이에 벌어진 분쟁을 말한다.

이 분쟁은 사상자 없이 무사히 마무리되었지만, 국내 언론이 이를 과장 보도하면서 국내에서 중국인 배척 운동이 일어났고, 곳곳에서 중국인이 살해되는 사태로 번졌다. 이에 중국 내에서도 반한 감정이 확산하였으며, 만주사변 당시 일부 한인 부랑자들이 일제의 세력을 믿고 중국인들에게 악행을 저지른 일까지 겹치면서, 중국인들은 우리 민족에 대해 적대적인 감정을 갖게 되었다.

이처럼 내외의 악조건 속에서 침체된 독립운동 진영에 자극을 주고, 중국인의 마음을 돌리기 위해 김구는 한인애국단(韓人愛國團)을 조직하여 의열투쟁에 나섰고, 자금과 인물 확보에 힘썼다. 우선 자금을 모으기 위해 미주와 하와이 동포들에게 편지를 보냈고, 그 결과 미국, 하와이, 멕시코, 쿠바 등지에서 성금이 들어왔다.

이때 이봉창(李奉昌, 1900~1932)이라는 애국 청년이 나타나 일본 천황을 암살하겠다는 뜻을 밝혔다. 이봉창은 상하이로 오기 전 일본에서 6년간 거주하며 일본인처럼 보였기 때문에 주위 사람들은 그를 의심했으나, 김구는 끝까지 그를 신뢰하고 거사를 부탁했다. 김구는 이봉창과 의거를 약속한 뒤, 중국군 병기 관리 책임자였던 김홍일을 찾아가 폭탄을 주문했다.

1931년 12월 13일, 안공근(안중근 의사의 막냇동생)의 집에서 김구로부터 수류탄 2개와 거사 자금을 건네받은 이봉창은 한인애국단에 입단하면서 "조국의 독립과 자유를 회복하기 위하여" 적국의 수괴를 살해하겠다고 맹세했다.

그는 일본인으로 가장한 채 우편선을 타고 상하이를 떠나 일본 고베(神戶)항에 도착했다. 이후 도쿄에 도착해 기회를 엿보다가, 1932년 1월 8일 아침 열병식을 마치고 마차를 타고 돌아가는 천황을 향해 수류탄을 던졌으나, 거리가 멀고 폭탄의 위력도 충분치 않아 천황을 폭살하지는 못했다. 이봉창은 그 자리에서 체포되었다.

이봉창의 도쿄 의거에 대해 중국의 여러 신문은 '이봉창이라는 한국인이 일본 천황을 저격하였으나 불행히 맞지 않았다(不幸不中)'라고 대대적으로 보도했다. 이에 일본은 중국 정부에 엄중히 항의하였고, 해당 보도를 실은 신문들은 결국 폐간당하고 말았다.

일본의 만주 침략 이후 상하이에는 반일 분위기가 팽배했는데, 이봉창 의거로 중국 민심까지 크게 고무되자, 일본해군 육전대가 1932년 1월 28일 상하이 주둔 중국군을 기습 공격하며 양측 간 치열한 전투가 벌어졌다. 일본군은 상하이 시민들의 응원을 받은 중국군의 완강한 저항에 부딪히자, 육군과 해군을 증파하여 중국군을 상하이 외곽으로 퇴각시켰다. 이 전투를 '상하이 사변'이라 한다. 중일 간 무력 충돌은 서구 열강의 중재와 국제연맹의 협정안 채택으로 정전협정이 성립되면서 일단락되었다.

상하이 훙커우공원 의거 전의 윤봉길 의사(출처: 국사편찬위원회)

이봉창 의거 이후, 한인 애국 청년들이 김구를 찾아왔다. 이들 가운데 이덕주와 유진식은 조선 총독 암살을 명받고 국내로 파견되었고, 유상근과 최흥식은 만주 주둔 관동군 사령관 암살을 명받아 떠났으나, 모두 일경에 체포되어 거사에 실패하고 말았다.

이 무렵 윤봉길(尹奉吉, 1908~1932)이 김구를 찾아와 "나라를 위해 큰일을 하고 싶다"라고 했다. 마침 일제는 천황의 생일을 기념하는 천장절(天長節)을 맞아 상하이 사변의 승리를 선전하기 위한 대대적인 축하 행사를 계획하고 있었다. 김구는 이를 폭탄 의거의 기회로 삼고,

김홍일에게 다시 폭탄 제작을 의뢰했다.

1932년 4월 29일, 윤봉길은 홍커우(虹口)공원에 무사히 입장했다. 그는 열병식이 끝나고 일본 국가가 거의 끝나가던 오전 11시 40분경, 준비한 폭탄을 사열대에 던져 명중시켰다. 이어 "대한민국 만세!"를 외쳤으나 자폭에는 실패하여 현장에서 체포되었다.

의거는 대성공이었다. 단상에 있던 시라카와 요시노리(白川義則) 대장은 중상을 입고 결국 사망하였고, 해군 중장 노무라(野村)는 실명, 육군 중장 우에다(植田)는 다리를 절단당했으며, 주중 일본 공사 시게미쓰 마모루(重光葵)는 다리에 중상을 입어 불구가 되었다. 상하이 교민 단장이던 가와바다(河端)는 현장에서 즉사했다. 이 외에도 총영사 무라이(村井)를 비롯한 교민단 간부 다수가 부상을 입었다. 다리에 중상을 입은 주중 일본 공사 시게미쓰 마모루는 1945년 9월 2일, 도쿄만에 정박해 있던 미 해군 군함 '미주리호'에서 일본의 항복 문서에 대표 자격(외무대신)으로 서명했다. 이때 그는 지팡이를 짚고 절룩이며 등장했다.

일제는 대대적인 수색을 벌여 김구를 비롯한 임시정부 요인의 체포에 나섰고, 그 과정에서 안창호가 체포되었다. 그러나 김구는 미국인 선교사 조지 애쉬모어 피치(George Ashmore Fitch)의 집 2층에 은신해 있으면서, 전화로 외부와 연락을 주고받았다.

김구는 무고한 교민들이 체포되는 상황을 보고 피치 부인에게 번역을 부탁해, 자신이 이번 사건의 주모자임을 각국 통신사에 알렸다. 이후 자싱(嘉興)으로 탈출했다. 김구를 피신시킨 조지 피치는 후일 대한민국 정부로부터 건국훈장을 수여 받았고, 국가보훈부가 2018년 1

월 '이달의 독립운동가'로 선정한 인물이기도 하다. 이봉창·윤봉길 의거에 관한 이야기는 『백범일지』에 상세히 기록되어 있다.

윤봉길 의사의 상하이 의거는 침체에 빠져 있던 임시정부가 독립운동의 구심체로서의 위상을 회복하는 계기가 되었고, 국내외 동포들과 독립운동 진영 전체에 독립투쟁의 불씨를 다시 지펴주었다. 그로 인해 김구의 정치적 위상도 크게 높아졌고, 이후 임시정부는 사실상 김구 중심으로 운영되었다.

상하이 의거를 계기로 김구는 장제스에게 의열투쟁에 대한 지원을 요청하였고, 장제스는 장래의 독립전쟁을 대비해 무관을 양성할 것을 제안했다. 장제스의 제안에 따라 실무 협상이 진행된 끝에, 중국 중앙군관학교 뤄양 분교에 한인 특별반을 설치하기로 합의했다. 그리고 1943년 카이로회담에서 장제스가 한국의 독립을 제안하고, 이를 선언문에 명문화한 것도 윤봉길 의거의 영향이라 할 수 있다. 한 사람의 행동이 역사의 흐름을 바꾼 대표적인 사례이다.

만주 독립군의 중국 본토 이동

일제가 만주를 점령하고 1932년 괴뢰정부인 만주국을 수립하자, 만주 지역에서는 '항일반만(抗日反滿)'의 기치를 내건 중국 의용군 부대가 편성되어 일본군과 만주국 군대에 맞서 항전을 전개했다. 이들 중국군 부대는 당시에 만주에서 활동하고 있던 민족주의 계열의 한국독립군과 조선혁명군에는 공동작전을 수행할 수 있는 훌륭한 우군이었다.

한국독립군(총사령 지청천)은 만주사변을 계기로 한국독립당이 조직한 무장 단체로, 북만주를 중심으로 활동했다. 한국독립군은 창설 직후 중국 항일 구국군으로부터 무기를 지원받아 무장을 갖춘 뒤, 한중 연합작전을 본격적으로 전개했다. 한국독립군이 중국구국군과 함께 대첩을 거둔 대표적인 전투로는 대전자령(大甸子嶺) 전투가 있다.

대전자령 전투는 왕청현(汪淸縣) 대전자(일명 나자구)에 주둔하고 있던 일본군 제19사단 소속 간도 파견군이 철수하던 중, 대전자령(일명 태평령) 협곡에서 지청천이 지휘하는 한국독립군과 시세영(柴世榮)이 이끄는 중국 길림구국군이 연합하여 큰 승리를 거둔 전투이다.

일본군 제19사단 간도 파견군은 원래 조선에 주둔하고 있다가 1932년 4월 만주로 출동해 항일반만군에 대한 토벌작전을 전개했다. 이후 어느 정도 성과를 거두게 되자, 일본 관동군에 그 임무를 넘기고 본래 있던 조선으로 귀대하기 위해 주둔지인 대전자를 떠나기로 한 것이다. 간도 파견대는 1개 연대 병력과 지원 병력을 합쳐 1,600여 명에 달했다.

수많은 우마차와 차량이 동원된 간도 파견대 행군 대열이 통과할 대전자령은 계곡 양쪽이 절벽이고, 일렬종대로만 행군이 가능한 약 40리 되는 꼬불꼬불한 길이었다. 매복 작전에 알맞은 지형적 조건을 갖춘 곳으로, 한중연합군은 바로 이 길목에 매복하고 있었다.

1933년 6월 30일, 한중연합군이 매복하고 있는 대전자령 협곡에 간도 파견군이 진입했다. 후미가 산 중턱에 이르렀을 때 주공을 담당한 한국독립군 500여 명은 중국 시세영 부대 2천여 명과 연합하여 절대적으로 유리한 지형에서 공격을 가해 일본군에게 치명적 타격을 가했다. 이 전투에서 노획한 전리품만 보더라도 엄청났다. 전리품 목록은 다음과 같다.

- 군복 3,000벌
- 대포 3문
- 산포·박격포 10여 문
- 소총 1,500정
- 담요 3,000장
- 군량·문서·기타 군용 물품 200대 분량의 마차

노획한 물자와 전과를 고려할 때, 대전자령 전투는 봉오동전투, 청산리 독립전쟁과 더불어 '독립군 3대첩'이라 불릴 만한 위대한 승리였다. 대승을 거둔 한국독립군은 대전자에서 휴식을 취하며 전리품을 분배하고, 무장을 강화하였으며, 부대를 재편성해 전투력을 끌어올렸다.

이후 길림구국군과 연합작전을 펼쳤으나, 길림구국군 내부 공산주의자들의 음모와 전리품 분배 문제로 갈등이 발생했다. 결국 지청천 총사령을 포함한 간부들이 구금되고, 한국독립군 전체가 무장 해제당하는 사태가 벌어졌다. 뒤늦게 길림구국군 사령관은 이것이 공산당의 음모였음을 인지하고, 구금된 간부들을 석방하고 무기를 돌려주었다. 하지만 한국독립군 내에 중국군에 대한 배신감은 쉽게 사라지지 않았다.

이 무렵 임시정부에서 밀사가 도착하여, 중국 정부와 교섭한 결과 한인 군관학교를 설립하게 되었으니 중국 본토로 들어와 군사 인재 양성을 맡아달라는 김구의 뜻을 전달했다. 이에 한국독립군은 지청천 총사령을 비롯한 간부들과 군관학교 입학을 희망하는 청년 등 50여 명이 1933년 11월, 민간인 복장으로 변장한 뒤 2~3명씩 조를 이루어 산해관을 넘어 중국 관내로의 이동을 개시했다. 만주에 남은 잔여 병력은 산림지대로 옮겨 유격전을 전개했다.

한국독립군이 북만주에서 한중 연합작전을 펼치는 동안, 조선혁명군은 남만주를 무대로 역시 한중 연합작전을 전개하여 많은 성과를 거두고 있었다. 조선혁명군은 국민부를 옹호하기 위해 조직된 조선혁명당의 당군으로, 1929년 12월에 창설되었다.

국민부는 창설 초기부터 민족주의 계열과 공산주의 계열 간의 갈등이 존재했다. 이 갈등은 유혈 충돌로 이어졌고, 민족주의 계열의 현익철(玄益哲, 1890~1938, 건국훈장 독립장)이 조선혁명당 중앙집행위원장 겸 조선혁명군 총사령으로 취임하면서 당과 군을 장악하게 되었다. 그런데 현익철이 일제 밀정의 밀고로 체포되었고, 그 외에도 당과 군의 간부 10여 명이 일경에 체포되는 사건이 발생했다. 이후에도 체포 사례가 계속되자 조선혁명당과 조선혁명군 내부에서는 중국 관내로 이동하자는 의견이 제기되었으며, 한편 소장파 일부는 만주에 남아 계속 항전을 벌여야 한다고 주장해 합의에 이르지 못했다. 결국 이 시기 최동오(崔東旿, 1892~1963, 임시정부 국무위원, 건국훈장 독립장)와 유동열 등은 중국 관내로 들어가 임시정부에 합류했다.

이후 조선혁명군은 총사령 양세봉(梁世奉, 1896~1934, 건국훈장 독립장), 부사령 박대호, 참모장 김학규 체제로 정비되었고, 중국 당취오(唐聚五)의 요녕민중자위군, 왕봉각(王鳳閣)의 요녕민중의용군 등과 연합작전을 펼쳐 일본군과 싸웠다. 그중 대표적인 승전으로는 영릉가성(永陵街城) 전투와 흥경성(興京城) 전투가 있다.

조선혁명군은 전투 과정에서 소모된 인력과 물자 보충을 위해 참모장 김학규(金學奎, 1900~1967, 광복군 제3지대장, 건국훈장 독립장)를 난징으로 파견했다. 그러나 김학규가 떠난 뒤, 총사령 양세봉이 일본군의 유인 작전에 걸려 총격을 받고 순국했다. 그런데도 조선혁명군은 1938년 9월 총사령 김활석이 체포될 때까지 만주에서 항전을 이어가며 민족주의 계열의 최후 독립군으로 남았다.

한편, 중국 본토로 들어간 최동오는 후에 임시정부 외무부장을 지냈으며, 유동열·김학규·현익철은 임시정부 군사위원으로 활동하며 광복군 창설의 기반을 다지는 데 핵심적인 역할을 했다.

7

한국광복군 창설

광복군 창설 준비, 군사위원회 설치와 군사특파단 파견

1937년 7월 7일 중일전쟁이 발발하자, 임시정부는 전시체제로 전환하고 곧바로 군무부에 군사위원회를 설치했다. 이 위원회는 독립전쟁 계획 수립, 군사간부 양성, 군사 서적 연구 및 편찬을 주요 목적으로 하였으며, 유동열·지청천·이원복·현익철·김학규·안공근 등 6명을 위원으로 임명하였다.

유동열과 지청천은 일본 육사 출신이며, 이원복은 지청천과 함께 만주에서 한국독립군으로 활약한 인물이다. 이원복은 당시 미 육사 출신으로 알려졌으나 그 사실 여부는 확인되지 않으며, 미국의 대학에서 군사훈련을 받은 것으로 추정된다. 김학규는 신흥무관학교 출신으로, 남만주에서 조선혁명군의 참모장을 역임했다.

안공근은 안중근 의사의 둘째 동생으로, 김구의 한인애국단에 참여해 이봉창·윤봉길 의거를 함께 기획하였으며, 김구가 개설한 뤄양군관학교 한인특설반에서 근무한 바 있다. 현익철은 만주에서 조선혁명군 사령관으로 활동하던 중 체포되어 복역한 뒤, 상하이로 망명했다.

군사위원회 설치 이후 임시정부의 군사정책은 초급장교 양성과 1개 연대 편성을 제1차 목표로 삼고, 세출 총액 58만 원 가운데 37만 원을 군사비로 책정했다. 이 가운데 부대편성비로 30만 원, 장교 양성비로 7만 원이 배정되었다. 그러나 일본군 점령지역이 확대되면서 임시정부가 거듭 이전하게 되었고, 결국 군사비 대부분은 임시정부 운영을 위한 긴급경비로 전용되고 말았다. 그 결과 군사위원회가 계획했던 군대 편성과 간부 양성 사업은 끝내 추진되지 못했다.

임시정부는 1939년 5월 치장(綦江)에 도착한 이후, 다시 군대 창설 작업에 착수했다. 치장은 중국 국민당 정부가 임시 수도로 삼은 충칭(重慶) 남쪽에 위치한 소도시로, 비교적 전란으로부터 안전한 지역이었다.

치장에 머물고 있던 임시정부는 일본군 점령지역에 거주하는 한인 청년들을 대상으로 병력을 모집하기 위해 군사특파단을 조직하여 파견하기로 했다. 조성환을 단장으로 황학수·이준식·나태섭·노복선·서파 등이 참여한 군사특파단은 1939년 11월 시안(西安)으로 출발했다. 조성환과 황학수는 대한제국 무관학교 졸업생이고, 이준식은 윈난강무학교 출신이다. 나태섭과 노복선은 중국 중앙육군군관학교를 졸업했다.

군사특파단의 주요 임무는 시안에 군사 거점을 확보하는 것과 함께, 화베이(華北) 지역의 한인 동포들을 대상으로 선전 및 모병 활동을 전개하는 일이었다. 당시 시안은 일본군이 점령한 화베이 지역과 최전선을 이루는 전략적 요충지로, 이 지역에 이주해 있는 20만여 명의 한인 동포들을 대상으로 직접 모병 활동을 벌일 수 있는 위치에 있었으며, 약 200만 명의 한인이 거주하고 있는 만주 지역으로 진출하기 위한 전진기지이기도 했다.

군사특파단이 시안에 도착한 이후, 중국 중앙육군군관학교를 졸업하고 중국 국민당 군대에 복무하고 있던 안춘생·노태준·조인제를 비롯해, 전·현직 중국군 장교들과 현지 한인 동포들이 자발적으로 합류해 왔다.

시안에 파견된 군사특파단은 1940년 11월, 광복군 총사령부가 이곳으로 이전함과 동시에 해체되었고, 조성환 특파단장은 광복군 총사령이 된 지청천의 뒤를 이어 군무부장에 임명되어 충칭으로 복귀했다. 나머지 단원들은 시안 총사령부의 간부로 활동을 계속하였으며, 군사특파단은 훗날 광복군 부대(지대) 편성 과정에서 핵심적인 역할을 하게 된다.

군사특파단장 조성환

조성환(曺成煥, 1875~1948)은 서울의 양반 가문에서 태어나, 1900년 25세의 나이로 대한제국 무관학교 제2회에 입학했다. 재학 중이던 1902년 1월, 차별 임관에 항의하며 동맹 자퇴 투쟁을 주도했다. 이 일로 육군법원에서 종신형을 선고받았지만, 그의 투쟁에 일정 부분 정당성이 인정되어 최종적으로 15년 유배형을 선고받았다. 유배지에서 2년을 보낸 1904년 6월, 사면되어 풀려났고, 함께 동맹 자퇴 투쟁에 참여했던 나머지 12명도 함께 사면되었다. 이들 13명은 1904년 6월 참위로 임관했다.

1907년 4월, 안창호와 양기탁이 주도해 창립한 구국 비밀단체 '신민회'에 가입해 핵심 간부로 활동했다. 신민회는 노백린·이동휘·이갑·유동열·김희선 등 무관 출신들이 창설 요원으로 참여했다. 같

대한제국 무관학교 출신 조성환 군무부장(출처: 공훈전자사료관)

은 해 8월 1일, 군대해산 조치에 항거하여 시위대 군인들이 일본군과 벌인 시가전에서 부상자가 발생하자, 조성환은 동맹 자퇴를 함께했던 동기들과 함께 부상자 위문과 치료비 모금에 나섰다.

나라의 운명이 다해가던 1909년 2월, 조성환은 베이징으로 망명했다. 이때부터 '조욱(曺煜)'이라는 가명을 사용하기 시작했다. 1911년 중국에서 신해혁명이 발발하자, 마침 망명 중이던 무관학교 동기생 신규식과 함께 혁명의 현장을 직접 확인하고자 난징으로 향했다. 두 사람은 그곳에서 역사의 큰 전환점을 목격했다.

이후 두 사람은 상하이로 이동해 박달학원을 설립하고, 한국인 유학생을 모아 교육했다. 신규식은 그곳에 남고, 조성환은 다시 베이징으로 돌아갔다. 베이징에 복귀한 직후, 조성환은 일본 경찰에 붙잡혀 국내로 압송되었다. 혐의는 일본 총리대신 암살을 모의했다는 것이

다. 재판 결과 유배형을 받고 전남 진도로 유배되었다.

　유배에서 풀려난 조성환은 1915년 다시 베이징으로 향했다. 당시 제1차 세계대전이 한창이었고, 중국에서 활동 중이던 독립운동가들은 이를 조국 독립의 기회로 판단해 '신한혁명당'을 결성했다. 이 단체는 신규식·박은식·이상설 등이 주도하였고, 조성환도 여기에 가담했다.

　1917년 그는 대동단결선언에 서명하였으며, 1919년 2월 대한독립선언서가 발표되자 신규식과 함께 이에 서명했다. 이때 신규식은 '신정', 조성환은 '조욱'이라는 이름을 사용했다.

　대한민국임시정부가 수립되자 조성환은 초대 군무부 차장으로 임명되었다. 당시 군무총장은 이동휘였다. 같은 해 8월, 그는 임시정부와 러시아의 대한국민의회 간 통합을 협의하기 위해 블라디보스토크로 향했다. 그가 블라디보스토크에 머무는 동안, 체코군과 무기 구매 협상을 추진하여 북로군정서에 무기를 공급하였고, 이는 청산리 독립전쟁에서 북로군정서 독립군이 승리하는 데 이바지했다.

　청산리 독립전쟁 이후 조성환은 베이징으로 돌아와, 임시정부 외교총장과 국무총리 대리를 맡고 있던 신규식으로부터 베이징 주재 임시외교위원으로 임명되었다. 그러나 다시 북만주로 돌아간 조성환은 신민부가 조직되자 외교부위원장에 임명되었다. 이 무렵 미쓰야 협정이 체결되어 만주 독립군에 대한 탄압이 시작되면서, 독립군 활동에 제약이 생기기 시작했다. 이 시기 조성환은 공산주의 세력이 만주에서 부상하면서 좌우로 분열된 항일 세력을 통일하려는 유일당운동에 나섰지만, 이념과 노선 차이로 협상이 중단되었다.

만주사변 이후 조성환은 임시정부에 재합류하여 군무부장에 취임했다. 1937년 7월 중일전쟁이 발발하자 임시정부는 전시체제로 돌입하였고, 군무부장 조성환은 군사위원회를 설치하여 독립전쟁을 위한 군사 업무를 총괄했다. 그러나 임시정부가 피난길에 오르면서 군사위원회 활동도 중단되었다. 임시정부가 충칭 남쪽의 치장에 도착한 뒤에야 본격적인 전시 대비책을 마련할 수 있었다. 그 핵심은 군대를 조직하는 일이었다. 조성환은 이를 위해 병력을 모집할 군사특파단을 편성하고, 직접 단장을 맡았다. 군무부장직은 지청천에게 임시로 넘겼다. 시안에서 병력을 모집하던 조성환은 다시 지청천의 후임으로 군무부장에 복귀했다.

한국광복군총사령부 창설

광복군 창설을 위해서는 먼저 중국 국민정부로부터 승인을 받아야 병력을 모집하고 자금 지원도 받을 수 있었다. 이에 따라 임시정부는 중국 국민정부 군사위원회를 상대로 광복군 창설에 대한 협조와 지원을 요청하는 교섭활동에 나섰고, 김구가 주로 담당했다. 김구는 중국 국민당의 한국 담당자들에게, 화베이 지역을 점령한 일본군 내부에 한인 출신 군인들이 많으며, 이들 가운데 일본군을 탈출해 독립운동 진영에 합류하고자 하는 이들이 적지 않다는 점을 강조했다. 그러면서 이들을 일본군에서 이탈시키는 일이 중국의 항일전에도 도움이 될 것이라며, 광복군 편성에 협조해 주기를 요청했다.

김구의 제안은 중국 국민당 측에 상당한 공감을 불러일으켰고, 국민당 조직부장이던 주자화(朱家驊)는 장제스에게 광복군 창설을 지원해 달라고 건의했다. 이에 장제스는 김구가 비준을 희망하는 사안에 대해 군사위원회 참모총장 하잉칭(何應欽)과 협의해 처리하라는 지시를 내렸다. 광복군 창설에 가장 적극적으로 협력했던 인물인 주자화는 훗날 대한민국 정부로부터 건국훈장을 받았다.

장제스의 긍정적인 반응이 있자, 김구는 『한국광복군 편성계획대강』을 작성하여 중국 측에 제시했다. 이를 검토한 중국 군사위원회는, 해당 계획안에 포함된 "한국광복군은 한국광복군총사령부에서 통괄하고, 중국 군사최고영수가 중한연합군 총사령의 자격으로 통솔·지휘한다"라는 조항에 대해 반대 의견을 보였다. 한국과 중국의 국가 지위가 대등하지 않기 때문에 양국 군대가 연합군일 수 없으며, 한국광복군은 중국 군사위원회에 예속되어야 한다는 것이 중국 측 입장이었다.

이에 김구는 한국광복군이 군사활동 면에서는 중국 군사당국의 지휘에 따라야 하더라도, 광복군에 대한 최종 통수권은 대한민국임시정부에 있어야 한다고 맞섰다.

이처럼 광복군의 지위 문제를 놓고 양측이 평행선을 달리며 타협점을 찾지 못하자, 임시정부는 중국 군사위원회의 양해나 승인을 받지 않고 독자적으로 광복군 창설을 추진했다. 그 결과 1940년 9월 15일, 대한민국임시정부 주석이자 한국광복군 창설위원장이던 김구의 명의로 『한국광복군 선언문』이 발표되었다.

"대한민국임시정부는 대한민국 원년에 정부가 공포한 군사조직법

광복군총사령부 창설식 후 임시정부 요인과 중국 측 요인, 그리고 광복군 대원들. 오른쪽 뒤편에 군복을 입은 여성 광복군 4명의 모습이 보인다(출처: 국사편찬위원회)

에 의거하여, 중화민국 총통 장개석 원수의 특별 허락으로 중화민국 영토 내에서 광복군을 조직하고, 대한민국 22년 9월 17일 한국광복군 총사령부를 창설함을 이에 선언한다. 한국광복군은 중화민국 국민과 합작하여 우리 두 나라의 독립을 회복하고자 공동의 적인 일본 제국주의자들을 타도하기 위하여 연합군의 일원으로 항전을 계속한다."

이 선언문은 대한민국임시정부가 한국광복군을 창설했으며, 그 창설이 임시정부를 대표하는 김구 주석의 명의로 발표되었다는 점에서, 한국광복군이 대한민국임시정부의 국군임을 분명히 밝히고 있다.

1940년 9월 17일, 충칭에서 임시정부 주석 김구의 주관 아래 한국광복군 총사령부 창설식이 열렸다. 이 행사에는 총사령부 직원을 비롯해 임시정부 요인, 한국독립당과 임시의정원 관계자들, 중국 측 인사들, 그리고 내외신 기자들이 참석했다. 이날이 바로 광복군 창설일이다.

대한제국 국군·의병·독립군의 항일투쟁 계승

광복군 총사령부 식전에서 조소앙 외무부장은 『광복군총사령부 성립보고서』를 통해, 한국광복군은 대한제국 군대 해산일에 창설되었다고 보고했다.

"한국광복군은 일찍이 1907년 8월 1일 국방군 해산과 동시에 성립된 것입니다. 바꾸어 말하자면, 적들이 우리 국군을 강제로 해산시킨 날이 바로 우리 광복군의 창립일인 것입니다. 금년 8월로 광복군은 성립된 지 33년을 맞게 되었습니다."

1907년 8월 1일, 대한제국 군대가 일제의 강압으로 해산당하던 날, 시위 제1연대 제1대대장이었던 박승환 참령은 "군인으로서 나라를 지키지 못하였고, 신하로서 충성을 다하지 못하였으니 만 번 죽은들 아까움이 있으랴!"라는 마지막 말을 남기고 자결했다. 그의 죽음에 자극받은 시위대 군인들이 분연히 일어나 일본군을 향해 공격하면서, 서울 시내 곳곳에서 격렬한 시가전이 벌어졌다.

전투는 시위 연대 병영이 있던 서울 중구 서소문 일대에서 벌어졌다. 일본군은 남대문 성벽 위에 기관총을 설치하고 시위 연대 병력을 향해 집중 사격을 퍼부었다. 아침부터 시작된 전투는 정오 무렵이 되어서야 마무리되었다. 김윤식(金允植, 1835~1922)의 『속음청사』 1907

년 8월 1일 자 일기에 따르면, 이날 전투에서 시위 연대는 100여 명, 일본군은 30여 명의 전사자가 발생했다고 기록되어 있다.

중앙의 시위대가 해산된 데 이어, 지방의 진위대 해산도 본격적으로 추진되었다. 이에 전국 각지에서 진위대의 봉기가 이어졌고, 봉기한 해산군인들은 스스로 의병부대를 조직하거나 기존의 민간 의병부대에 합류했다. 해산군인들의 가세로 의병의 전투력은 질적으로 강화되었으며, 의병운동은 점차 '의병전쟁'의 양상으로 전환되었다.

그러나 1909년을 기점으로 국내 의병 활동은 한계에 다다랐다. 일제는 대규모 군경을 동원해 초토화 작전을 전개하며 의병을 '토벌'했고, 그 결과 국내 활동은 급격히 위축되었다. 이에 따라 의병들은 압록강과 두만강을 넘어 만주와 러시아령 연해주로 이동하여 독립군으로 재편되었다. 이후 만주 지역의 독립군 세력은 훗날 광복군 창설로 이어지게 된다.

광복군 총사령부 창설 당시 간부진의 면면을 살펴보면, 만주 독립군 출신들이 주류를 이루고 있음을 확인할 수 있다.

- 총사령 지청천
- 참모장 이범석
- 참모 이복원 김학규 공진원(고운기) 유해준 이준식
- 부관장 황학수
- 부관 조시원 조인제 노복선 고일명(고시복)
- 주계장 조경한
- 주계 지달수 나태섭(왕중량) 민영구 김의한 전태산

총사령 지청천과 참모장 이범석을 비롯하여, 참모 이복원·김학규·고운기·이준식, 부관장 황학수, 주계장 조경한, 주계 지달수·전태산 등은 모두 만주 독립군 출신이었다. 지청천은 한국독립군 총사령으로서 대전자령 전투에서 대승을 거두었으며, 이범석은 청산리 독립전쟁 당시 북로군정서의 연성대장으로 활약해 대첩을 이끌었다. 황학수는 신민부 참모부위원장과 한국독립군 부사령을, 이준식은 조선혁명군 총사령을, 김학규는 조선혁명군 참모장을 각각 역임했다.

총사령부 창설 요원 가운데 광복 이후 대한민국 국군에 투신한 인물로는 이준식(육군사관학교 제8기 특별1반, 중장), 유해준(군사영어학교, 소장), 고시복(육사 제2기, 준장), 나태섭(육사 제5기, 대령), 민영구(특별임관, 해군 소장), 노복선(육사 제8기 특별반, 대령) 등 6명이 있다. 이범석은 광복 이후 대한민국 초대 국방부장관으로 임명되었다.

총사령부 간부진의 또 다른 특징은, 이들이 대부분 정식 군사교육을 받았다는 점이다. 교육 기관은 대한제국 무관학교를 비롯해 일본 육사, 신흥무관학교, 황푸군관학교, 그리고 중국 각지의 군관학교에 이르기까지 다양하다. 지청천은 대한제국 무관학교와 일본육사, 황학수는 대한제국 무관학교, 이범석과 이준식은 윈난육군강무학교, 김학규는 신흥무관학교, 고운기·조경한·전태산·지달수는 중국 뤄양군관학교, 나태섭은 중국 육군중앙군관학교, 유해준은 청두 육군중앙군관학교 출신이었다.

결론적으로, 한국광복군은 대한제국 국군-의병-독립군으로 이어지는 정신적·인적 계승의 맥을 이어받았으며, 대한민국 국군으로 계승되었다고 말할 수 있다.

대한민국 여군의 선구자, 여성 광복군

광복군에는 남성 대원들뿐 아니라 여성 대원들도 함께 활동했다. 기록에는 남아 있는 이름이 적지만, 그 기여는 적지 않았다.

광복군 활동으로 건국훈장을 받은 여성이 20여 명에 이른다는 점에서, 실제 여성 광복군의 수는 이보다 더 많았을 것으로 추정된다. 여성 광복군은 대개 독립운동가 집안 출신이거나 독립운동가와 결혼한 인물들이었으며, 이들은 모병과 선전 활동, 교육 및 훈련, 첩보활동 등에 참여하고, 세탁·재봉·간호 등 후방 지원 업무도 도맡았다.

광복군 총사령부 창설 때부터 광복군으로 활동한 여성 광복군으로는 오광심, 지복영, 조순옥, 민영주, 신정숙, 신순호 등이 있다. 이들은 모두 독립유공자로 건국훈장을 받았다.

오광심(吳光心, 1910~1976)은 광복군 제3지대장 김학규의 부인이다. 오광심은 광복군 기관지 《광복》의 원고 집필과 편집을 맡아, 민족의 존망은 남녀 모두의 책임이라는 점을 강조했다. 특히 스페인 내란 당시 여성들이 총을 메고 전선에서 남성과 어깨를 나란히 하며 싸운 사례와 중국 여성들의 항일전투 참여를 소개하며, 동포 여성들에게 광복군 입대를 적극 권유하는 글을 실었다. 이후 오광심은 제3지대에서 남편의 참모이자 비서로 활동하며, 새로 편입된 대원들을 격려하는 역할을 맡았다. 그 결과 제3지대는 해방될 때까지 160여 명의 대원을 모집해 광복군에 편입시키는 성과를 거두었다.

지복영(指復榮, 1920~2007)은 한국광복군 총사령 지청천의 2남 2녀 중 둘째 딸이다. 오광심과 함께 기관지 《광복》의 편집위원으로 활동

광복군 제3지대장 김학규와 부인 오광심(출처: 독립기념관)

하며 여성의 광복군 참여를 적극적으로 촉구했다. 이후 두 사람은 제3지대에 배속되어 활동했으며, 이후 지복영은 임시정부 선전부에서 대적 방송 담당 요원으로도 일했다. 광복 후 귀국한 그는 서울대학교 도서관 사서, 한국광복군동지회 이사, 한국독립유공자협회 상무이사 등을 역임했다. 아버지 지청천을 회고한 책 『역사의 수레를 끌고 밀며』를 집필했고, 사후에는 자전적 회고록 『민들레의 비상』이 출간되었다. 그의 아들 이준식 박사는 제11대 독립기념관장을 지냈다.

조순옥(趙順玉, 1923~1973)은 광복군 창설 요원으로, 총사령부 부관이었던 조시원(趙時元, 1904~1982, 건국훈장 국민장)의 딸이다. 아버지와 함께 광복군에 입대한 사례로 알려져 있다. 광복군총사령부가 시안으로 이동하자 부친과 함께 시안으로 이동해 총무처에서 근무했고, 그 과정에서 파견 나온 안춘생과 인연을 맺어 부부가 되었다. 이후 안춘생이 제2지대로 발령되자 함께 모병 활동을 전개하며 부부 독립운동가로 활동했다.

민영주(閔泳珠, 1921~2021)는 임시정부에서 외교 업무를 담당한 민필호(閔弼鎬, 1898~1963)의 딸이다. 민영주는 임시정부 내무부 직원으로 활동했고, 충칭 방송국의 라디오 심리전 방송에도 참여했다. 이후 광복군 참모장 이범석의 비서 겸 재무 담당으로 일하다가, 이범석이 제2지대장으로 발령되자 함께 이동했다. 그곳에서 부관이었던 학병 출신 김준엽과 알게 되어 결혼했다. 김준엽은 훗날 고려대학교 총장으로도 잘 알려진 인물이다.

신정숙(申貞淑, 1900~1967)은 남편 장현근(張鉉瑾, 1909~1969, 건국훈장 애족장)이 임시정부 상하이 교민회와 한인청년당 등에서 활동하다 윤봉길 의사의 의거 이후 체포되어 귀국한 뒤 집행유예로 풀려나자, 중국으로 망명했다. 남편의 뒤를 따라 만주로 건너간 신정숙은 한때 중국군 유격대에 붙잡혔다가 김구 주석의 노력으로 석방되어 광복군에 입대했다. 처음 제2지대에 배치된 뒤 제3징모분처 요원으로 활동하며 모병, 정보 수집, 대적 방송, 선전 활동 등을 성공적으로 수행했다. 그 공로로 임시정부로부터 표창을 받았고, 장제스 주석으로부터는 "한 명의 한국 여자가 중국 장병 1천 명보다 강하다"는 찬사를 받았다고 전해진다. 이후 징모 제3분처 주임 김문호(金文鎬, 1911~1999, 건국훈장 애족장)와 재혼했다.

김정숙(金貞淑, 1917~1991)은 임시의정원 의장을 지낸 김붕준(金朋

濬, 1888~1950, 6·25전쟁 중 납북 중 사망, 건국훈장 대통령장)의 딸로, 광복군에 입대하여 대적 심리공작을 수행했다. 이후 임시정부 교통부, 의정원 비서, 법무부 총무과장을 거쳐 심리작전연구실 보좌관으로 활동했으며, 전단 제작과 전략 방송 등 심리전 임무를 담당했다.

이들 여성 광복군은 우리나라 여군의 선구자라 할 수 있다. 이들은 남성과 동등하게 조국의 독립을 위해 최전선에서 활약했다. 이들 역시 우리가 기억해야 할 영웅들이다.

지청천, 독립군 총사령에서 광복군 총사령으로

지청천(池靑天, 1888~1957)은 서울 종로구 삼청동에서 태어났다. 서당에서 한학을 배우다 집안 어른들의 권유로 교동소학교에 편입해 졸업하였고, 이후 모친 몰래 배재학당에 진학했다. 모친은 신식교육을 '오랑캐 교육'이라며 반대했던 것으로 전해진다. 지청천이 입학할 무렵 배재학당은 서재필이 교사로 재직하고, 졸업생인 이승만과 주시경 등이 독립협회를 설립해 활동할 정도로 구국의 열기가 높았다. 지청천이 훗날 항일 독립전선에 투신하게 된 데에는 배재학당의 영향을 크게 받았다고 볼 수 있다.

황성기독청년회에서 무장투쟁을 주장한 일과 배재학당에 다닌다는 사실이 어머니에게 알려지자, 그는 자퇴하고 군인의 길을 택해 1907년 대한제국 육군무관학교에 입학했다. 무관학교 입학 직후 군대해산에 이어 1909년 무관학교가 폐지되자 그는 일본 육군사관학교에 진학하기 위해 다른 생도들과 함께 일본으로 건너갔다. 그는 일본육사 제26기로 졸업한 뒤 제1차 세계대전이 발발하자 일본군 소위로 참전해 칭다오(青島) 전투에서 독일군과 싸우다 부상을 당했다. 이 실전 경험은 훗날 만주에서 독립전쟁을 수행하는 데 밑거름이 되었다.

그가 일본군을 탈출해 독립운동에 투신하게 된 계기는 3·1운동이었다. 그는 조국이 자신을 필요로 하는 때가 왔다고 판단했던 듯하다. 당시 일본에서 근무

총사령부 창설식 직후 김구 주석과 지청천 총사령(출처: 나무위키)

중이던 그는 병가를 얻어 서울로 귀국했다. 마침 일본육사 선배인 김광서 중위도 서울에 있었고, 두 사람은 일본군 장교 신분으로 만주에 망명해 신흥무관학교에 합류했다. 이때부터 지청천의 험난한 항일투쟁이 시작되었다.

그는 신흥무관학교 교관과 서로군정서 사령관을 지낸 뒤, 일제의 압력으로 만주 당국의 탄압을 피해 신흥무관학교 교성대를 이끌고 안도현으로 이동했다. 그곳에서 홍범도 부대와 합류해 청산리전투에 참전한 뒤 북만주 밀산을 거쳐 러시아 자유시로 이동했으나 자유시참변을 겪고, 이르쿠츠크(Irkutsk)로 이송되어 고려혁명군 사관학교 교장

에 취임했다. 이후 만주로 귀환하여 정의부 군사위원장과 의용군 사령관으로 활동했다.

만주사변 이후 그는 한국독립군 총사령으로 중국의 구국군과 연합작전을 벌였고, 대전자령 전투에서 대승을 거두었다. 하지만 구국군과의 갈등으로 만주에서의 무장투쟁이 어려워지자, 임시정부 김구의 요청으로 동지들과 함께 중국 관내로 이동했다. 그는 뤄양(洛陽) 군관학교의 한인특설반에서 교관단장으로 군사 인재 양성에 힘썼다.

1937년 중일전쟁이 발발하자 임시정부의 군사정책을 수립할 군사위원회 위원으로 선임되었고, 1939년에는 임시정부 군무부장으로 취임했다. 1940년 9월 17일 한국광복군이 창설되자 그는 광복군 총사령으로 임명되어 부대편성과 국내 진격 작전을 위한 훈련에 전념했다.

통수체제 확립과 지대 편성

광복군총사령부가 설립된 직후 임시정부는 개헌을 통해 집단지도체제였던 주석제를 단일 주석 체제로 개편하고, 김구를 주석으로 선임했다. 같은 날 공포된 『광복군총사령부조직조례』에 따라 광복군은 임시정부 군무부 직할로 두되, 총사령부 산하에 비서처·참모처·부관처·정훈처·관리처·편련처·포공병처·경리처·군법처·위생처 등 10개 처와 함께 특무대 및 헌병대를 두도록 했다. 조직 편성에 이어 처장도 임명되었다. 비서처장 최용덕, 참모처장 채원개, 부관처장 황학수, 정훈처장 겸 경리처장 조경한, 편련처장 송호성, 위생처장 유진동이 각각 임명되었고, 나머지 4개 처는 공석으로 남겨두었다.

이어 임시정부는 광복군의 최고 통수기관으로 '통수부'를 설치했다. 통수부는 주석 직속으로 참모총장 유동열, 군무부장 조성환, 내무부장 조완구 등이 참여했다. 이로써 주석이 광복군의 최고 통수권자로서의 위상을 갖게 되었고, 총사령부와 연계된 광복군의 통수 체계가 확립되어 광복군은 편제상으로도 임시정부 직할의 군대로 자리 잡게 되었다.

남은 과제는 병력을 모집하여 부대를 편성하는 일이었다. 이를 위해 병력 모집에 유리한 시안에 총사령부를 설치하기로 하고, 총사령 지청천과 참모장 이범석 등 일부 간부는 충칭에 남아 중국 군사당국과의 협정을 마무리하도록 했다. 나머지 인원은 1940년 11월 시안으로 이동했다.

총사령부가 시안에 설치되자, 그간 시안에서 활동하던 군사특파단은 해체되었고, 특파단원이던 황학수가 시안 총사령부의 총사령 대리로, 김학규가 참모장 대리로 취임했다. 총사령부는 곧 3개 지대(支隊)의 편성 작업에 착수했다. 지대는 여단 또는 사단급 규모를 지향하는 기간 조직이었다.

제1지대는 지대장 이준식을 중심으로, 노태준, 안춘생, 노복선 등 군사특파단 출신 인물들이 간부로 참여했다. 이들은 대부분 중국 군관학교 출신으로, 중국군 장교 복무 경험이 있었다. 제1지대의 근거지는 산시성 린펀(臨汾), 활동 지역은 산시성과 허난성 일대로 정해졌다.

제2지대는 시안 총사령부 인원을 중심으로 편성되었다. 지대장은 고운기(본명 공진원)가 맡았으며, 간부로는 나태섭, 고시복(본명 고일명), 지달수, 유해준, 이해평 등이 포함되었다. 제2지대의 근거지는 쑤이위안성(綏遠省) 바오터우(包頭), 활동 구역은 허베이성으로 정해졌다.

제3지대는 시안 총사령부에서 참모장 대리였던 김학규가 지대장을 겸임했다. 이후 제3지대는 '징모 제6분처'라는 이름으로 안후이성 푸양(安徽省 阜陽)으로 이동하였으며, 당시 간부진으로는 지대장 김학규를 비롯하여 신송식, 서파, 신규섭, 김광산, 오광심, 지복영 등이 포함되었다. 근거지는 부양이었고, 활동 구역은 안후이성, 장쑤성(江蘇省), 산둥성(山東省) 일부였다.

광복군 총사령부가 시안으로 이동한 후, 무정부주의 계열인 한국청년전지공작대가 제5지대로 편입됨으로써 창설 초기 광복군은 제1·제2·제3·제5지대의 4개 지대 조직을 갖추게 되었다. 지대 편성과 함께 모병 활동을 전담할 징모분처(徵募分處)가 각 지대에 설치되었다. 이는 각 지대가 병력을 직접 모집·훈련하여 단위 부대로 성장하도록 하기 위한 조치였다. 총사령부는 모두 5개 징모분처를 설치했다.

제1지대는 징모 제1분처로 지정되었으며, 지대장 이준식이 분처주임을 겸했다. 이들은 산시성 다퉁(大同)을 근거지로 삼고, 일본군 점령지역에 거주하던 한인 청년들을 대상으로 모병과 선전 활동을 벌였다.

제2지대는 징모 제2분처로 운영되었고, 지대장 고운기가 분처주임을 겸임했다. 본거지는 쑤이위안성 바오터우(包頭)였으며, 모병 활동 중 현지에서 포섭된 동포가 일본 헌병대에 자수하는 사건이 발생해 대원 유해준이 체포되었고, 조직망이 붕괴되어 시안으로 철수했다.

징모 제3분처 환송기념 사진(1941.3.6.) 앞줄 좌측부터 박찬익·조완구·김구·이시영·차리석, 중간 줄 좌측부터 최동오·김문호·신정숙·한도명·이지일·김붕준, 뒷줄 좌측부터 조성환·조소앙·지청천·이범석·양우조 등이다. 가운데 중간 줄 좌측 두 번째에서 다섯 번째까지 4명이 징모 제3분처 창설요원이다 (출처: 독립운동 인명사전)

징모 제3분처는 중국군 제3전구 사령부에서 복무한 일본 대학 출신의 김문호를 분처주임으로 편성하였는데 장시성 상라오(江西省 上饒)를 중심으로 활동 구역이 정해졌다. 이 지역은 일본군과 중국군이 격렬한 교전을 벌이는 접전지였다.

징모 제3분처가 상라오에 도착한 이후, 이들은 선전·초모 활동과 함께 중국군에 수용된 일본군 포로들을 심문하여 군사 정보를 수집했다. 이러한 활동 중에 중국군 쪽에서 활동하던 동포 6명과 한국인 포로 5명이 광복군 측에 편입되면서, 대원 수는 단기간에 20여 명으로 증가했다. 또한, 중국군 제3전구에서 탈출한 한국인 병사들도 확보되어 대원 수가 더욱 확장되었다.

징모 제5분처는 제5지대가 담당하였으며, 광복군에 편성되기 전부터 수행해 오던 모병 활동을 계속했다. 징모 제6분처는 제3지대장 김학규를 중심으로 구성되었으며, 중국군 제5전구 지역인 안후이성 푸양(安徽省 阜陽)에 거점을 두고 모병 활동을 전개했다.

황학수, 대한제국 국군에서 광복군까지

황학수(黃學秀, 1879~1953)는 1898년, 스무 살에 대한제국 무관학교 제1회 신입생으로 입학했다. 1900년 1월 졸업과 동시에 참위로 임관했으며, 1907년 군대해산 당시에는 부위로 해임되어 고향 충북 제천으로 내려가 은둔 생활을 했다. 이후 서울에서 열린 무관학교 동기생 모임에 참석했다가 동기 김혁(金赫, 1875~1939, 건국훈장 독립장)을 만났다. 그는 김혁으로부터 만주에서 독립운동이 활발히 전개되고 있다는 이야기를 듣고, 마침내 만주로 망명하기로 결심했다.

그런데 김혁이 아무 소식도 없이 먼저 만주로 떠나자, 황학수도 일제 경찰의 감시를 피해 동기생 김혁을 찾아 압록강을 건너 김혁의 행방을 수소문했지만 찾을 수 없었다. 결국 단동에서 배를 타고 상하이로 가 1919년 11월 대한민국임시정부 군무부 참사로 임명되었고, 이후 임시정부 육군무관학교가 개설되자 황학수는 교관으로 활동했다. 하지만 학교가 경영난으로 인해 두 차례 졸업생을 배출한 뒤 문을 닫자, 그는 다시 동기생 김혁을 찾아 만주로 향했다. 북만주에 도착한 그는 신민부 중앙집행위원장으로 있던 김혁을 만나, 신민부 참모부위원장으로 임명되었다.

그러나 황학수가 믿고 의지하던 김혁이 일제에 체포되고, 신민부를 지키던 김좌진마저 공산주의자에게 암살당하자, 그는 한국독립당과 그 산하의 한국독립군에 합류해 한국독립당 부위원장과 한국독립군 부사령을 맡게 되었다. 당시 한국독립군 총사령관은 지청천이었다.

광복군 시안 총사령부 총사령 대리 황학수(출처: 한국향토문화대전)

1931년 만주사변 이후 한국독립군은 중국구국군과 연합하여 일본군 및 만주군을 상대로 전투를 벌였으며, 1933년 7월 대전자령(大甸子嶺) 전투에서는 한중연합군이 대승을 거두었다. 이후 한국독립군은 중국구국군과의 불화, 그리고 중국공산당의 방해 공작으로 인해 활동이 어려워졌고, 임시정부 김구의 요청에 따라 간부들은 만주를 떠나 중국 본토로 이동하게 되었다.

이 무렵 독립군 모병을 위해 지방에서 활동 중이던 황학수는, 한국독립군 주력이 이미 중국 관내로 이동했다는 사실을 뒤늦게 알고 홀로 임시정부를 찾아 만주를 떠났다. 그는 베이징과 내몽골을 거쳐 여러 차례의 고초 끝에 만주를 떠난 지 4년 만에 창사(長沙)에 체류 중이던 임시정부에 합류했다.

1939년, 임시정부가 치장(綦江)으로 이전한 이후 광복군을 창설하기로 방침을 정하자 황학수는 무관학교 후배인 조성환 등과 함께 시안으로 파견되어 이곳을 거점으로 일본군 점령지역에 거주하는 한인 청년들을 대상으로 모집 활동을 전개했다. 이들이 활발히 초모(招募) 활동을 벌이던 중, 1940년 9월 충칭에서 한국광복군 총사령부가 창설되었다.

이후 광복군 총사령부가 시안으로 이동하자 황학수는 시안 총사령대리로 임명되었다. 이후 광복군 총사령부가 다시 충칭으로 복귀한 뒤 황학수는 임시정부 군사위원회 위원, 생계부장(오늘날 복지부장관)으로 활동하다 광복을 맞아 환국했다. 이 무렵 그는 이미 70세 고령이었고, 미 군정하에서는 별다른 활동 무대를 찾지 못한 채 고향인 충북 제천에서 여생을 보내다가 1953년 타계했다. 건국훈장 국민장이 추서되었다.

8

광복군 통수권을 둘러싼 갈등과 해결

조선의용대의 탈출과 광복군 지휘권 박탈

 광복군의 모병 활동과 지대 편성은 순탄하게 이루어진 것이 아니었다. 중국 군사위원회가 각 전구 사령관에게 광복군의 활동을 단속하라는 명령을 내렸기 때문이다. 이는 임시정부가 중국 군사위원회의 공식 승인 없이 광복군을 창설하고 활동을 개시했다는 이유에서였다. 그러나 실질적인 배경은, 조선의용대처럼 광복군 역시 중국 군사위원회 지휘 아래 두고자 하는 의도가 있었다.

 이 문제를 해결하기 위해 김구 주석은 중국 군사위원회와 협상하여 조건부 승인을 얻어냈다. 이는 장제스가 내린 "한국광복군 성립을 비준하되, 활동에 일정한 제한을 둔다"라는 지시에 따른 결정이었다. 김구는 이러한 조건부 인준을 받아들이기 어려웠지만, 중국 측의 입장에는 변함이 없었다.

이와 같은 상황에서 광복군을 중국 군사조직에 종속시키려는 흐름을 가속화하는 사건이 발생했다. 일본군 점령지역에서 탈출해 광복군에 합류하는 한인 청년들의 수가 점차 늘어났지만, 이들을 먹이고 입히는 데 필요한 재정을 자체적으로 감당하기는 어려웠다. 결국 중국 측에 재정 지원을 요청할 수밖에 없었고, 이는 구조적으로 예속의 길로 나아갈 수밖에 없는 상황을 만들었다.

결정적인 사건은, 중국 군사위원회 소속이었던 조선의용대 주력이 1941년 봄 무렵 중국공산당이 장악한 화북 지역으로 탈출한 일이었다. 조선의용대는 중국 관내 독립운동 진영에서 조직된 최초의 군사단체였다. 김원봉이 이끄는 조선민족혁명당을 중심으로 무정부주의 계열의 조선혁명자연맹과 공산주의 성향의 조선민족해방동맹 등 세 단체가 연합해, 광복군보다 2년 앞선 1938년 10월에 창설되었다. 대장은 김원봉이었으며, 창설 당시 병력은 100여 명이었다.

조선의용대는 중국의 항일전에 참여한다는 명분 아래 중국 군사위원회의 인준을 받아 정식으로 창설되었으며, 그로 인해 창설 직후부터 중국 각 전투지구에 파견되어 대적 선전 활동, 정보 수집과 분석, 포로 심문 등의 임무를 수행했다. 또한 직접 전투에 참여하기도 하였으며, 포로 심문 과정에서 일본군에 징집되어 중국 전선에 투입되었다가 중국군의 포로가 된 한인 병사들을 조선의용대에 편입시키기도 했다.

조선의용대는 중국 군사위원회에 예속되어 있었기 때문에 어디까지나 중국군의 지원군이라는 지위에서 벗어날 수 없었다. 또한 병력이 중국 각 전구에 분산 배치되어 있었기에 역량을 집중해 발휘하기

조선의용대 창립기념(출처: 국사편찬위원회)

어려운 상황이었다. 그로 인해 조선의용대 내부에서는 새로운 활로를 모색하는 가운데, 동포들이 많이 거주하는 화베이 지역으로 진출하자는 의견이 제기되었다. 여기에 화베이 지역의 한인 공산주의자들과 중국공산당의 유인 공작도 영향을 미쳤다.

결국 1941년 3월부터 5월 사이, 조선의용대 주력 부대가 중국공산당 팔로군(八路軍)이 장악한 화베이 지역으로 탈출하는 사건이 발생했다. 당시 조선의용대의 전체 병력은 330여 명이었으며, 김원봉 대장을 비롯한 본부 인원과 일부 공작대원 50여 명을 제외한 약 280명이 화베이로 탈출했다. 이는 전체 병력의 약 85%에 해당하는 규모였다.

화베이 지역으로 이동한 조선의용대는 '조선의용대 화북지대'로 재편되었고, 타이항산(太行山) 일대에서 항일무장투쟁을 전개했다. 이후 중국공산당의 지시에 따라 옌안(延安)으로 이동하여 '조선의용군'으로 다시 개편되었다.

　조선의용대의 화북 진출은 중국 군사위원회는 물론 중국 정부에도 큰 충격을 주었다. 이에 대한 보고를 받은 장제스는 참모총장 하잉칭에게 한국광복군과 조선의용대를 동시에 중국 군사위원회에 예속시키고, 참모총장이 직접 통합 지휘하라는 지시를 내렸다.

　장제스의 명령에 따라 중국 군사위원회는 지청천 총사령에게 "한국광복군은 중국이 항일작전을 수행하는 동안 군사위원회의 직접 통제를 받는다"라는 통보와 함께, 광복군의 활동을 제한하는 『한국광복군 행동 9개 준승』(이하 9개 준승)을 통보했다.

　이 9개 준승에는 광복군의 활동 구역은 물론, 작전·조직·훈련·모병·편성 등 모든 활동이 중국 군사위원회의 통제를 받아야 하며, 광복군의 전반적인 운용 또한 군사위원회가 관장한다는 내용이 포함되어 있었다. 이는 사실상 광복군에 대한 임시정부의 통수권을 박탈하고, 광복군을 연합군의 일원이라기보다 중국군에 예속된 군대로 간주한 조치였다.

광복군 사상통일을 위한 공약과 서약문

　중국 측으로부터 9개 준승을 통보받은 임시정부는 고통스럽지만 이를 받아들이지 않을 수 없었다. 만일 거부할 경우 광복군 활동에 대한 중국의 단속이 계속될 것이고, 중국으로부터의 재정 지원도 기대할 수 없었기 때문이다. 이에 임시정부는 광복군이 중국 영토 내에서 대일 연합작전을 수행하는 기간만 중국 군사위원회의 통제를 수용한다고 밝혔다. 그러나 광복군과 임시정부 간의 고유한 종속 관계는 여전히 유지되며, 광복군이 대한민국 국군이라는 지위에는 추호도 변함이 없다고 강조했다. 즉, 작전통제권은 중국 군사위원회에 위임하되, 통수권은 여전히 임시정부에 있다는 입장이었다.

그러나 중국 측의 입장은 달랐다. 임시정부가 9개 준승을 수용한 이후 중국 군사위원회는 광복군 활동 단속령을 해제하고 재정 지원을 시작하는 대신, 광복군에 대한 통제와 간섭을 본격화했다. 우선 총사령부 조직을 기존 10개 처에서 정훈처·참모처·경리처의 3개 처로 대폭 축소하였고, 지대도 4개에서 2개로 줄였다. 광복군총사령부는 중국 측의 통제에 유리하도록 시안에서 충칭으로 복귀시켰다. 이와 함께 참모장을 포함한 각 부서에 중국군 장교를 배치함으로써 광복군은 사실상 중국군이 장악하는 형세가 되었다. 이범석 참모장이 제2지대장으로 전보된 것도 이 시기의 일이었다. 결과적으로 광복군은 명목상 연합군의 일원이었지만, 실질적으로는 중국군의 용병이나 다름없는 처지였다.

중국 군사위원회의 광복군 장악 조치에 위기의식을 느낀 임시정부는 9개 준승의 철회를 위하여 중국 측과 협상에 나섰다. 동시에 임시정부와 광복군의 위상을 재정립하기 위해, 1941년 11월에는 『대한민국건국강령』, 『한국광복군 공약』, 『한국광복군 서약문』을 함께 발표했다. 건국강령은 광복 후 국가 건설에 대한 헌법적 구상을 담고 있으며, 공약과 서약문은 광복군의 이념과 행동강령을 명문화한 것이었다. 다음은 광복군 공약의 주요 내용이다(일부 표현 수정).

한국광복군 공약

제1조 무장 행동으로써 적의 침탈 세력을 박멸하려는 한국 남녀는 그 주의·사상의 여하를 물론하고 한국광복군의 군인 될 의무와 권리가 있음.

제2조 한국광복군의 군인 된 자는 대한민국건국강령과 한국광복군 지도정신에 위배되는 주의를 군 내외에 선전하고 조직하지 못함.

제3조 대한민국건국강령과 한국광복군 지도정신에 부합되는 당강·당책을 가진 당은 군내에 선전하고 조직할 수 있음.

제4조 한국광복군의 정신과 행동을 통일하기 위하여 군내에 일종 이상의 정치조직을 허락하지 아니함.

이 공약은 두 가지 핵심 내용을 담고 있다. 첫째, 한국 남녀는 어떤 사상을 가졌든 광복군이 될 수 있으나, 일단 광복군에 편입된 이상 건국강령과 광복군 지도정신을 따라야 한다는 점이다. 둘째, 군의 이념과 행동의 통일을 위해, 건국강령과 광복군 지도정신에 부합하는 정당만이 활동할 수 있다는 점이다.

광복군 창설 초기에는 민족주의 계열인 한국독립군이 중심이 되었으나, 이후 무정부주의 성향의 한국청년전지공작대와 김원봉이 이끄는 조선의용대 일부가 합류했다. 조선의용대는 조선민족혁명당을 중심으로 무정부주의 성향의 조선혁명자연맹, 공산주의 성향의 조선민족해방동맹 등의 인물이 포함된 조직이었다. 일부 대원이 중국공산당의 통제 아래 있는 지역으로 이탈한 것도 이러한 사상적 배경 때문이었다.

임시정부는 이처럼 다양한 사상을 포괄하면서도 조직 통일을 이루기 위해 사상 정비가 시급했고, 중국 측에서도 조선의용대의 화베이 지역으로의 탈출 이후 광복군의 사상통일을 요구했다. 이러한 맥락에서 건국강령은 통일된 이념을 제시하기 위한 중요한 지침으로 기능했을 것이다.

그렇다면, 건국강령과 광복군 지도정신에 부합하는 정당은 어떤 정당인가? 그것은 임시정부의 여당이었던 한국독립당이다. 한국독립당은 1940년 5월, 기존의 한국독립당·한국국민당·조선민족혁명당 등 3당이 통합되어 새롭게 출범한 정당으로, 임시정부를 정치적으로 지탱하는 중심이 되었다.

당시 장제스의 중국은 국민당 중심의 일당 체제 아래 '당이 국가를 지도한다'라는 이당치국(以黨治國)의 원칙을 따르고 있었고, 임시정부도 광복군이 한국독립당의 지도 아래 조직되도록 한 것으로 보인다. 이러한 구조를 뒷받침하기 위해 총사령부에는 정훈국이, 각 지대에는 정훈조가 설치되었다.

해방 후 이범석 국방부장관이 국방부에 정훈국을 설치하려 하자, 미국 군사고문단장은 "민주국가에서는 군대에 정치장교가 있을 수 없다"라며 반대했다. 이는 다당제를 지향하는 민주주의 국가에서 군이 특정 정당의 영향을 받는 것을 용납할 수 없다는 입장이었으나, 이범석은 끝내 정훈국 설치를 강행했다.

광복군 공약과 함께 발표된 광복군 서약문은 아래와 같다(일부 표현 수정).

한국광복군 서약문

1. 조국 광복을 위하여 헌신하고 일체를 희생하겠음
2. 대한민국의 건국강령을 철저히 따르겠음
3. 임시정부를 적극 옹호하고 법령을 절대 준수하겠음
4. 광복군 공약과 기율을 엄수하고 상관 명령에 절대복종하겠음
5. 건국강령과 지도정신에 위배되는 선전이나 정치조직을 행하지 않겠음

여기서 건국강령은 광복군의 지도이념, 즉 정신적 기반이라 할 수 있으며, 그밖에 조국 광복에의 헌신, 임시정부의 옹호, 상관 명령에 대한 복종, 법령과 기율의 준수 등은 광복군이 따라야 할 행동규범으로 볼 수 있다.

9개 준승 폐지와 통수권 회복

임시정부가 9개 준승을 수용한 이후, 이를 폐지하자는 주장을 가장 먼저 제기한 것은 임시의정원 회의였다. 이에 따라 임시정부는 9개 준

승을 폐지하고 그 대안으로 한중 군사원조협정을 체결하는 방안을 검토하며, 협정안 초안을 마련했다. 초안의 핵심은 광복군을 임시정부에 예속시키고, 광복군의 인사 및 정치교육은 임시정부가 담당하며, 중국의 지원은 무상에서 차관 형태로 전환한다는 내용이었다.

그러나 중국 정부는 협정안의 접수 자체를 거부하였고, 이후 이 안을 넘겨받은 중국 군사위원회와 국민당 또한 수용하지 않았다. 이에 따라 임시의정원 내에서는 9개 준승을 일방적으로 폐지하자는 강경론이 제기되었다.

"우리가 해외에 나올 적에 9개 준승 받으러 왔습니까? 이 자리에서 죽어도 또 망국노 노릇은 못 하겠습니다."

"민족의 자주독립에 오점이 되는 것을 타국과 조약으로 체결하면 안 되겠습니다."

"취소하자면 그만이지 선후를 말하려면 한 걸음도 못 나갑니다. 굶어 죽을 것을 각오합시다."

그러나 현실을 고려하자는 주장도 이어지며 강경론은 다소 누그러졌다.

"만일 군사위원회에서 '너 이거 아니하겠다면, 중국에서 도움받을 생각말라'고 하면 어찌하겠습니까. 관계를 탁 끊으면 우리의 군사활동은 나갈 방법이 어렵겠습니다."

9개 준승을 둘러싼 협상이 교착 상태에 빠져 있던 시점에, 카이로 회담에서 미·영·중 3국이 한국 독립을 보장하는 결정을 하면서 중국의 태도에 변화가 나타났다. 이에 임시정부는 수정된 한중 군사원조협정안을 국민당에 제출하였고, 중국 군사위원회와 실무 협상이 시작되었다. 임시정부는 협상과 함께 중국의 정당·정부·군대 등 관련 기관을 대상으로 전방위적인 설득 작업을 벌였다.

이러한 노력은 마침내 결실을 맺었다. 중국군사위원회 하잉칭 참모총장이 장제스에게 "9개 준승을 취소해도 중국의 항일전쟁에 지장이 없다"라고 보고했고, 이에 따라 장제스는 9개 준승 취소를 지시하였고, 하잉칭은 이를 김구 주석에게 통보했다. 이로써 광복군의 군사 활동을 억눌렀던 9개 준승은 폐지되고, 임시정부는 광복군에 대한 통수권을 회복하게 되었다.

그렇지만 군사협정 체결 없이 9개 준승만 취소되었기 때문에, 이전까지 9개 준승을 전제로 이루어졌던 중국의 광복군 지원이 중단될 우려가 있었다. 이를 해결하기 위해 임시정부는 중국과 다시 협상에 나서 광복군의 활동과 중국의 지원에 대한 명확한 기준을 정하기 위한 군사협정인 『원조한국광복군판법(援助韓國光復軍辦法)』을 체결했다. 이 협정의 주요 내용은 다음과 같다.

- 한국임시정부에 소속된 한국광복군은 조국의 광복을 목적으로 하며, 중국 경내에 있을 때는 반드시 중국 군대와 배합하여 항일작전에 참전한다.
- 한국광복군이 중국 경내에서 행하는 작전행동은 중국 최고통수부의 지휘를 받는다.
- 한국광복군이 중국 경내에서 병력 모집과 훈련을 할 때는 중국은 이에 필요한 협조와 편이를 제공한다.
- 한국광복군이 필요로 하는 모든 군사비는 차관(借款)의 형식

으로 한국임시정부에 제공한다. 단, 광복군의 경상비는 중국 군대의 현행 급여 규정에 의하여 매월 한국임시정부에 지급한다.

• 중국의 각 포로수용소에 있는 일본군 한인 포로는 한국광복군에 넘긴다.

이로써 광복군은 독립성과 자주성을 갖춘 임시정부의 국군으로서 위상을 회복하게 되었고, 광복군과 미국 OSS(전략첩보국) 간의 군사합작도 중국 측의 간섭 없이 추진될 수 있었다.

광복군에 대한 통수권을 둘러싼 한중 간의 갈등과 협상을 통해 우리는 몇 가지 중요한 교훈을 확인할 수 있다. 첫째, 광복군에 대한 통수권 문제는 곧 임시정부의 위상과 직결된다는 점이다. 임시정부가 광복군에 대한 통수권을 가질 수 없게 되면, 임시정부는 이름뿐인 존재가 되기 때문이다. 둘째, 어떤 권리든 그에 상응하는 책임과 대가가 따른다는 평범하고 본질적인 진리를 다시금 확인하게 된다. 셋째, 아무리 어려운 상황이라도 정당한 권리를 포기해서는 안 된다는 점이다. 끝으로, 중국이 9개 준승을 폐기한 것은 단순한 시혜라기보다는, 그들의 대일항전에 광복군의 군사력을 활용하고자 한 전략적 판단이라는 점 역시 함께 고려할 필요가 있다.[13]

---

13   이 부분은 주로 한시준의 「한국광복군과 중국군사위원회와의 관계」, 『국사관총집』 제47집(1993. 1. 26), 223~262쪽을 참고했다.

광복군의 새로운 인적자원, 일본군 탈출 학병들

태평양전쟁 초기 일본은 연전연승을 거두었으나, 1942년 6월 미드웨이 해전에서 일본해군 연합함대가 궤멸당하면서 전세가 역전되었다. 중국 전선 역시 교착 상태에 빠지며, 일본은 장기전의 소용돌이에 들어갔다. 이러한 상황에서 인력난을 해소하기 위해, 일본은 1943년 10월 『학도특별지원령』을 발표하여, 2년제 전문학교 이상 재학생과 졸업생들에게 지원 형식의 입대 명령을 내렸다.

학병 동원령이 내려지자, 국내에서는 언론과 사회단체들이 "학도여, 성전에 나서라!"라는 구호를 앞세워 입대 분위기를 고조시켰다. 입대를 거부하면 탄광 등으로 징용돼 죄수처럼 살아야 한다는 협박도 이어졌다. 일본 내 학병 대상자들에게는 이광수, 최남선 등 영향력 있는 인사들이 연설을 통해 '자발적 입대'를 독려했고, 일본 경찰은 본인은 물론 한국에 있는 가족까지 협박해 입영을 강요했다.

당시 학병 대상자들은 당대 최고 지성 층으로, 일본의 패망이 가까워졌음을 인식하고 있었다. 일본군에 끌려가면 총알받이로 전락할 것이 분명했지만, 가족에 대한 보복을 염려해 대부분 '자원 아닌 자원입대'를 선택할 수밖에 없었다. 결국 1944년 1월 20일, 총 4,385명의 학병이 입대했다. 국내에서는 평양과 대구의 일본군 부대에, 일본과 만주에 있던 학생들은 각자의 학교 인근 부대에 입대했다. 이들은 해방 후, 이 비극적인 입대일을 기념해 '1·20 동지회'를 조직했다.

학병들은 입대한 이후 일본군에 저항하거나 탈출하는 사례가 잇따랐다. 특히 일본군 평양사단에 배속되어 신병훈련을 마친 일부 학병들은, "기왕에 죽을 바에는 우리 민족과 국가를 위해 떳떳하게, 명분 있게 죽자"라는 결의를 다지고, 일본군을 탈출해 한만 국경지대로 가서 그곳을 거점으로 게릴라전을 전개할 계획을 세웠다. 그러나 거사 직전 한인 보조헌병을 통해 기밀이 누설되면서 전원이 체포되었다.

이들은 수사 과정에서 혹독한 고문을 받고 '국가반란죄'로 기소되어 26명이 2년 이상의 징역형을 선고받았다. 불기소 처분이나 무죄로 풀려난 사람들까지 포함하면, 평양사단 학병들 다수가 이 거사에 가담했던 것으로 추정된다. 거사의 총책을 맡았던 김완룡과 보급 책임자 최홍희는 해방 후 군사영어학교를 거쳐 국군 소장까지 진출했으며, 최홍희는 국군에게 태권도를 보급한 인물이기도 하다. 작전 책임을 맡은 전상엽은 해방 후 육군사관학교 교수(중령)로 재직했다.

학병들은 일본 본토는 물론, 한국·중국·만주·대만·오키나와·사이판·필리핀·미얀마 등지로 배치되었다. 이들은 각지에서 일본군을 탈출하였으며, 중국 지역에서 탈출하여 광복군에 합류한 인원은 40여 명에 달한다. 이들은 대부분 독립유공자로 인정받아 건국훈장을 받았다.

'일본군 탈출 학병 제1호'로 불리는 사람은 김준엽이다. 이 호칭은 김준엽이 스스로 붙인 것이 아니라, 그보다 늦게 탈출한 학병 출신 장준하가 자신의 저서 『돌베개』에서 김준엽을 "쯔카다 부대의 한국 학병 탈출병 제1호"라 부른 데에서 유래한다.

김준엽은 도쿄 게이오대학 재학 중 평양부대에 입대해 1945년 2월 다른 학병들과 함께 평양을 떠나 장쑤성(江蘇省) 북부 쉬저우(徐州)에 있는 일본군 사단에 배치되었다. 이후 한국인 학병 3명과 함께 쉬저우에서 동쪽으로 60km 떨어진 일본군 부대로 이동 배치되었다. 김준엽은 빵 세 개와 자살용 수류탄 하나를 휴대하고 탈영에 성공했다.

일본군 탈출 후 중국 국부군 계열의 유격대를 만나 구조되었으며, 이때 비로소 임시정부 주석이 김구라는 사실과 한국 독립군이 '광복군'이라는 이름으로 활동하고 있음을 알게 되었다. 이후 김준엽은 자신보다 늦게 탈출한 장준하, 윤경빈, 홍석훈, 김영록 등 4명의 학병과 합류했다. 그는 중국 유격대에서 일본군을 대상으로 한 전단을 제작하거나, 중국 지휘관과 일본군 지휘관의 회담 시 통역으로도 활동했다.

김준엽을 비롯한 일본군 탈출 학도병 5명은 1944년 7월 말경 중국 유격대와 작별한 뒤, 임시정부와 광복군 총사령부가 있는 충칭을 향해 장정을 시작했다. 그리고 9월 10일, 중간 기착지였던 안후이성 푸양에 도착했다. 그곳은 광복군 징모 제6분처가 위치한 곳이어서 이들은 마침내 꿈에 그리던 광복군의 품 안으로 들어가게 되었다.

탈출 학병 5명은 징모 제6분처 주임 김학규의 주선으로, 중국군의 협조를 받아 중국 중앙육군군관학교 분교에 특설된 한국광복군 훈련반(약칭 '한광반')에 입소했다. 한광반에는 한인 70여 명이 모였고, 이 가운데 일본군에서 탈출한 학병이 무려 33명에 달했다. 이들은 4개월 과정의 교육을 마친 후 졸업장과 함께 중국군 육군 소위 임명장을 수여 받았다.

학병 출신 25명은 다시 충칭행을 결심하고 린촨(臨川)을 떠났다. 일행은 총 53명이었으며, 이들 가운데에는 김준엽, 장준하, 노능서 등도 있었다. 이들은 곳곳에 포진해 있던 일본군과 일본의 괴뢰군인 왕

광복군에 합류한 학병. 왼쪽부터 노능서, 김준엽, 장준하(출처: 『공간과 한국광복군』)

정위군(汪精衛軍)[14]을 피해 이동해야 했으며, 추위와 기아 그리고 각종 질병에 시달리는 등 온갖 고난을 겪었다. 그 결과 린촨을 떠난 지 73일 만인 1945년 1월 말, 이들은 마침내 임시정부가 있는 충칭에 도착했다.

충칭까지의 여정은 고난의 연속이었지만, 한광반 졸업식 때 받은 중국군 소위 임명장이 큰 도움이 되었다. 중국군 신분증이 있었기에

14 왕정위군은 중국 국민당 정부의 행정원장 등 요직을 역임한 바 있는 왕정위(汪精衛)가 피난 수도 충칭을 탈출하여 일본군 점령지인 난징에 세운 친일 괴뢰정부의 군대를 말한다.

각종 검문이나 통행에서 일정한 보호를 받을 수 있었기 때문이다.

일행은 대문 위에 '대한민국임시정부'라는 간판이 걸려 있고, 꼭대기에는 태극기가 펄럭이는 건물 앞에 도착했다. 그들은 청사 안으로 들어가 지청천 총사령에게 경례를 올렸는데, 이는 일종의 신고식이었다. 지청천 총사령의 환영과 격려 인사가 끝나자, 김구 주석이 나타나 이들을 따뜻하게 맞이하고 임시정부 각료들을 차례로 소개해 주었다.

학병 출신들은 임시정부 청사 내에 마련된 숙소에서 잠시 머문 후, 광복군의 신병훈련소 겸 보충대 역할을 하는 토교대(土橋隊)로 이동했다. 이곳에서 약 두 달간 머문 뒤, 1945년 4월, 제2지대장 이범석이 도착해 학병 출신들에게 함께 시안으로 가자고 제안했다. 시안에 가면 미군으로부터 특수 훈련을 받은 뒤, 국내에 잠입하여 지하공작을 수행하고, 이후 광복군과 미군이 한반도에 상륙할 때 항일 세력을 총궐기시켜 상륙군과 함께 일본군을 격멸하는 비밀계획이 있다는 것이었다. 린촨에서 충칭으로 온 사람들 가운데 학병 출신 10명과 비(非)학병 출신 9명, 모두 19명이 이범석 지대장을 따라 시안으로 이동해 광복군 제2지대에 편입되었다.

시안에 도착한 후, 이범석 지대장의 부관으로 임명된 김준엽에게는 6연발 권총이, 나머지 대원들에게는 미제 칼빈 소총이 지급되었다. 무기를 받은 일행은 모두 기뻐하며 사기가 충천했다. 그동안 총도 없이 군복만 입고 지내야 했던 설움을 절실히 느껴왔기 때문이었다.

이들은 국내 비밀첩보 작전을 수행할 미국 전략사무국(OSS)의 특수공작 요원으로 선발되어 유격 훈련을 수료하고, 한반도 침투 명령을 기다리던 중, 일본의 항복 선언을 맞이하게 되었다.

광복군 제3지대장 김학규

　김학규는 3·1운동 직후 신흥무관학교에 입교하여 6개월 교육 과정을 마쳤다. 당시 신흥무관학교에는 3·1운동의 여파로 국내에서 탈출해 온 애국 청년들과 만주 지역의 동포 청년들, 심지어 나이 지긋한 의병 출신들까지 몰려들어, 한 기에 600명이 넘는 입학생이 모일 정도로 전성기를 이루었다.

　신흥무관학교 졸업 후 김학규는 영국인 선교사가 운영하던 문회고급중학교(文會高級中學校)에서 6년간 중국 문학과 신학문을 배웠다. 이때 익힌 정통 중국어 실력은 훗날 광복군 시절 중국어 선전 활동에 큰 도움이 되었다. 1927년 문회중학교를 졸업한 그는 유하현 삼원포에 있는 민족학교인 동명학교에서 잠시 교편을 잡은 후 조선혁명군에 참여했다. 조선혁명군은 만주 지역의 민족주의 계열 독립군 가운데 마지막까지 항일무장투쟁을 이어간 부대다. 김학규는 조선혁명군 총사령 양세봉의 참모장으로 활약했다.

　1931년 일본이 만주사변을 일으켜 만주를 점령하자, 조선혁명군은 당취오(唐聚五)가 이끄는 요녕민중자위군과 연합하여 일본 관동군과 괴뢰군인 만주군을 상대로 승리를 거두었다. 그러나 일본군과 만주군의 대규모 공세로 전세가 불리해지자, 조선혁명군은 임시정부에 지원을 요청하려고 김학규를 파견했다. 이에 따라 김학규는 부인 오광심과 함께 농부로 변장한 채 만주를 빠져나와, 1934년 5월 임시정부가 있는 난징에 도착했다. 그로부터 4개월 뒤인 1934년 9월, 양세봉 총사령은 밀정의 함정에 빠져 일본군에 의해 피살되었다.

광복군 제3지대 훈련 장면(출처: 국사편찬위원회)

    1937년 중일전쟁이 발발하자, 김학규는 임시정부 군무부 산하의 군사위원회 위원으로 선발되었다. 군사위원으로는 그 외에도 지청천, 유동열, 이복원, 현익철, 안공근 등 만주 지역 독립군 출신들이 포함되었다. 그러나 일본군의 공세로 임시정부가 계속 이동함에 따라 군사위원회의 활동은 본격적으로 이루어지지 못했다.

    1940년 9월 광복군총사령부가 창설되자 김학규는 창설 요원으로 참여하여 선전 업무를 맡았고, 총사령부가 시안으로 이전함에 따라 참모장 대리로 임명되었다. 이후 시안 총사령부는 지대 편성에 돌입했고, 김학규는 제2지대장으로 임명되어 본격적으로 부대를 편성했다.

    그런데 9개 준승에 따라 중국군 장교가 광복군 참모장으로 부임하자 참모장직에서 물러난 이범석이 제2지대장으로 임명되고, 김학규는 제3지대장으로 발령받았다. 당시 제3지대는 지대장만 있을 뿐 실질적인 대원이 없는 상태였다. 이에 따라 김학규는 제3지대를 '징모 제6분처'라는 명칭 아래 7명의 대원을 이끌고 전선과 가까운 안후이 성 푸양에 거점을 마련했다. 대원들 가운데는 김학규의 부인 오광심과 지청천 장군의 딸 지복영이 포함되어 있었다.

김학규는 푸양에서 지하공작을 전개하며, 일본군 점령지역에 있는 조선인 청년들을 포섭하는 한편, 일본군을 탈출해 온 조선인 병사들을 수용했다. 이들 가운데는 대학 재학 이상의 학력을 지닌 학병 출신들도 있었다.

김학규는 일본군을 탈출한 조선인 병사들을 푸양 인근의 중국 중앙육군군관학교 분교에 설치한 한국광복군훈련반에 입교시켜 교육한 뒤, 광복군에 편입시켰다. 이 훈련 과정을 수료한 인원은 총 48명으로, 그중 36명은 충칭에 있는 광복군총사령부로 전속되었고, 나머지 12명은 푸양에 남아 활동을 이어갔다.

이후에도 활발한 모병 활동이 이어지며 인원은 160명으로 증가했다. 인력과 조직이 확대되자, 기존의 징모 제6분처는 제3지대로 개편되었고, 이로써 광복군은 제1지대, 제2지대, 제3지대의 체제를 갖추게 되었다.

이 무렵, 미 OSS와 광복군은 국내 침투작전인 독수리작전을 추진하였으며, 제2지대를 중심으로 훈련이 시작되었다. 제3지대도 이 작전에 참여해 OSS의 훈련을 받던 중 1945년 8월, 광복을 맞았다.

9

연합군과의 군사합작

임시정부의 대일 선전포고

광복군 창설에 즈음하여 김구 주석은, 연합군의 일원으로 항일전쟁을 수행하기 위해 광복군을 창설한다고 선언했다. 광복군이 단독으로 일본군과 전면전을 수행하기 어려운 현실을 고려해 연합군과 협력하여 대일전쟁을 전개함으로써 일본을 패망시키고 조국 광복을 이루는 것이 첫 번째 목적이었다. 또 다른 목적은 광복군이 연합군의 일원으로 참전함으로써 대한민국임시정부가 국제사회의 인정을 받는 것이었다.

그러나 이때까지 임시정부를 지원하던 중국 국민정부조차 임시정부를 공식적으로 승인하지 않고 있었다. 임시정부와 중국 정부의 관계는 1921년 11월, 국무총리 대리 겸 외무총장이었던 신규식이 호법정부의 대총통 쑨원을 예방하면서 정리되었다.

그 자리에서 신규식은 임시정부가 호법정부를 중화민국의 정통 정부로 승인하겠다고 밝히며, 그 대가로 임시정부 승인과 한국 학생들의 중국 군관학교 입학 허가, 독립군 양성 허용, 500만 원 차관 제공 등을 요청했다. 쑨원은 이에 "북벌이 완성된 뒤에 시기가 오면 전력을 다해 한국의 독립운동을 지원하겠다"라는 뜻을 내비쳤다. 그러나 이 약속은 구체적인 실천으로 이어지지 못했다.

1941년 12월 7일, 일본해군 항공모함에서 출격한 전투기들이 하와이 진주만에 주둔한 미 태평양 함대를 기습 공격했다. 이 공습으로 미국 전함 8척, 순양함 3척, 구축함 3척이 파괴되고, 전투기 180대 이상이 파손되었으며, 미군과 민간인 약 2,400명이 사망했다.

12월 8일, 미국과 영국은 일본에 선전포고했다. 그리고 그 이튿날인 12월 9일, 대한민국임시정부도 "3천만 한국 인민과 정부를 대표하여" 일본에 대한 선전성명서를 발표했다. 주요 내용은 다음과 같다.

- 한국 전 인민은 현재 이미 반침략 전선에 참가하였으니, 한 개의 전투단위로서 추축국에 선전(宣戰)한다.
- 1910년의 합방조약 및 일체의 불평등조약의 무효를 거듭 선포한다.
- 한국, 중국 및 서태평양으로부터 왜구를 완전히 구축하기 위하여 최후의 승리를 얻을 때까지 혈전한다.
- 루즈벨트·처칠(카이로) 선언을 확고히 주장하며, 한국 독립을 실현키 위하여 이것을 적용하며, 민주 진영의 최후 승리를 바란다.

여기에서 언급된 추축국은 일본·독일·이탈리아를 말하지만, 실제로 임시정부가 선전포고의 대상으로 삼은 국가는 일본이었다. 이 성명서는 한국 독립의 정당성을 국제사회에 천명하고, 일제와 체결된 모든 조약의 무효를 선언하며, 연합국의 대일전선에 한국이 함께한다는 입장을 밝힌 상징적 선언이었다.

그러나 당시 광복군의 활동은 9개 준승으로 인한 제약과 열악한 재정 상황 속에서 큰 어려움을 겪고 있었다. 그동안 임시정부는 미주 한인 교포들의 성금에 의존해 왔지만, 태평양전쟁 발발 이후 교포들의 성금 지원이 어려워졌다. 이에 임시정부는 중국 정부에 광복군 편성을 조속히 진행할 수 있도록 협조를 요청하고, 필요한 활동비 지원과 더불어 9개 준승 해제를 요구했다.

한영 군사합작, 인도·미얀마전구공작대 파견

일제는 진주만 기습과 동시에 말레이반도, 필리핀, 미얀마에 대한 공세를 개시했다. 야마시타 도모유키(山下奉文) 중장이 지휘하는 일본군 제25군은 아서 퍼시벌(Arthur Percival) 중장이 이끄는 영국군을 격파하고, 공격 개시 두 달 만에 말레이시아를 점령했다. 이를 통해 일본은 세계 고무 생산량의 42%, 주석의 27%를 확보하고 인도양으로 향하는 전략적 출구를 장악하게 되었다.

한편, 혼마 마사하루(本間雅晴) 중장이 지휘한 일본군 제14군은 맥아더 장군이 이끄는 미 극동지상군을 상대로 전투를 벌여, 5개월 만에 필리핀 점령에 성공했다.

이이다 쇼지로(飯田祥二郞) 중장이 이끄는 일본군 제15군은 태국 방면에서 미얀마로 침공하여 토머스 허튼(Thomas J. Hutton) 중장이 지휘하는 영연방군을 격퇴하고, 랑군(양곤)-만달레이-라시오-쿤밍으로 이어지는 '미얀마 루트'를 차단했다. 이 루트는 중국 내륙으로 향하는 연합군의 주요 병참선이었으며, 일본군의 미얀마 침공은 이 경로를 차단하는 것이 주요 목적이었다. 부수적으로는, 이후 인도 방면으로의 진출을 염두에 둔 작전이기도 했다. 1942년 5월, 일본군이 미얀마 대부분을 점령하면서 초기 전투는 마무리되었다. 그러나 일본군은 이후 남방작전에 집중하느라 전선을 더 확장할 여력이 없었다.

연합군은 1943년 1월, 미얀마 루트를 복구하고, 미얀마를 탈환하기로 결정했다. 당시 동남아시아 전선에서 일본군과 교전 중이던 영국군은 일본어에 능통한 요원이 필요했다. 이는 일본군에 대한 선전, 포로 심문, 심리전 등을 위해서였다.

이에 따라 1943년 5월, 조선민족혁명당 총서기 김원봉과 인도 주둔 영국군 총사령부 대표 콜린 맥켄지(Colin H. Mackenzie) 사이에 공작대 파견에 관한 협정을 체결했다. 맥켄지는 영국의 특수작전본부(SOE, Special Operations Executive) 동남아시아 지부 책임자로서, 일본군 점령지역의 원주민 저항운동과 비밀공작을 지원하는 임무를 맡고 있었다.

양측은 "조선 민족의 독립을 쟁취하고 영국군의 완전한 승리를 촉진하기 위하여, 조선민족혁명당은 인도 주둔 영국군의 대일작전에 협조하고, 영국군은 조선민족혁명당의 대일투쟁을 원조한다"라는 원칙

광복군 인도·미얀마전구 공작대 대원들과 영국군 장교(출처: 국사편찬위원회)

에 합의했다. 이에 따라 조선민족혁명당은 영국군에 선전연락대를 파견하기로 했다. 이 선전연락대를 '인면전구공작대(印緬戰區工作隊)'라 불렀다. 인도·버마 전선에 파견되는 공작대라는 의미다. 버마는 오늘날 미얀마이다.

협정이 체결될 당시 민족혁명당은 이미 대한민국임시정부에 참여하고 있었다. 그렇다면 왜 영국은 임시정부나 그 여당인 한국독립당을 제쳐두고 굳이 민족혁명당과 협정을 추진했을까 하는 의문이 남는다.

영국 측은 임시정부나 한국독립당과 협력할 경우, 임정 승인이라는 민감한 정치 문제에 휘말릴 것을 우려했을 가능성이 크다. 임시정부가 이를 계기로 영국에 승인을 요구할 수 있었기 때문이다. 결국 영국이 이런 상황을 피하고자 민족혁명당과 제휴했으리라는 해석에 힘이 실린다.

협정 당시 인도·미얀마 전선에 파견할 부대는 '조선민족군(Korean National Army)'이라는 명칭으로 정해졌다. 그러나 당시 조선의용대는 이미 한국광복군에 편입된 상태였다. 이에 따라 중국의 군사위원회는 한국광복군을 영국군에 파견하기로 하였고, 이 결정에 따라 광복군 총사령부는 인도·미얀마 전구에 파견할 9명의 공작대를 다음과 같이 편성했다.

- 대장: 한지성
- 부대장: 문응국
- 대원: 최봉진, 김상준, 나동규, 박영진, 송철, 김성호, 이영수

1943년 8월 말, 이들 9명의 광복군 공작대는 작전의 비밀 유지를 위해 민간인 복장을 한 채 민간 항공편을 이용해 충칭에서 출발하여, 같은 날 인도 콜카타(Kolkata)에 도착했다. 이후 영국군 군복으로 갈아입고, 인도의 수도 델리(Delhi)로 이동했다. 델리에 도착한 광복군 공작대는 약 3개월 동안 영어와 방송 기술에 대한 교육을 받은 뒤, 콜카타로 돌아와 방송 훈련과 영어 학습을 계속했다. 델리에서는 한국에서 35년간 선교사로 활동하며 한국어에 능통했던 영국인 인도학교 교장에게 영어 교육을 받았다.

영어 교육을 마친 후, 공작대는 콜카타 인근에 있는 영국군 전지선전대 본부로 이동했다. 이곳에서 영국군 대원들과 함께 대적 선전의

원칙과 기술, 선전 활동 경험, 적의 동향, 미얀마 전선의 정세 등을 주제로 토론한 뒤, 실습 훈련을 병행하며 작전에 대비했다. 준비를 마친 광복군 공작대는 1944년 2월, 전선으로 출발했다.

광복군 공작대는 영국군 전지선전대와 함께 인도 동북부의 임팔(Imphal)에 도착했다. 임팔은 당시 일본군이 점령하고 있던 미얀마와 접한 전략적 요충지로, 영국군 제15군 사령부가 주둔해 있었다. 미얀마는 이미 일본군에 점령당한 상태였으며, 그로 인해 중국으로 향하는 육로 병참선인 '미얀마 루트'는 차단된 상황이었다. 연합군은 이 병참선을 복구하고자 미얀마 탈환을 목표로 작전을 추진 중이었다.

광복군 공작대가 임팔에 도착했을 무렵, 영국군과 일본군 사이에는 치열한 공방전이 벌어지고 있었다. 영국군이 전진할 때마다, 광복군 공작대는 일본어로 "너희는 포위되었다. 더는 갈 곳이 없으니, 순순히 투항하라!"라는 내용의 확성기 방송을 하며 적진에 접근했다. 이러한 대적 선전 활동은 최전선에서 이뤄졌기 때문에 전투병 못지않게 높은 위험에 노출되었으며, 실제로 함께 활동하던 캐나다 장교가 일본군 저격으로 전사하는 일도 있었다.

공작대는 대적 선전 외에도 일본어 전단 살포, 포로 심문, 일본군 문서 번역, 무전 청취 등을 통해 일본군 관련 정보를 수집·분석하여 영국군에게 제공하는 임무도 수행했다. 이러한 활동은 일본군의 사기를 저하하는 한편 영국군의 대일작전에 실질적인 도움을 주었다. 이들의 선전 방송 이후 일본군이 자발적으로 투항하거나, 일본군 내에서 통역관으로 일하던 한국인이 탈출해 오는 사례도 있었다. 또한, 일본군 문서 분석과 무선통신 감청을 통해 적의 작전계획을 사전에 파악한 사례도 있었다.

임팔 지역에서 일본군을 격퇴한 연합군은 전열을 재정비한 뒤, 미얀마로 퇴각한 일본군을 상대로 총반격을 개시하였다. 미·중(美中) 연합군과 영·인(英印) 연합군이 참여한 이 작전은 1945년 5월 랑군(Rangoon, 현재의 양곤 Yangon)을 탈환하는 성과를 거두었고, 7월에는 일본군을 완전히 패퇴시켰다. 이 과정에서 광복군 공작대는 영국군 전투부대에 배속되어 랑군 상륙작전, 만달레이 전투, 미얀마 북부 작전에 참전하며 연합군의 승리에 기여했다.

전세가 불리하다고 판단한 일본군 미얀마 방면군 총사령관은 전면 퇴각을 명령하였다. 그러나 후퇴 과정에서 일본군은 연합군의 공중 폭격과 지상 추격에 시달리며 이른바 '죽음의 행진'을 겪었고, 가까스로 살아남은 일부 패잔병만이 미얀마 국경을 넘어 철수할 수 있었다. 이 전투에서 일본 제15군은 약 10만 명 중 2만 명도 채 남지 않을 만큼 큰 피해를 당하였으며, 그 결과 제15군 사령관을 비롯한 주요 지휘관과 참모진이 대거 파면되거나 교체되었다.

미얀마 탈환 작전이 종료된 이후, 광복군 공작대는 콜카타로 철수하여 새로운 임무를 기다리고 있는 동안 일본이 항복을 선언하면서 공작대 임무는 종료되었다. 공작대는 1945년 9월, 충칭에 있는 광복군 총사령부로 복귀했다. 광복군 인도·미얀마 전구 공작대대원 9명 가운데, 부대장 문응국과 대원 최봉진, 박영진은 광복 후 육군사관학교를 졸업하고 장교로 임관했다.

한미 OSS 독수리작전

한영 군사합작이 광복군의 인도·미얀마 전구 공작대 파견을 통해 이루어졌다면, 한미 군사합작은 미국 전략정보국(OSS)의 독수리작전(Eagle Project)을 계기로 추진되었다. OSS(Office of Strategic Services)는 1942년 7월, 기존 정보조정국(COI: Coordinator of Information)을 개편해 설립된 미국의 전략첩보기관으로, 초대 책임자는 윌리엄 J. 도노반(William J. Donovan) 대령이었다. 이후 COI가 OSS로 개편되면서 도노반은 전략첩보국 수장으로 재임하였으며, 1943년 3월에는 육군 준장, 1944년 11월에는 소장으로 진급했다. 제2차 세계대전 종료 후 OSS는 해체되었으나, 그 기능은 곧 미국 중앙정보국(CIA)으로 계승되었다. 그로 인해 도노반은 오늘날 'CIA의 아버지'로 불린다.

'독수리작전'은 OSS의 전신인 COI가 1942년 1월, 중국을 거점으로 삼아 일본에 대한 비밀첩보 및 특수공작 계획을 수립하는 과정에서 비롯되었다. 이 계획에는 한국인을 광범위하게 활용하겠다는 방안도 포함되어 있었다. 그러나 당시의 국제정세와 협력 조건 등 여러 사정으로 인해, 중국을 통한 대일 비밀공작 추진은 일시적으로 중단되었다.

이후 1944년 10월, 앨버트 웨드마이어(Albert C. Wedemeyer) 중장이 중국전구 미군사령관으로 부임하면서 상황이 전환된다. OSS에 호의적이었던 웨드마이어는 도노반의 전폭적인 지원을 바탕으로 중국 내 OSS 활동을 본격화했다.

대한민국임시정부로서는 1943년 12월의 카이로 선언을 통해 연합국이 한국의 독립을 약속한 이후, 임시정부의 국제적 위상을 확보하는 것이 시급한 과제가 되었다. 특히 연합군과의 군사적 합작은 절실한 과제로 떠올랐다. 이러한 상황 속에서, 1944년 10월 이범석 광복군 제2지대장은 중국 주재 OSS 대표 리처드 헤프너(Richard Heppner) 대령에게 한반도에 대한 미군의 전략첩보 수집과 연합작전 수행을 위해, 미군이 광복군을 훈련해 한국에 침투시키는 방안을 추진하자고 제안했다.

이로부터 약 3개월 후, OSS 워싱턴 본부에서는 「일본 점령지에 대한 비밀정보 수집을 위한 특수요원 침투계획」을 수립하였고, 이를 바탕으로 OSS 중국전구 전략첩보과에서는 「한국에 대한 비밀첩보원 침투를 위한 독수리작전 보고서」를 작성해 구체적인 작전계획을 마련했다. 다음은 이 보고서의 주요 내용이다.

- 한국은 일본 본토 외 지역 중 가장 중요한 전략지대이며, 다양한 군수산업을 보유하고 있다. 이 지역은 만주, 화베이, 동남아시아에서 벌어지는 일본의 군사작전을 위한 전진기지 역할을 하며, 대륙 내 일본 점령지와 연결된 가장 안전한 교통로이기도 하다. 따라서 연합군의 대일 전략 수립을 위해 한국에 대한 정보는 필수적이다.
- 현재 한국에 대한 연합군의 정보는 단편적이고 불확실하며 불충분하다. 따라서 한국으로부터 전략정보를 수집하는 작전은 매우 중요하며, 일본의 조기 패망과 전비 절감에도 크게 기여할 것이다.

- 한국광복군 제2지대 120명 중 1차로 60명이 선발되어 3개월 훈련을 받고, 그중 45명이 1945년 초여름에 한국에 침투할 계획이다.
- 침투 방식은 세 가지다.
    - 잠수함이나 해상비행기를 이용해 목포에서 신의주까지 서해안을 따라 야간 침투
    - 산둥반도에 공중투하 또는 상륙 후 소형 선박으로 황해를 횡단
    - 장비는 공중 또는 해상으로 투하하고, 병력은 만주를 경유해 육로로 침투
- 침투조 편성과 지역 배치는 다음과 같다.
    - 청진, 신의주, 평양, 서울, 부산 등 5개 지역에는 지역본부를 설치하고, 무전병과 암호 해독 요원을 배치한다.
    - 또한 청진, 웅기, 신의주, 다사도, 부산, 목포, 해주, 원산, 서울, 인천, 진해 등 11개 지역에는 2~3명으로 구성된 첩보조를 각각 파견한다.
- 첩보원들은 군사·경제·정치·사회 분야 전반에 걸친 전략정보를 수집·보고할 예정이며, 특히 다음에 중점을 둘 것이다.
    - 전략산업의 생산능력
    - 폭격 목표 제원
    - 군사·산업시설, 해군기지, 병참선, 비행장 등
    - 연합군의 한반도 상륙작전에 필요한 정보
    - 한국인의 지하 독립운동과 민중의 사기(士氣)

이후 독수리작전 수행 가능성을 검토하기 위해, OSS 중국전구 비밀첩보과의 클라이드 싸전트(Clyde B, Sargent) 대위와 쿤밍에 주둔 중이던 미 제14항공대 소속의 한국계 미공군 소위 정운수(Woons Chung)가 시안 근처 두취(杜曲)에 위치한 제2지대 본부를 방문했다.[15] 이들은 이범석 장군 휘하 제2지대의 사기, 단결력, 대원 개개인의 역량을 면밀히 점검한 뒤, 이 부대가 OSS 훈련과 특수공작 수행에 전적으로 적합하다는 결론을 내렸다.

1945년 4월 17일, 대한민국임시정부의 김구 주석, 조소앙 외무부장, 그리고 정환범(鄭桓範, 1903~1977)[16] 고문 겸 통역관이 중국전구 미군사령관 웨드마이어 중장을 공식 방문하여 면담했다. 이날 면담은 독수리작전의 최종 협의를 위한 자리였으며, 임시정부 측은 단순한 첩보활동을 넘어 광복군이 편성한 한국인 게릴라부대에 대한 장비와 훈련 지원을 요청하였다. 더 나아가 미군이 한국이나 일본에 상륙할 경우, 광복군이 정규군의 일원으로 참전할 수 있도록 훈련과 무장 지원을 보장해 달라고 요구하였다.

이러한 제안은 기존의 첩보 수집 중심 독수리작전에 더해, 광복군

---

15 정운수(1903~1986)는 경북 의성 출신으로, 연희전문학교 재학 중이던 1926년 6·10 만세운동에 참여하여 시위를 주도했다. 이후 미국으로 유학하여 프린스턴대학교에서 신학 석사 학위를 취득했고, 주미외교위원부 위원장 이승만 박사의 보좌관으로 활동했다. 미군 항공 간부후보생 과정에서 비행훈련을 받은 후 소위로 임관하였으며, 해방 후 귀국하여 정계 진출을 시도했으나 실패했다. 대신 부인 편정희 여사가 제8대 국회의원으로 당선되었고, 본인은 건국훈장 애국장을 수훈했다.

16 정환범은 영국 케임브리지대학교에서 경제학 박사 학위를 받은 인물로, 당시 명목상 외무부 차관이었으나 실제로는 김구 주석의 고문이자 통역관 역할을 맡고 있었다. 해방 후 그는 대한체육회장, 중화민국 특사, 주일본대표부 공사 등을 역임했으며, 건국훈장 애국장을 수훈하였다.

미군 교관 지도로 무선 훈련하는 광복군 제2지대 대원들(출처: 독립기념관)

의 실전 개입을 보장받기 위한 전략적 움직임이었다. 이에 미군 측은 임시정부의 제안이 "대단히 합리적이며, 만약 실현 가능하다면 대한민국임시정부가 대일전쟁에서 충분히 가치 있는 영향력을 행사할 수 있을 것"이라고 평가했다. 다만, 중국에 제공되는 병참 물자와 장비가 '충분히 이용 가능할 경우' 임시정부에 대해서도 지원이 가능할 것이라는 긍정적 시사를 남겼다.

OSS 훈련과 국내정진군 편성

독수리작전이 본격화되면서, 광복군 제2지대(지대장 이범석)와 제

3지대(지대장 김학규)는 미국 OSS와의 협력하에 훈련에 돌입했다. 이 가운데 제2지대는 1945년 5월 21일, 1차 OSS 훈련을 개시했다. 훈련은 미군 장교와 미국인 민간 무선통신 기술자들의 지도로 진행되었다. 교육은 첩보 공작원으로 갖추어야 할 실전 능력을 배양하기 위한 학과 교육과 야전 훈련으로 구성되었다. 학과 교육에는 무선통신, 독도법, 첩보 보고의 양식과 유형, 폭격 목표와 피해 보고법, 심리전, 비행장 정보 수집법, 정보원 모집과 훈련, 지하조직 운영법, 게릴라 전술 등이 포함되었다. 야전 훈련으로는 유격 전술과 무선통신 실습이 시행되었다.

훈련은 매우 엄격한 방식으로 이루어졌으며, 단계마다 시험을 통과해야 다음 과정으로 진급할 수 있었다. 이러한 과정을 거쳐 1945년 8월 4일, 제1기 훈련생 38명이 수료했다. 처음 50명이 참여했으나 12명이 중도 탈락했다. 제1기 수료에 이어서 제2기 훈련이 계획되어 있었으나, 일본의 항복 소식이 전해지면서 훈련은 중단되었다.

1차 OSS 훈련 수료 3일 후인 1945년 8월 7일, 두쥐의 광복군 제2지대 본부에서는 한미 고위급 작전회의가 열렸다. 이 자리에는 한국 측에서 김구 주석, 지청천 광복군 총사령관, 이범석 제2지대장이 참석하였고, 미국 측에서는 OSS 총책임자 도노반 소장, OSS 중국전구 첩보과장 폴 헬리웰(Paul Helliwell) 대령, 현지 야전지휘관 싸전트 대위 등이 참석했다. 이 회의에서 도노반 소장은 공식적으로 한미 합작 비밀공작의 개시를 선언했다.

"오늘부터 미국과 대한민국임시정부의 공동의 적(敵), 일본에 맞서는 비밀공작을 시작한다."

김구 주석과 OSS 총책임자 도노반 소장(출처: 『공간과 한국광복군』)

이 선언은, OSS와 광복군의 군사적 협력이 단순한 훈련 수준을 넘어 실제 작전에 착수하는 전환점이었음을 의미한다.

1945년 8월 10일, 김구 주석은 산시성 주석 주샤오저우(祝紹周)의 만찬 초대를 받아 참석한 자리에서 일본의 항복 소식을 전해 들었다. 이날 일본 정부는 미·영·중·소 등 연합국에 포츠담선언 수락 의사를 전달하며 무조건 항복하겠다는 뜻을 밝혔다.

김구 주석은 곧바로 광복군 제2지대 본부로 돌아와, 지청천 총사령, 이범석 제2지대장과 함께 긴급회의를 열고 향후 대책을 논의했다. 그 결과, OSS 훈련을 수료한 제2지대 대원들로 '국내정진군'을 편성해 가능한 한 조속히 한반도에 침투시키기로 했다. 이는 아직 일본이 정식으로 항복을 발표하기 전이었기에, 독수리작전을 예정대로 수행하겠다는 의지로 풀이된다.

국내정진군은 총 93명으로 구성되었으며, 이범석 제2지대장이 총지휘관을 맡았다. 작전 효율성을 높이기 위해 한반도를 3개 지구로 구분하고, 각 지구에 지구대장을 임명한 뒤, 도(道) 단위로 공작반을 편성했다. 각 지구대와 공작반 간부 편성은 다음과 같다.

- 제1지구 대장 안춘생
    - 평안도반 반장 강정선
    - 황해도반 반장 송면수
    - 경기도반 반장 장준하
- 제2지구 대장 노태준
    - 충청도반 반장 정일명
    - 전라도반 반장 박훈
- 제3지구 대장 노복선
    - 함경도반 반장 김용주
    - 강원도반 반장 김준엽
    - 경상도반 반장 허영일

이들 가운데, OSS 훈련을 이수한 광복군 출신 중 해방 후 국군 장교로 임관한 인물은 총 21명으로 파악되고 있으며, 그중 7명이 국내정진군 소속이었다.

여의도 비행장에 착륙한 광복군 선발대

　일본이 연합국에 항복 의사를 통보한 직후, 중국전구 미군 사령관 웨드마이어 중장은 중국전구 내에서의 첩보 수집과 전쟁포로 문제를 최우선 과제로 삼았다. 당시 한반도는 미군 작전 구역상 중국전구에 속해 있었으며, 일본이 정식으로 항복 문서에 서명한 이후에는 미군 태평양전구 관할로 변경되었다. 웨드마이어 사령관의 지시에 따라, OSS 중국전구 첩보과장 할리웰 대령은 동북야전지휘관인 윌리스 버드(Willis H. Bird) 중령에게, 한반도에서 전쟁 종결이 공식 발표될 경우를 대비해 '독수리 요원'을 이끌고 항공편으로 한국에 진입할 준비를 하라고 명령했다. 이는 독수리작전의 승인 범위 내에 포함된 사항이었다.

　OSS 미군 선발대가 한국으로 파견된다는 소식을 들은 이범석 제2지대장은, OSS 야전지휘관 싸전트 대위에게 OSS 훈련을 받은 광복군이 선발대에 포함될 수 있도록 요청했다. 싸전트는 이를 OSS 중국전구 책임자인 헤프너 대령에게 전달했고, 헤프너 대령은 다시 OSS 동북야전지휘부의 윌리스 버드 중령에게 지시를 내렸다. 지시 내용은 광복군 '독수리 요원'들을 포함해 즉시 한국으로 이동, 한국 내 포로수용소에 있는 전쟁포로들과 접촉하고, 이들의 후송을 지원하며 관련 계획을 수립하라는 임무였다.

　1945년 8월 16일 새벽 4시 30분, 버드 중령이 이끄는 OSS 선발대는 미군 C-47 수송기를 타고 시안 비행장을 출발했다. 일행은 미군 OSS 요원 10명, 비행기 승무원 6명, 기타 인원 2명을 포함해 미국 측

서울 여의도 공항에서 시안으로 복귀 중 산동 유현비행장에 기착한 OSS 선발대(출처: 국사편찬위원회)

이 총 18명이었고, 여기에 광복군 국내정진군 4명이 합류해 총 22명이었다. 미군 가운데는 통역을 위해 한국계 미국인 함용준(Lyong Hahm) 대위와 정운수 소위도 포함되어 있었다.

비행기가 산동반도 상공에 이르렀을 때, 비행기 무선기에 일본 가미카제 전투기가 미 항공모함을 공격하는 등 여러 지역에서 전투가 발생 중이라는 교신이 포착되었다. 이에 따라 버드 중령은 임무 수행이 위험하다고 판단하고, 시안으로 복귀하라는 명령을 내렸다.

시안에 도착한 다음 날, 비행기를 수리하는 과정에서 한쪽 날개가 파손되었고, 이에 따라 대체기를 준비하느라 출발이 지연되었다. 선발대는 8월 18일 오전 5시 45분에 시안 공항을 다시 이륙해, 오전 11시 56분 서울 여의도 비행장에 착륙했다. 선발대에는 광복군 독수리 요원인 이범석·장준하·김준엽·노능서 등 4명이 포함되어 있었다. 여의도 비행장은 일제강점기에 건설되어 1970년대 초까지 비행장으로 사용되었다.

OSS 선발대가 무장을 갖추고 비행기에서 내리자, 조선주둔 일본군 사령부의 참모장을 비롯한 장교들이 대기하고 있었다. 먼저 버드 중령이 함용준 대위의 일본어 통역을 통해 입장을 전했다.

"우리는 중국전구 미군사령관 웨드마이어 중장의 지시로 연합군 포로들을 돕고 장차 이들의 후송을 사전 준비하기 위하여 연합군 점령 예비 대표로서 여기에 왔다."

"그렇다면 귀측은 항복 조건을 협상하기 위해 여기에 온 것이 아닌가?"

"아니다. 우리의 임무는 포로들이 안전한가를 확인하고 그들이 필요로 하는 도움을 제공하기 위한 순수한 인도주의적인 것이다."

"포로들은 안전하다. 우리는 정부로부터의 명령을 기다려야 한다. 귀관들의 신변 안전을 보장할 수 없으니 즉시 여기를 떠나야 한다."

이윽고 OSS 선발대 주변은 착검한 일본군 병사들이 둘러싸고, 중화기가 선발대를 겨누는 긴장된 상황이 벌어졌다.

한국에 주둔하던 일본군이 미군에 정식으로 항복하고 무장해제된 것은 그로부터 20여 일이 지난 1945년 9월 9일이었다. 따라서 이 시기까지는 여전히 일본군과 일본인 관리들이 한국을 실질적으로 지배하고 있었다. 이러한 상황에서 OSS 선발대는 어쩔 수 없이 일본군으로부터 휘발유를 공급받은 뒤, 8월 19일 오후 4시경 여의도 비행장을 이륙할 수밖에 없었다.

선발대가 중국으로 복귀한 이후, 독수리작전은 종결 수순을 밟았고, 결국 1945년 10월 1일 공식 종료되었다. 이날은 해리 트루먼(Harry S. Truman) 대통령의 명령에 따라 OSS가 해체된 날이기도 하다. 이로써 광복군과 OSS 간의 공식적인 합작도 막을 내렸다.

독수리작전의 종결을 앞둔 1945년 9월 28일, OSS 중국전구 첩보과장 헬리웰 대령은 이범석 제2지대장에게 서신을 보내 다음과 같이 밝혔다.

> "만일 전쟁이 몇 년 더 지속되었더라면 본인(헬리웰)은 우리의 공동 노력이 실제로 공동의 적을 무너뜨리고 한국의 해방을 가져오는 데 기여했을 것이라 확신합니다. 물론 우리는 이 결과가 우리가 기대했던 것보다 더 일찍 일어난 것에 대해 매우 행복하고 감사하게 생각합니다. (생략) 본인은 최근 몇 달 동안의 협력, 그리고 그 협력으로 인한 상호 존중은 우리 두 위대한 나라의 계속된 우호와 협력을 보장하는 데 많은 도움을 줄 것으로 기대합니다. 귀하의 안녕 및 행운과 자유민주주의 한국의 조속한 재건을 진심으로 바라며(생략)"[17]

이 서신은 다음과 같은 사실을 시사한다. 전쟁이 더 지속되었더라면, OSS 독수리작전은 실행되어 한국의 해방에 실질적으로 기여했으

---

17 국사편찬위원회 한국사데이터베이스, 『대한민국임시정부자료집』 13, 한국광복군IV, 132. 「이범석 장군의 서신에 대한 헬리웰의 답장」.

OSS 광복군 장교들과 미군 장교들. 사진 위쪽 좌측에는 '최초의 한미 연합을 기념하여' 라는 영문과 우측에는 '우리 두 나라의 힘 잇는 합작이 실현되는 날, 이 사진의 력사적 가 치를 볼 수 있을 것이다'라는 한글이 적혀 있다(출처: 독립기념관)

리라는 점, 독수리작전 추진 과정에서 형성된 한국광복군과 미국 OSS 간의 협력과 상호 존중이 앞으로 양국의 우호와 협력에 기초가 될 수 있다는 점, 그리고 헬리웰은 해방된 한국이 자유민주주의 국가로 다시 태어나기를 진심으로 바란다는 점이다.

 헬리웰 대령이 이범석 제2지대장에게 서신을 보낸 1945년 9월 28일은, 이미 미군이 남한에 진주해 군정을 실시한 지 약 20일이 지난 시점이었다. 그로부터 3년 뒤인 1948년 8월 15일, 미군정이 종료되고 대한민국은 헬리웰 대령이 기대했던 대로 자유민주주의 국가로서 새롭게 출범했다. 이후 한국과 미국은 공식적으로 동맹관계를 맺었고, 현재까지 한미 연합방위체제를 유지하고 있다. 이러한 맥락에서 보면, 한국광복군과 미 OSS가 협력한 독수리작전은 훗날 한미연합군 체제의 시작이 되었다고 평가할 수 있다.

광복군의 확대 편성

1945년 9월 3일, 일본이 연합군 측에 정식으로 항복 문서에 서명한 다음 날, 김구 주석은 「국내외 동포에게 고함」을 발표하여 광복의 역사적 의미와 함께 임시정부가 당면한 과제를 밝혔다. 먼저 김구 주석은 광복의 역사적 의의를 다음과 같이 역설했다.[18]

"한 나라의 흥망과 한 민족의 성쇠는 결코 우연히 이루어지는 것이 아니다. 우리가 나라를 잃은 데 있어서 수치스러운 원인이 무수히 있었다면, 오늘 조국이 해방을 맞은 데도 각고의 노력이 있었음은 누구나 알 수 있다. 만일 우리 선열의 고귀한 희생이 없었고, 중·미·소·영 등 동맹군의 전승이 없었으면 어찌 조국의 해방이 있을 수 있었으랴? 그러므로 우리는 마땅히 선열의 업적을 기리고 무한한 경의를 올릴 것이며, 동맹군의 위업에 감사한

---

18 국사편찬위원회, 한국사데이터베이스, 『대한민국임시정부자료집』 8, V. 주석·국무위원회 문서 1940~1945, 「국내외 동포에게 고함」(1945. 9. 3).

마음을 표해야 할 것이다."

이는 곧, 광복이 단지 연합군의 승리 덕분만은 아니며, 무엇보다 우리 민족의 독립 의지와 선열들의 희생이 있었기에 가능했다는 메시지다. 실제로 카이로 선언을 끌어낸 것도 바로 이러한 독립운동의 끈질긴 흐름이었다. 이어 김구 주석은 임시정부가 처한 상황을 '나라를 다시 세우는 초기 단계'로 규정하고, 정부수립까지 해결해야 할 과제들을 다음과 같이 제시했다.

- 전국적 보통선거를 통해 정식 정부가 수립되기 전까지, 국내에 과도정권을 수립하기 위해 국내외 각계각층, 정당, 종교단체, 지방 대표 및 저명인사들이 참여하는 회담을 추진한다.
- 과도정권이 수립되는 즉시, 임시정부의 모든 임무는 종료된 것으로 간주하고, 그 직능과 소유 일체를 과도정권에 이양한다.
- 과도정권 아래에서 수립될 정식 정부는 독립국가, 민주정부, 균등사회를 원칙으로 조직한다.
- 과도정권 수립 이전까지는 국내 질서 유지와 대외 관계를 임시정부가 책임진다.
- 일본인의 안전한 귀환과 국내외 동포 보호를 신속히 처리한다.
- 일제가 제정한 법령은 무효로 하고, 새로운 법령을 공포함과 동시에 일제하 처벌자들을 사면한다.
- 일제의 재산은 몰수하고, 일본인 처리에 있어 동맹군과 협의한다.

- 일제에 의해 징집된 한국인 군인을 광복군(국군)으로 편입하고, 동맹군과 협의하여 이를 추진한다.
- 독립운동을 방해한 자와 매국노는 공개적으로 엄중히 처벌한다.

만일 김구 주석의 이러한 구상이 실현되었더라면, 우리는 민족 분단과 동족상잔의 비극을 피할 수 있었을지도 모른다. 아쉽게도 그의 구상 가운데 일부만 현실로 이어졌다. '독립국가'와 '민주정부'는 대한민국의 형태로 구현되었고, '균등사회'의 정신은 대한민국 헌법에 반영되었다.

또한 '독립운동을 방해한 자와 매국노는 공개적으로 엄중히 처벌한다'라는 방침은, 제헌국회에서 반민족행위자 처벌을 위한 특별위원회 설치로 실현되었다. 그리고 일본군에 징집되어 전쟁에 동원되었던 한인 장병들을 광복군에 편입한다는 방침에 따라, 광복군은 중국 전역에서 확대 편성 작업에 착수했다.

광복군, 어떻게 볼 것인가?

광복군 이야기를 마무리하기에 앞서, 우리는 광복군을 어떻게 평가해야 할지 잠시 고찰해 보고자 한다.

첫째, 광복군은 군사력으로 조국의 독립을 쟁취하기 위해 대한민국임시정부가 창설한 임시정부의 국군이었다. 광복군이 대한민국임시

광복군 장교들의 당당한 모습(출처: 독립기념관)

정부의 국군이었다는 사실은, 대한민국 정부가 임시정부를 계승해 수립되었듯, 대한민국 국군 역시 임시정부 국군을 계승해 창설되었음을 의미한다. 즉, 대한민국 국군의 뿌리와 정체성은 바로 광복군에 있다는 것이다.

둘째, 광복군은 우리 군대의 맥을 이어준 계승자이다. 광복군 총사령부 설립식에서 조소앙 외교부장이 밝힌 바와 같이, 1907년 대한제국 군대해산 이후 일제에 맞서 싸운 의병과 독립군의 전통을 광복군이 이어받았다. 그래서 대한제국 국군이 해산된 바로 그날이 광복군 창설일이 된 것이다.

인적 맥락에서도 광복군총사령부 창설 요원 중에는 대한제국 국군 출신과 독립군 출신이 있었고, 해방 후 국군으로 편입된 이들도 있었다. 따라서 광복군은 대한제국 국군-의병-독립군-광복군-대한민국 국군으로 이어지는 우리 군사 전통의 핵심고리이다. 국군이 광복군을 계승한다는 것은, 우리 군의 역사와 정통성을 잇는 일이다.

셋째, 광복군은 연합군의 일원으로 대일작전을 수행했다는 점에서도 의미가 깊다. 일본이 진주만을 기습 공격하며 태평양전쟁을 일으키자, 대한민국임시정부는 즉시 일본에 선전포고를 하고 중국·영국·미국과 함께 연합작전을 전개했다. 특히 OSS와 함께 수행한 한미 '독수리작전'은 훗날 한미연합방위체제의 효시가 되었다고 평가할 수 있다.

넷째, 비록 독수리작전을 통한 국내 침투작전이 일본의 항복으로 실행되지는 못했으나, 우리의 군사력으로 조국의 광복을 쟁취하고자 했다는 점에서 큰 의의가 있다. 광복은 연합군이 우리에게 일방적으로 안겨준 선물이 아니라, 우리가 직접 싸우고 준비해 맞이한 결과였기 때문이다. 하늘은 스스로 돕는 자를 돕는다고 하지 않는가.

마지막으로, 국군이 계승해야 할 '광복군 정신'이 있다. 그것은 국가와 민족에 대한 충성심, 자주·독립정신, 연합정신, 그리고 헌법준수정신이다.

첫째, 국가와 민족에 대한 충성심이다. 광복군은 조국의 광복을 위해 헌신했고, 모든 희생을 감수하며 민족국가 건설을 지향한『대한민국건국강령』을 따르겠다고 서약했다. 그 충성심을 보여주는 일화가 전해진다. 한 광복군 병사는 일본군에 체포되어 군사재판을 받는 자리에서 일본군 재판관을 향해 이렇게 외쳤다.

"너희들이 너희들 국가에 충성하듯이, 나는 나의 조국에 충성을 다 할 뿐이다."

광복군이 지향한 '민족'은 국민이 될 수도 있고, 한민족공동체가 될 수도 있다. 광복군이 따르겠다고 맹세한 『대한민국건국강령』은 민족공동체 국가 건설을 지향하였다.

둘째, 독립정신이다. 광복군은 조국의 독립을 무장력으로 쟁취하기 위해 창설되었고, 오직 그 목적을 달성하기 위해 활동했다. 광복군이 독립을 되찾는 데 힘썼다면, 오늘날 국군은 되찾은 독립을 지키는 사명을 안고 있다.

셋째, 자주정신이다. 중국 정부가 광복군을 중국 군사위원회 예속 아래 두려 했으나, 임시정부는 끝까지 통수권을 지켜내며 자주성을 확보하였다. 이 과정에서 중국의 무상 원조가 차관으로 바뀌는 대가를 치렀지만, 그 덕분에 중국의 간섭 없이 미국과 군사합작을 추진할 수 있었다.

넷째, 연합정신이다. 광복군은 창설 당시부터 우방과의 연합작전을 지향했고, 태평양전쟁 이후에는 중국·영국·미국과의 연합작전을 추진했다. 이 정신을 이어받아 이범석 장관은 연합국방정책을 채택했다. 그가 구상한 연합국방이란 국제 공산 세력의 팽창에 효과적으로 대응하기 위해 미국을 중심으로 민주 진영의 군사력을 통합하고, 한반도에 전쟁이 발발하면 미군의 지원 아래 공동작전을 전개한다는 개념이었다.

마지막으로, 헌법준수정신이다. 광복군공약과 광복군선서문은 『대한민국건국강령』을 준수하고, 이에 반하는 주의·사상을 금지할 것을 명시했다. 이는 오늘날 헌법 질서를 지키고 헌법정신을 따르며, 반헌법적 사상이나 명령을 거부하는 태도로 이어져야 한다.

조선경비대

건군 준비

1 광복과 귀환

광복군 확대 편성과 귀국

임시정부가 일본군에 의해 강제로 징집되어 중국 전선에 투입되었던 한적(韓籍) 군인들을 광복군에 편입시키기로 방침을 정함에 따라 중국 각지에 있던 한인 청년들과 한적 군인들을 중심으로 광복군의 확대 편성이 이뤄졌다. 이 작업은 1945년 10월까지 한커우, 난징, 항저우, 상하이, 베이징, 광둥 등 중국 주요 6개 지역에 각각 1개씩 잠편지대를 편성하는 것으로 대체로 마무리되었다. 총인원은 약 3만 명에서 3만 5,000명에 이르는 것으로 추산된다.

광복군 확대 편성이 진행되는 동안, 오광선(吳光鮮, 1896~1967, 신흥무관학교 졸업, 만주 독립군으로 활약, 국군 준장, 건국훈장 독립장)은 주한 미군 사령관 하지 중장이 제공한 미군 비행기를 이용해 중국으로 가서 김구 주석과 지청천 총사령을 만났다. 김구 주석은 오광선에게 미

'대한민국임시정부 개선 환영대회'를 마치고 시가행진에 나선 서울 시민들(1945.12.19) (출처: 국사편찬위원회). 전차는 대한제국 시기부터 운영되었다

군정과 협의해 광복군이 대한민국임시정부 국군의 자격으로 국내에 입국할 수 있도록 추진하라는 임무를 주고, 국내지대장과 광복군 참장의 직책 및 계급을 부여했다.

서울에 돌아온 오광선이 하지 중장에게 김구의 뜻을 전달했으나, 승낙을 얻지 못했다. 당시 미국의 점령 정책은 남한에 미군정을 제외한 어떠한 정부도 허용하지 않았고, 미군 외의 군대 또한 허용하지 않는다는 방침이었기 때문이다.

임시정부 역시 한국을 대표하는 정부로 귀국하길 원했으나, 미군정의 반대로 실현되지 못했다. 결국 임시정부 요인들은 개인 자격으로, 미군정이 제공한 비행기를 타고 두 차례에 걸쳐 귀국했다.

1946년 2월부터 일부 광복군들이 개인 자격으로 중국 각지의 항구

도시에서 미군 수송선을 통해 귀국하는 가운데, 지청천 총사령관은 주중 미군 당국을 통해 광복군의 단체 귀국을 위한 교섭에 나섰다. 그러나 미군정의 답변은 광복군을 해산하고 개인 자격으로 귀국하라는 것이었다.

결국 지청천 총사령은 1946년 5월 16일, 광복군 활동의 종료를 알리는 '광복군 복원선언'을 발표했다. 그는 일본의 항복으로 전쟁이 승리했기에 광복군을 해산하고 조국으로 돌아가 국가 재건에 이바지하겠다는 뜻을 밝히며, 광복군 장병 약 1,100명이 톈진과 상하이 등지에서 선편으로 귀국할 예정임을 중국 언론에 전했다. 아울러 그간 광복군을 지원해 준 중국 정부에 감사의 뜻도 함께 표했다.

구1586.

1946년 5월 1일에 발행한 '한국광복군 제2지대 복원 귀국대 대원증'(출처: 대한민국역사박물관)

이후 '복원선언'에 따라, 이범석 장군이 이끄는 광복군 일부 병력은 미 해군 수송선을 타고 1946년 6월 초 인천항에 도착했다. 그러나 이들이 도착했을 당시, 미군정 하에서는 일본군과 만주군 출신 인사들이 주축이 되어 경비대 창설이 추진되고 있었다.

광복된 조국으로 돌아온 이범석은 군대 창설보다 국가 건설이 우선이라는 신념 아래, '민족지상, 국가지상'의 기치를 내걸고 민족청년단을 창단하였다. 이후 그는 대한민국 초대 국무총리 겸 국방부장관으로 발탁되었다.

지청천 총사령은 이범석보다 약 10개월 뒤인 1947년 4월에 귀국하였으며, 귀국 후에는 대동청년단을 조직하였다. 대동청년단은 민족청년단 못지않은 인기를 끌었으며, 창단 3개월 만에 전국 조직을 갖추었다. 또한, 대동청년단과 일본 육사 출신 김석원이 주도한 육해공군출신동지회를 기반으로 건군 계획서를 작성해 하지 사령관에게 제출하였다. 계획서의 골자는 보병 15개 사단, 기갑 2개 사단, 항공 1개 사단 등 총 18개 사단 29만여 명 규모의 군대를 편성하자는 내용이었다.

그러나 이 제안은 채택되지 않았고, 국내 정국은 곧 5·10 총선 국면으로 접어들었다. 이에 지청천은 방향을 바꾸어 정계에 진출했으며, 제헌 국회의원 선거에서 서울 성동구에 출마해 전국 최다 득표로 당선되었다.

한편, 광복군 참모장이었던 김홍일 장군은 8·15 광복 직후 중국군에 복귀해 동북보안사령부 고급참모로 근무하며 동포들의 귀국을 도왔다. 이후 중국군 중장(한국의 소장급)으로 승진하고, 중국 국방부 정치부 전문위원으로 임명되어 난징에 부임하였다. 그로 인해 귀국이 늦어져 대한민국 정부수립 직후인 1948년 8월 28일 남한으로 돌아왔다. 그는 국군 창설 이후 최초로 장군에 진급한 다섯 명 가운데 한 사람으로, 후일 육군사관학교 교장으로 임명되었다.

장준하·김준엽·노능서의 귀국 후 행적

장준하·김준엽·노능서는 일본의 항복 직후 한반도 정세를 파악하기 위해 미군 OSS 요원들과 함께 1945년 8월 18일 미군 수송기를 타고 서울 여의도 비행장에 도착했다가, 이튿날 다시 중국으로 돌아갔다. 이후 세 사람의 행적은 서로 달랐다. 장준하는 언론인·정치인으로 불의한 권력에 맞서 싸웠고, 김준엽은 학문과 교육의 길을 걸었으며, 노능서는 군인의 길을 택했다.

장준하(張俊河, 1915~1975)는 임시정부 요인 제1진으로 김구 주석과 함께 귀국해 그의 비서로 활동했고, 잠시 이범석의 민족청년단에도 몸담았다. 1953년에는 종합잡지 《사상계》를 창간하면서 본격적으로 언론 활동에 나섰다. 당시 《사상계》는 지식인과 청년층의 큰 호응을 얻었으나 점차 정권 비판의 장으로 자리 잡으면서 권력과 충돌하게 되었다.

1961년 5·16군사정변이 일어나자, 장준하는 이를 지지했다. 하지만 군사정권이 공약한 '조속한 민정 이양' 약속을 지키지 않자 이를 비판하면서 군사정권으로부터 탄압을 받았고, 그는 박정희 정권과 대립하게 되었다. 1967년 5월 제6대 대통령 선거에서는 야당 후보 윤보선의 지원 유세에 나섰고, 이어 같은 해 6월 실시된 제7대 국회의원 선거에서 신민당 후보로 서울에서 당선되었다. 선거 과정에서 그는 박정희 대통령의 만주군 복무와 남로당 연루 사실을 공개적으로 문제 삼았다.

1972년 박정희 대통령이 유신헌법을 공포해 종신 집권 체제를 마련하자, 장준하는 이에 반대하며 '헌법 개정 백만인 서명운동'을 주도했다. 그로 인해 그는 대통령 긴급조치 제1호 위반 혐의로 구속되어 징역 15년, 자격정지 15년형을 선고받았으나, 지병이 악화하면서 형 집행정지로 풀려났다.

장준하는 일본군 탈출에서부터 광복군에 합류하는 고난의 과정을 담은 자신의 저서 『돌베개』 말미에 이렇게 기록했다. "광복 조국의 하늘 밑에는 적반하장의 세상이 왔다. 펼쳐진 현대사는 독립을 위해 이름 없이 피 뿜고 쓰러진 주검 위에서 칼을 든 자들을 군림시켰다." 그는 이와 같이 일본군에 충성했던 자들이 해방 후 국군에 들어가 고위직을 차지하는 현실을 싫어했다. 후일 육군참모총장 자리까지 오른 인물이 일본인 고참병이 먹다 남긴 잔밥을 자존심도 없이 받아먹는 추태를 보이는가 하면, 일본군을 탈출하면 칼로 찔러 죽이겠다며 동료 학병들을 협박하던 것을 두 눈으로 똑똑히 보았기 때문이다.

이처럼 불의한 권력과 타협하지 않으려는 그의 태도는 한국 사회 안팎에서 높이 평가되었다. 1962년 그는 한국인 최초로 필리핀의 막사이사이 대통령을 기리기 위해 제정된 막사이사이상 언론·저술 부문을 수상했다. 사후에는 대한민국 정부로부터 건국훈장 애국장과 금관문화훈장이 추서되었다.

김준엽(金俊燁, 1923~2011)은 해방 직후 곧장 귀국하지 않고 난징의 전문학교에서 한국어 강사로 일하며 중국 대학원에서 중국사를 공부했다. 그러나 국공내전이 격화되자 1949년 귀국해 고려대학교 사학과 교수로 부임했다. 이후 후학 양성에 힘쓰는 한편 교내에 아세아문제연구소를 세웠다. 연구소 내에 공산권 연구실을 설치하면서, 아세아문제연구소는 세계적으로 손꼽히는 공산권 연구기관으로 성장하였다.

그는 세 차례 유엔 총회에 한국 대표로 참석했고, 5·16 군사정변 이후에는 국가재건최고회의 고문 자격으로 외교사절단에 참여해 인도를 방문, 네루 수상과 면담하기도 했다. 또 광복군 시절 동지였던 장준하가 창간한 《사상계》의 주간을 맡아 언론 활동에 참여했다.

1982년 김상협의 뒤를 이어 고려대 총장이 되었으나, 신군부의 압력에 굴하지 않고 정권과 맞서다 1985년 강제로 사임했다. 다른 대학에서는 학생들이 쫓겨났던 반면 고려대에서는 총장이 쫓겨나고 학생들은 총장 퇴진을 반대하는 시위를 벌이는 초유의 사태가 벌어졌다. 김준엽은 훗날 이를 자신의 가장 큰 자부심으로 꼽았다. "총장 물러가라!"라는 구호는 많았어도, "물러나지 말라!"는 구호는 자신밖에 없었기 때문이었다.

그는 여러 차례 정계 진출 요청과 장관, 국무총리직 제안을 받았으나 모두 고사하고 학문과 교육에 전념했다. 고려대 총장에서 물러난 뒤에는 회고록 『장정』을 집필했는데, 총 5권 가운데 1·2권은 일본군 탈출과 광복군 시절의 경험을 다루고 있다. 생전에 건국훈장 애족장을, 사후에는 국민훈장 무궁화장을 수여했다.

노능서(魯能瑞, 1923~2014)는 임시정부 요인 제2진으로 귀국하여 1949년 2월 육사 제8기 특별 4반에 입교해 졸업과 동시에 소위로 임관하였다. 6·25전쟁 중이던 1951년 3월에는 미 중앙정보국(CIA)이 주도해 창설한 북파 유격대(일명 영도유격대) 기간요원으로 선발되었다. 이후 일본으로 건너가 훈련을 받은 그는 귀국해 유격대원 훈련을 담당했다. 또한 전쟁이 끝난 후에는 전역하여 대한해운공사에 입사했으며, LA 지점장과 도쿄 지점장을 거쳐 미국으로 이주해 여생을 보냈다. 대한민국은 그에게 건국훈장 애국장을 수여했다.

23만여 명의 일본군 출신들

원산역의 수송 책임자였던 이응준 일본군 대좌(대령)는 1945년 8월 21일 아침, 소련군이 원산항 부두까지 진출했다는 급보를 접하자, 포로가 되어서는 안 되겠다는 판단에 따라 원산역에 남아 있던 마지막 기관차를 타고 급히 탈출했다. 이튿날 새벽 그는 서울 자택으로 돌아왔다.

1946년 1월 4일, 이응준은 미군정청 국방사령부 군사국장 아서 챔퍼니(Arthur S. Champeny) 대령의 초청을 받았다. 당시 그는 '일본군에서 대좌까지 지냈으니 무슨 일을 당하더라도 어쩔 수 없지'라는 심정으로 군정청 제203호실에 들어섰다. 그런데 뜻밖에도 챔퍼니 대령은 이렇게 말했다.

"귀하의 조언이 필요합니다."

이렇게 해서 이응준은 미군정청 군사국 고문으로 임명되었고, 미군정이 추진하는 경비대 창설의 중추적 역할을 맡게 되었다. 이후 그는 대한민국 초대 육군참모총장이 되었다.

한편, 송요찬 일본군 조장(상사)은 용산에 주둔한 일본군 부대에서 해방을 맞이했다. 1945년 8월 15일 정오, 일본 천황의 항복 방송이 있

광복의 기쁨에 플래카드를 들고 서울역 앞을 행진하는 모습(출처: 국사편찬위원회)

었던 직후부터 시내에서는 "대한독립 만세!"를 외치는 함성이 들려왔고, 그 울림은 영내까지 퍼졌다.

그날 밤, 일본군 지휘부는 한국인 장병 전원에게 해산 명령을 내렸다. 다음 날 아침, 송요찬은 용산역에서 장항선 열차를 타고 고향인 충남 청양으로 향했다. 그는 훗날 제11대 육군참모총장을 지냈다.

이형근 일본군 포병 대위는 도쿄의 한 전철역 승차장에서 천황의 항복 방송을 들었다. 방송은 잡음이 섞여 제대로 들리지 않았고, 주변에는 사람들이 몰려 있었다. 그러던 중 확성기 근처에 있던 이들이 갑자기 손수건으로 얼굴을 가리고 울기 시작했다. 까닭을 알 수 없던 이형근은 옆에 있던 군인에게 물었다.

"일본이 졌습니다."

부대로 돌아온 그는 일본 중부군 예하 부대에 있던 한인 장병 1,200명을 인솔해 시모노세키에서 배를 타고 10월 초 부산항에 도착했고, 이어 화물열차를 타고 가족이 있는 대전 선화동으로 귀향했다. 훗날 그는 제9대 육군참모총장(중장)과 초대 합동참모회의 의장(대장)을 역임했다.

한편, 일본 중부의 부대에서 일본 패망을 맞은 김종오 견습사관은 진지공사 중이라 항복 방송을 직접 듣지 못했다. 작업을 마치고 부대에 복귀한 뒤, 일본군 연대장이 연대 장교들을 소집한 자리에서 천황이 종전을 선언했다는 말을 듣고서야 일본의 항복 사실을 알았다. 부대는 마치 초상집처럼 침통했고, 조선인 병력에 대한 분풀이가 있을지도 모른다는 두려운 분위기가 감돌았다.

이틀 뒤인 8월 17일, 부대 내 한국인 학병 16명에게 귀향 명령이 내려졌고, 6일분의 식량과 함께 월급이 지급되었다. 이들은 함께 귀국선을 타고 1945년 9월 5일 부산항에 도착했다. 당시 부산항 부두는 일본, 필리핀, 말레이시아, 베트남, 미얀마 등지에서 귀환하는 병사들과 이들을 마중 나온 사람들로 인산인해를 이루고 있었다. 김종오는 곧장 열차를 타고 고향인 충북 청원으로 귀향했다. 그는 훗날 제15대 육군참모총장(대장), 제6·7·8대 합참의장을 역임했다.

이종찬 일본군 소좌는 남태평양 뉴기니에서 해방을 맞았다. 미군의 공습과 보급 두절로 기아와 질병에 시달리던 그는, 현지의 한국인 장병 20명과 함께 천신만고 끝에 1946년 6월 15일 인천항에 도착했다. 정부수립 후 대령으로 특별 임관되었고, 제6대 육군참모총장과 제8대 국방부장관을 지냈다.

  일제강점기 동안 일본 육사 졸업자, 지원병, 징병, 학병 등을 통해 일본군에 입대한 한국인은 약 23만 명에 이른다. 이 외에도 약 15만 명이 군속(군무원)으로 일본군에 종사하였다. 일본군에 복무했던 23만 명 가운데 광복 후 남한으로 귀환한 인원이 정확히 얼마인지 확인하기 어렵지만, 많은 수가 일본의 침략전쟁에 희생되었고, 살아남은 이들 중 약 10여만 명이 남한으로 돌아온 것으로 추정된다.

남한으로 귀환한 만주군 출신들

  백선엽 만주군 중위는 1945년 8월 15일, 지린(吉林)역에서 일본 천황의 항복 방송을 들었다. 그는 그곳에서 소련군 선발대에게 무장 해제를 당했다. 당시 소련군 부대에 통역으로 있던 한 한국인이 그에게 말했다.

  "조선은 독립한다. 하여튼 빨리 돌아가라. 여기서 두리번거리고 있으면 시베리아로 끌려간다."

  이 말을 들은 백선엽은 옌지(延吉)에 거주하던 어머니와 아내를 먼저 열차에 태워 평양으로 떠나보낸 뒤, 민간인 복장으로 갈아입고 철로를 따라 부지런히 걸어 두만강을 건넜다. 이어 동해안을 따라 이동해 원산에 도착한 그는, 기차를 타고 평양으로 향했다.

  당시 북한 지역에는 이미 소련 군정이 실시되고 있었고, 소련 당국은 김일성을 조선공산당 책임비서로 임명하며 공산정권 수립에 착수

'김일성 장군 환영 평양 시민대회'에 참석한 김일성(앞줄 오른쪽)과 북한 주둔 소련군 사령관 이반 치스타코프 대장(뒷줄 오른쪽)(출처: 국사편찬위원회)

한 상태였다. 이에 백선엽은 김백일, 최남근과 함께 38선을 넘어 남쪽으로 향했고, 1945년 12월 29일 개성에서 기차를 타고 서울역에 도착했다.

이후 세 사람은 군사영어학교를 거쳐 정식으로 임관하였으며, 백선엽은 제7대와 제10대 육군참모총장(중장), 제4대 합참의장(대장)을 역임한 뒤 전역했다.

정일권 만주군 상위(대위)가 일본 천황의 항복 방송을 들은 것은 만주군 육군대학에서 교육을 받던 중이었다. 일본이 패망하자 만주는 순식간에 무법천지로 변했고, 중국인 약탈자들이 들끓었으며 소련군의 행패도 극심했다.

이러한 혼란 속에서 만주군에 복무하던 한국인 장병들은 교민 보호를 위해 신징(新京, 오늘날의 창춘)에 '보안사령부'를 설치하고, 정일권이 사령관, 이한림이 부사령관을 맡았다. 신징보안사령부는 교포들의 생명과 재산 보호를 최우선 임무로 삼았으며, 귀국을 원하는 이들의 수송을 알선하는 일도 맡았다.

그러던 중 정일권 단장이 이유도 듣지 못한 채 소련군에 체포되어 시베리아로 끌려가는 사태가 벌어졌다. 그는 시베리아행 열차 안에서 탈출한 뒤, 농부로 위장하고 하얼빈에서 열차를 타 신의주를 거쳐 평양으로 빠져나왔다. 이후 개성에서 38선을 넘어 서울에 도착했다. 그는 훗날 제5대와 제8대 육군참모총장(중장), 제2대 합참의장(대장)을 역임했다.

정일권 단장이 연행된 후, 이한림 부단장은 기차를 타고 단동까지 이동한 뒤, 뗏목을 이용해 압록강을 건너 신의주에 도착했다. 다시 기차를 타고 평양에 도착한 그는, 거리 곳곳에 스탈린과 김일성의 초상화가 나란히 걸려 있고 붉은 완장을 찬 사람들이 바쁘게 오가는 모습을 목격했다. 이한림은 고향인 함경남도 안변으로 가족을 찾으러 갔으나 만나지 못했고, 남쪽으로 내려와 월남했다. 그러나 서울에서도 가족을 찾지 못하자, 1946년 2월 초순 다시 월북했다. 결국 평양 근교에서 어머니와 여동생을 만났으나, 어머니의 권유로 다시 남하하여 월남했다. 육군사관학교 교장을 거쳐 제1군 사령관으로 재직하던 중, 박정희 소장이 주도한 5·16군사정변에 반대해 강제 전역당했다.

한편, 만주군 철석부대에 복무하던 신현준 상위, 박정희 중위, 이주일 중위는 만리장성 북쪽의 산악지대인 반벽산(半壁山)에서 중국 공산당 팔로군과 교전 중 일본의 항복 소식을 들었다. 당시 가장 빠른 귀국 경로는 펑톈(奉天, 오늘날의 선양)을 거쳐 압록강을 건너는 길이었지만, 만주로 진격해 오는 소련군의 존재가 마음에 걸렸다.

이들은 귀국 방법을 논의한 끝에, 선편으로 돌아오는 것이 가장 안전하다고 보고 기차로 베이징에 도착했다. 그곳에서 일본군과 만주군 출신 약 200명을 모아 1개 대대를 편성하였으며, 신현준이 대대장, 이주일이 제1중대장, 박정희가 제2중대장, 윤영구가 제3중대장을 맡았다. 윤영구는 일본군 학병 출신 소위였다. 박정희가 '광복군 출신'으로 불린 것은 이때 잠시 이 부대에 속했던 사실에서 비롯되었다. 그러나 이 부대는 정식 광복군이 아니었으므로, 박정희가 광복군이었다는 주장은 사실과 다르다.

이들은 1946년 5월 8일, 미 해군 수송선을 타고 부산항에 도착했다. 신현준은 해안경비대에 입대하여 훗날 초대 해병대사령관(해병 중장)이 되었고, 박정희는 5·16군사정변을 일으켜 정권을 잡은 뒤 제5대부터 제9대까지 16년간 대통령으로 재임했다. 이주일은 정부수립 이후 육군사관학교 제7기 특별반으로 임관하여, 박정희가 최고회의 의장으로 있을 때 최고회의 부의장을 역임했고, 대장으로 예편했다.

한편, 만주군 군의관이었던 원용덕 중교(중령)는 1945년 10월 하순, 만주국 수도 신징을 떠나 평양을 거쳐 38선을 넘어 서울로 귀환했다. 그가 38선을 넘을 당시, 소련군 경비병이 총을 들고 길을 막았다.

"어디로 가는 것이냐?"

"우리는 만주와 중국에서 독립운동을 하며 일본군과 싸운 사람들입니다. 이제 해방이 되어 고향으로 돌아가는 길입니다. 나는 당신들

길 위에 그어진 38선과 그 북쪽의 모습(1947년 6월 25일 촬영)(출처: 국사편찬위원회)

의 위대한 스탈린 원수도 잘 알고 있습니다. 부디 우리의 길을 막지 말아 주십시오."

원용덕의 유창한 러시아어에 소련군 장교는 말없이 길을 열어주었다.

38선을 넘자 이번에는 남쪽의 미군 경비병이 길을 막았다. 이에 원용덕은 미군 지휘관에게 전화를 걸어 유창한 영어로 상황을 설명했다. 지휘관은 방역 문제로 하룻밤만 개성 시내에 머물러 달라고 요청했다. 이튿날, 미군 대위 한 명이 원용덕을 찾아왔는데, 우연히도 군의관이었다. 같은 군의관이라는 공통점 덕분에 모든 문제가 즉시 해결되었다. 개성에서 열차에 오를 때, 그 미군 군의관은 서울에서 다시 만나자고 인사를 건넸다.

원용덕 일행은 1945년 11월 2일 오후, 수색역에 도착했다. 그리고 11월 13일, 미군정청이 국방사령부를 창설한 날, 원용덕은 미군정청 군사국 차장 리머 아고(Reamer W. Ago) 대령의 초청을 받아 군사국 203호실을 방문했다. 이 만남을 계기로 그는 이응준과 함께 군사영어학교 개교와 경비대 창설에 깊이 관여하였다. 훗날 그는 헌병총사령(중장)까지 지냈다.

만주군 출신 중 해방 후 국군에 입대한 인원이 정확히 얼마나 되는지는 확인할 수 있는 기록이 없다. 다만, 장창국 장군은 『육사 졸업생』에서 만주군 장교나 사병 출신 중 8·15 광복 이후 남한으로 귀국한 이가 약 120명 가량이며 이들 대부분이 국군 장교가 되었고, 그중 41명이 장성으로 진급했다고 밝히고 있다. 따라서 현재로서는 이를 따를 수밖에 없다.

사설 군사단체 설립

광복 후 귀향하거나 귀국한 군사 경력자들은, 과도기 사회질서 유지와 치안 확보, 정부수립 및 국군 창설의 초석 마련이라는 명분 아래, 과거의 군 경력과 인맥을 중심으로 사설 군사단체를 조직하였다. 미군정이 파악한 이들 사설 군사단체는 총 14개 정도로, *Military Advisors in Korea: KMAG in Peace and War*에 그 내용이 언급되어 있다.[19] 대표적인 단체로는 조선임시군사위원회, 학병동맹, 학병단, 조선국군준비대, 광복군국내지대, 육해공군출신동지회 등을 들 수 있다.

이 가운데 조선임시군사위원회는 일본군 출신 인사들이 주도하여 결성한 사설 군사단체였다. 일본군 대좌 출신 이응준과 김석원이 각각 위원장과 부위원장으로 추대되었으나, 이응준은 사실상 이름만 올렸고, 김석원 또한 시기상조라는 판단 아래 실질적인 활동에는 참여하지 않고 시국의 흐름을 지켜보고 있었다. 이에 따라 단체 운영은 젊은 학병 출신 간부들이 주도하였다.

학병 출신들은 치안대총사령부를 설치하고, 일본 경찰로부터 경찰서를 인수하는 등의 활동을 벌였다. 그러나 그 과정에서 일본 경찰과 총격전이 발생했고, 그로 인해 미군 군사경찰(헌병)에 의해 무장 해제를 당했다. 이후 학병 출신들이 대거 이탈하여 별도의 조직인 학병동맹을 결성하면서 조선임시군사위원회는 사실상 유명무실해졌다.

학병동맹은 일본군 학병 출신들로 구성된 사설 군사단체로, 일본군 상등병 출신의 왕익권이 위원장을, 오장(병장) 출신의 이춘영이 부위원장을 맡았다. 왕익권은 도쿄제국대학 법학부 출신이며, 이춘영은 경성법학전문학교 출신이었다. 학병 출신 대다수가 이 단체에 가입하여 상당한 규모를 형성하였다.

학병동맹은 '제국주의 세력 타도', '신조선 건설', '과도기 치안 유지', '국군 창설 노력' 등을 강령으로 내세우며 출범했다. 하지만 간부

---

19   Sawyer, Samuel P., ed. by Walter G. Hermes, *Military Advisors in Korea: KMAG in Peace and War*, U.S. Department of the Army Office of Military History (1988) p.11.

들 다수가 노골적인 좌익 성향으로 기울면서, 민족주의 성향의 학병들이 조직을 탈퇴해 학병단을 따로 결성하였다. 학병단이 결성되자, 기존의 학병동맹에 가입했던 학병들 대부분이 새로 조직된 학병단으로 옮겨갔다. 학병단에서 열성적으로 활동한 인사들은 군사영어학교를 거쳐 장교로 임관하였고, 이후 창군 과정에 참여하게 되었다.

조선국군준비대는 일본군 출신 장병들이 조직한 귀환장병대와 귀환군인동맹이 통합되어 결성된 단체로, 여기에 일부 만주군 출신들도 합류했다. 총사령은 일본군 학병 상등병 출신의 이혁기, 부사령은 만주군 항공 중위 출신 박승환이 맡았다. 총사령 이혁기는 경성제국대학 영문과 재학 중 학병으로 징집되었으며, 부사령 박승환은 봉천군관학교 제7기로 입학하여 졸업 후 만주군 항공장교로 전과, 항공 교관으로 복무한 이력이 있다. 이혁기와 박승환은 이후 월북하였고, 박승환은 북한공군 창설에 참여했다가 후일 숙청되었다.

국군준비대는 초기에 정치색이 없었기 때문에, 많은 귀환 장병이 앞으로 국가의 간성이 되겠다는 뜻을 품고 자발적으로 모여들었다. 그 결과 전국적으로 6만여 명의 대원을 확보하며, 사설 군사단체 가운데 가장 규모가 크고 영향력 있는 조직으로 성장하였다. 국군준비대는 김원봉이 운영하던 조선국군학교를 흡수하였고, 일제강점기 일본군 지원병 훈련소(현재의 육군사관학교 부지)에 자체 훈련소를 설치하는 등 활발한 활동을 전개했다.

그러나 간부들 가운데 좌익 성향을 드러내는 이들이 나타나자, 우익 청년단체를 이끌던 김두한이 명동의 국군준비대 총사령부와 태릉 훈련소를 습격하면서 무장 충돌이 발생했다. 김두한은 청산리전투의 영웅 김좌진 장군의 아들로, 훗날 제3대 및 제6대 국회의원을 지냈다. 그의 일대기는 영화 〈장군의 아들〉로도 제작되었다.

광복군 국내지대는 앞서 서술했듯, 김구 주석으로부터 국내지대장으로 임명받은 오광선이 사령관을 맡았으며, 일본군이나 만주군 장교 출신들이 지대장과 중대장으로 참여하였다. 이후 사설 군사단체 해산 조치에 따라 광복청년회로 이름을 바꾸어 활동하였으며, 지청천 총사령이 대동청년단을 창단하자 여기에 합류하였다.

육해공군출신동지회는 사설 군사단체 해산 이후 조직된 단체로, 광복군 총사령을 지낸 지청천을 고문으로 추대하였고, 일본육사 출신 김석원과 안병범이 각각 회장과 부회장, 광복군 국내지대 사령관 출신 오광선이 훈련부장을 맡았다. 동지회는 미군정이 추진 중인 경비대가 일시적 경찰 예비조직일 뿐이며, 장차 대한민국 정부가 수립되면 정식 국군 창설이 필요할 것이라 보고, 이에 대비해 조직과 훈련을 시작했다. 당시 전국적으로 약 1만 5,000명의 회원을 확보할 정도로 영향력 있는 조직이었다.

그러나 경비대가 대한민국 정부수립과 동시에 곧바로 국군으로 전환된다는 사실이 확인되자, 동지회 간부들은 경비대에 입대하였고, 김석원 회장을 비롯한 중심 인사들은 육군사관학교를 통해 장교로 임관하였다.

미군정은 이들 사설 군사단체를 남한의 국방군 창설을 위한 인적 자원 확보 차원에서 일정 부분 묵인·용인하였으나 단체별로 군사적 배경과 정치적 성향이 달랐다. 이후 1945년 모스크바 3상 회의에서 신탁통치 결정이 발표되자, 이를 두고 찬반으로 갈라져 격렬한 대립을 벌였다. 결국 일부 지역에서 무력 충돌로까지 번지자, 미군정은 모든 사설 군사단체에 대해 해산 명령을 내렸다. 이에 따라 사설 군사단체에 소속되어 있던 사람들은 미군정이 창설한 국방경비대에 입대하였다.

그 외에도 해군 계열의 해사대, 항공 계열의 한국항공건설협회가 존재했으며, 이들 단체에 대한 설명은 이후 해군과 공군의 창설 과정에서 다루기로 한다.

2
국방경비대 창설, 건군 준비

일본의 항복과 미군정 시행

1945년 8월 6일, 미국은 일본 히로시마(廣島)에 원자폭탄을 투하했다. 이어 8월 8일, 소련은 일본에 선전포고하고, 일본이 점령하고 있던 만주와 한반도를 향해 대규모 공세를 개시했다. 다음 날인 8월 9일, 미국은 나가사키(長崎)에 두 번째 원자폭탄을 떨어뜨렸다.

8월 10일, 전쟁을 지속할 수 없다고 판단한 일본은 미국·영국·중국·소련 등 연합국 측에 포츠담선언을 수락한다는 항복 의사를 통보하였다. 일본의 항복 의사를 전달받은 미국은 8월 10일, 한반도에서 일본군의 항복을 누가, 어디에서 받을지를 규정하는 '일반명령 제1호'의 초안을 긴급히 작성했다. 초안에는 북위 38도선 이남은 미군이, 그 이북은 소련군이 일본군으로부터 항복을 받는다는 내용이 포함되어 있었다.

1945년 8월 15일, 일본 천황은 라디오 방송을 통해 일본의 항복을 확인하여 주었다. 그리고 9월 2일, 도쿄만에 정박한 미 해군 미주리(Missouri)호 함상에서는 연합군을 대표하는 더글러스 맥아더(Douglas MacArthur, 1880~1964) 태평양 미 육군 최고사령관과 일본 정부를 대표하는 시게미쓰 마모루(重光葵, 1887~1957) 외무대신 사이에 일본의 항복문서 조인식이 거행되었다. 시게미쓰는 1932년 상하이에서 열린 행사에 참석했다가 윤봉길 의사의 의거로 한쪽 다리를 잃었고, 이날 조인식에도 의족을 착용하고 지팡이를 짚은 채 참석하였다.

한편, 소련군은 일본 관동군을 궤멸시키고 만주를 점령한 데 이어, 8월 13일 청진에 상륙한 이후 8월 28일까지 북위 38도선 이북 지역을 거의 점령하였다. 소련의 신속한 진격에 비해, 맥아더 사령관은 8월 27일이 되어서야 오키나와에 주둔 중이던 제24군단장 존 리드 하지(John Reed Hodge, 1893~1963) 중장을 남한에 진주할 사령관으로 임명했다.

1945년 9월 7일, 맥아더는 북위 38도선 이남 지역을 미군이 점령하며, 이 지역과 주민에 대해 군정을 실시한다는 내용의 '포고 제1호'를 공포했다. 이 포고에는 군정 기간 영어를 공용어로 사용한다는 조항도 포함되어 있었다.

1945년 9월 9일, 미 제24군단(제6·7·40사단) 주력인 제7보병사단이 서울에 진주한 가운데, 조선총독부 청사에서 주한미군 사령관 하지 중장과 제7함대 사령관 토마스 킨케이드(Thomas C. Kinkaid, 1888~1972) 해군 중장이 아베 노부유키(阿倍信行, 1875~1953) 총독으로부터 항복문서를 받았다. 이날부터 남한에 미군정이 시행되었다.[20]

1945년 9월 9일 조선총독부 청사에서 열린 항복 서명식. 왼쪽부터 조선군관구 사령관 고즈키 요시오(上月良夫) 육군 중장, 아베 총독, 진해경비사령관 야마구치 기사부로(山口義三郞) 해군 중장(출처: 국사편찬위원회)

그러나 미군정이 마주한 한국의 상황은 녹록하지 않았다. 당시 미군정이 파악한 한국의 혼란상은 미국 육군사 편찬국에서 발간한 보고서에도 잘 드러나 있다.

"1910년, 일본이 한국을 병합한 이후 한국은 일본의 식민지가 되었고, 총독부 관료와 공직자, 그리고 경찰이 한 무리가 되어

---

20 미군정의 정확한 명칭은 '재조선미국육군사령부군정청(United States Army Military Government in Korea)'이다.

일본 유출을 위해 군산항에 쌓여 있는 쌀가마니들(출처: 국사편찬위원회)

한반도를 장악하고, 한국인의 중요한 활동 영역을 전면적이고도 완전하게 통제하였다. 일본어가 공식 언어가 되고 일본의 국가 종교인 신도(神道)가 장려되었다. 밀정과 경찰, 그리고 군대를 동원해 한국인의 정치활동을 철저히 억압하고, 민족운동의 싹을 초기에 그리고 무자비하게 진압하였다.

한국의 경제는 일본인이 필요로 하는 물품을 공급하기 위한 생산기지로 재조정되었다. 그 결과 한국은 일본인의 주식인 쌀을 공급하기 위한 경작지가 되고, 천연자원은 일본인이 소유하고 경영하며, 공장과 기간 시설은 한국 수탈을 촉진하고 일제의 전쟁 기구를 지원하는 수단으로 건설되었다.

일본 강점기 한국인은 정치계와 경제계 그리고 군대의 요직에 진출하는 것을 철저히 억제당했다. 정부·기업·군대의 요직에 진출한 한국인은 극소수에 불과했고, 한국인은 이들을 일제의 부역자로 간주했다. 따라서 일본 패망 후, 친일하지 않은 훈련된 한국인 관료·기술자·군대 지도자들은 거의 찾아볼 수 없었다.

일본의 통치 아래서도 한국인들은 그들의 민족의식을 잃지 않았다. 특히 1919년 3·1운동 이후 대한민국임시정부가 이승만을 대통령으로 상하이에서 수립되어 어려운 고비가 많았으나 1945년까지 존속하였다. 그리고 국내외에 많은 독립운동 단체가 존속하였으나 분열되었고, 일본이 분열을 은근히 부추겼다. 그 결과 해방 직후 70여 개의 정치단체가 하루아침에 생겨나서 서로 한국을 이끌겠다고 나서 정치적 혼란을 초래하였다.

따라서 미군이 남한에 상륙했을 때 한국인들은 준비되지 않은 채 자치 정부 수립과 조속한 독립을 기대했다. 게다가 일본 경제와의 연결이 끊긴 한국 경제는 새로운 시장이 형성되고, 일본인이 아닌 한국인을 위한 경제 체제로 전환하기까지는 거의 파산 상태에 있었다. 또한 일본이 전쟁 말기에 화폐를 남발하여 인플레이션 상태에 있었다.

남북 사이에 경제 구조가 불균형을 이룬 데다가 남북이 소련군과 미군이 분할 점령하고, 정치적으로 분열된 집단이 남북에 등장하는 가운데 미군의 임무가 시작되었다."[21]

---

21 *Military Advisors in Korea: KMAG in Peace* 참고.

이처럼 극도로 불안정한 상황 속에서 미군정은 행정적 공백을 메우기 위해, 한시적으로 일본인 관리들의 유임을 결정할 수밖에 없었다. 하지만 이러한 조치는 곧바로 한국인의 거센 반발에 부딪혔다. 한국인들은 해방과 함께 일제의 통치가 완전히 끝나기를 기대했기 때문에, 일본인 관리의 유임은 절대 용납할 수 없는 일이었다.

한국인들로부터 강력한 항의에 직면하자, 하지 사령관은 아베 노부유키 총독을 포함한 일본인 국장들(장관급)을 즉시 해임했다. 그리고 제7보병사단장이던 아치볼드 빈센트 아널드(Archibald Vincent Arnold, 1889~1973) 소장을 군정장관에, 제24군단 헌병사령관 로렌스 에드워드 쉬크(Lawrence Edward Schick, 1897~1967) 준장을 경무국장에 각각 임명하였다.

군사영어학교 개설

경무국장 쉬크 준장이 가장 먼저 착수한 일은 남한의 치안을 담당할 경찰을 재조직하는 일이었다. 그 결과 1945년 10월 21일, 약 2만 5,000명 규모의 국립경찰이 창설되었으며, 이날은 오늘날까지 '경찰의 날'로 기념되고 있다.

국립경찰이 출범했지만, 이 정도의 인력으로는 남한 전역의 치안과 38선 경비를 동시에 감당하기에는 역부족이었다. 이에 쉬크 준장은 군정장관 아널드에게 남한에 국방군(National Defense Forces)을 창설하고, 미군정청 내에 국방 관련 부서를 설치할 것을 건의하였다. 당시 미군정이 인수한 조선총독부 기구에는 국방 부서가 존재하지 않았다.

쉬크 준장의 건의를 받아들인 아널드 장관은 국방군 창설위원회를 구성하고, 먼저 국방사령부를 설치하였다. 국방사령부에는 군사국과 경무국을 두었고, 군사국 산하에는 육군부와 해군부를 두도록 하였다. 이에 따라 기존에 독립된 정부기구로 존재하던 경무국은 국방사령부 예하 기관으로 편입되었다.

국방사령부 설치 이후, 아널드 장관은 쉬크 준장을 국방사령관으로, 경무국 차장인 아서 시모어 챔퍼니(Arthur Seymour Champeny, 1893~1979) 대령을 군사국장으로 임명하였다. 이후 국방사령부는 '국방부'로 명칭이 변경되었고, 다시 '국내치안부(통위부)'로 개편되었다.

한편, 국방군 창설계획을 연구하던 위원회는 1개 군단 규모의 육군을 12개월 내 창설한다는 계획을 마련하였다. 이 군단은 3개 보병사단과 1개 수송대, 2개 비행대, 그리고 지원부대로 구성되며, 병력은 약 45,000명으로 계획되었다. 또한 해군과 해안경비대는 5,000명 규모로 편성할 계획이었다.

이 계획안은 하지 사령관에게 보고되었고, 하지 사령관은 이를 도쿄의 맥아더 사령관에게 건의하였다. 그러나 맥아더는 남한 내 국방군 창설은 자신의 권한 밖이라며 워싱턴의 정책당국에 검토를 요청하였고, 대신 한국 경찰에게 미군의 무기와 장비를 제공하여 미군의 부담을 경감시키는 방안을 제안하였다.

남한의 국방군 창설 문제를 두고 미국 워싱턴의 국무·육군·해군 조정위원회(SWNCC, State-War-Navy Coordinating Committee)는 장기간 논의를 벌였지만, 뚜렷한 결론을 내리지 못하고 있었다. 이처럼 본국의 결정이 지연되는 가운데, 남한 주둔 미군 측에서는 향후 국방군 창설이 승인될 경우를 대비해 선제적 조처를 하고자 했다. 특히 언어 장벽 문제가 주요 장애로 떠오르자, 쉬크 국방사령관은 기초 군사 영어 교육기관의 설치를 추진하였다.

1945년 11월 20일, 아널드 군정장관은 군정청 회의실에 사설 군사단체 간부 120여 명을 초청해 국방군 창설과 관련된 설명회를 개최하였다. 이 자리에서 아널드는 남한에 군대를 창설하자면, 미군 장교들에 의해 미국 군대식 편성과 훈련이 필요하기에 미군과의 의사소통을 위해 군사영어학교를 설립할 계획이라고 밝혔다. 또한 군사 경험이 있는 인물 중 입교 희망자를 각 단체에서 추천해 줄 것도 당부하였다.

이어 군사국장 챔퍼니 대령이 구체적인 모집 계획을 설명했다. 그는 모집 정원을 약 60명으로 제한하며, 자격은 장교 출신으로 한정할 것이라고 하였다. 그리고 입학생 구성에 대해, 광복군 출신 20명, 일본군 출신 20명, 만주군 출신 20명으로 균등하게 선발하자고 제안하였고, 이에 대해 회의 참석자들은 별다른 이의를 제기하지 않았다.[22]

입학생 추천은 일본군 출신 이응준, 만주군 출신 원용덕, 경무국장 조병옥, 그리고 중국군 출신 조개옥이 각각 맡았다. 조병옥은 경찰 간부 중 장교 출신 인사 몇 명을 추천하였고, 조개옥은 광복군 출신 유해준과 중국군 출신 이성가 외에는 별다른 인사를 추천하지 않았다. 그 결과, 이응준과 원용덕이 추천한 일본군과 만주군 출신들이 주로 선발되었다.

22 　육군본부, 『창군전사』(1980), 304~305쪽.

1945년 12월 5일, 군사영어학교가 개교하며 1차로 60명이 입학했다. 별도의 건물이 없었던 당시 학교는 서대문구 냉천동 언덕 위에 위치한 미국 선교사들이 지은 감리교신학교 건물을 교사(校舍)로 사용하였다. 현재 이 자리는 감리교신학대학교가 자리 잡고 있다. 군사영어학교의 교장에는 군정청 법무장교였던 리스(L. W. Reese) 소령이 임명되었고, 통역관 겸 부교장으로는 만주군 출신 원용덕이 임명되었다. 그 외에도 미군 장교 3명과 한국인 교사 3명이 강사진으로 참여하여 교육을 담당하였다.

　군사영어학교가 개교한 지 20여 일이 지난 1945년 12월 28일, 모스크바 3국 외무장관 회담 결과가 발표되었다. 발표 내용 가운데 한국과 관련한 주요 결정 사항은 다음과 같았다. 첫째, 한국을 독립국가로 재건하기 위해 남한의 미군 사령부와 북한의 소련군 사령부 대표로 구성된 미소공동위원회를 설치하고, 이 위원회가 한국 내의 민주적 정당 및 사회단체와 협의하여 한국임시민주정부(provisional Korean democratic government) 수립을 위한 방안을 마련할 것. 둘째, 한국임시민주정부와 민주적 단체와의 협의를 통해 최대 5년간 미·영·소·중 4개국에 의한 신탁통치를 시행할 협정안을 작성하여 4개국의 검토를 받을 것 등이었다.

　그런데 이러한 결정이 국내에 전해지는 과정에서 문제가 발생했다. 남한 언론은 "소련은 신탁통치 주장, 미국은 즉시 독립 주장, 소련의 구실은 38선 분할점령"이라는 제목으로 보도했다. 그 결과 신탁통치 찬성은 친소 세력, 반대는 반소 세력으로 인식되며 좌우 대립으로 이어졌다. 그러나 실제로는 신탁통치를 제안한 쪽이 미국이었다.

제2차 세계대전 이후 미국은, 극동지역의 세력 균형이 중국의 장제스 정권, 만주에 진출한 소련, 그리고 일본을 점령 중인 미국 간의 삼각 구도로 유지될 것이라 예상했다. 특히 이들의 이해관계가 교차하는 한반도에서 특정 국가의 단독 지배를 막기 위해, 미국은 '신탁통치' 구상을 추진했고, 이를 모스크바 3국 외상회의 결정에 반영하였다.

신탁통치 반대 집회. '신탁통치 절대 반대!' '매국노 인민당 박멸!' 구호가 적힌 플래카드를 들고 있다(출처: 국사편찬위원회)

모스크바 회담 결과가 발표되자, 워싱턴의 3부 정책조정위원회(SWNCC)는 미소공동위원회가 한국임시민주정부 수립 방안을 마련할 때까지 미군정의 국방군 창설계획을 잠정 중단하기로 결정하였다. 이에 따라 군사영어학교도 당초 국방군 장교 양성에서 군사 분야 통역관 양성으로 그 목적을 전환하였다.

군사영어학교에는 정해진 교육 기간도, 졸업식도 없었다. 미군정청은 성적이 우수한 학생부터 수시로 임관시켰으며, 군사영어학교를 거치지 않고 국방경비대에 입대한 뒤 추천을 받아 현지에서 임관한 경우도 있었다.

복장 규정 또한 따로 없었다. 미군정청은 교육 동안 평복 착용을 권장했지만, 마땅한 옷이 없는 이들은 과거 일본군이나 만주군 시절 입던 장교복을 그대로 입고 다녔다. 신사복 상의에 승마바지와 가죽 장화를 착용한 경우도 있었고, 계급장만 떼어낸 일본 해군 장교복을 입은 학생도 있었다.

1946년 2월 27일, 군사영어학교는 냉천동에서 오늘날 육군사관학교가 있는 태릉 국방경비대 제1연대 부지로 이전하였다. 이와 함께 개별 통학 방식에서 단체 합숙 체제로 전환되었고, 이 무렵 학생 20여 명이 경찰과 미군정청 통역관으로 임용되었다.

국방경비대 창설

모스크바 3국 외상회의 결과를 기다리던 중, 주한미군사령관 하지 중장은 국방사령관으로 새로 임명된 챔퍼니 준장에게 현실적인 대안을 마련하라고 지시했다. 그는 워싱턴에서 정규군 창설계획이 승인될 가능성이 낮다고 판단하고, 2만 5,000명 규모의 '경찰예비대(Constabulary)' 창설 방안을 마련하라고 지시하였다. 이것이 바로 '뱀부 계획(Bamboo Plan)'이다.

미군정이 구상한 경찰예비대란, 평시에는 각 지역에 주둔하며 경찰의 임무를 보조하고, 유사시에는 군사작전을 수행할 수 있는 준군사조직을 뜻했다. 미군은 이를 '경찰예비대'라고 불렀으나, 우리 측 인사들은 군대적 성격을 강조하고자 처음에는 '국방경비대', 이후에는 소련의 항의를 받고 '국방'이란 용어를 뺀 '경비대'라 불렀다.

하지 사령관의 예상대로, 워싱턴의 정책조정위원회(SWNCC)는 미소공동위원회가 한국 임시정부 수립 방안을 논의할 때까지 정규군 창설을 보류하도록 합동참모회의에 통보하였다. 이후 합참은 하지의 경비대 창설 제안인 뱀부 계획을 승인하고, 이를 맥아더 사령부에 전달하였다.

뱀부 계획이 승인되자, 미군정은 제주도를 제외한 남한 8개 도에 각각 1개 연대씩 국방경비대를 편성하고, 장교는 군사영어학교 졸업자 중에서 충원하도록 하였다. 이후 1946년 8월 1일 제주도가 전라남도에서 분리되어 도(道)로 승격됨에 따라 제9연대가 제주에 창설되어, 1차로 총 9개 연대가 편성되었다.

1946년 1월 14일, 냉천동 군사영어학교 내에 경비대 모병소가 설치되었다. 경찰과 사설 군사단체에 모집 요강을 전달하고, 팸플릿 배포, 라디오 방송, 신문 광고 등을 통해 적극적인 홍보가 이루어졌다. 그 결과 서울 지역에는 예상을 뛰어넘는 수많은 지원자가 몰렸다.

1946년 1월 15일, 서울 태릉의 옛 일본군 지원병훈련소 터(오늘날의 육군사관학교 자리)에서 미군정 소속 남조선국방경비대 제1연대 제1대대 A중대가 창설되었다. 초대 중대장은 채병덕 정위(현재의 대위 계급)였다.

국방경비대 제1연대가 창설되던 날, 군사영어학교에 적을 두고 있던 학생 24명이 장교로 임관되어 창설 연대에 배치되었다. 임관 순서에 따라 군번과 계급이 부여되었으며, 계급은 개인의 과거 군 경력을 고려해 정위(대위), 부위(중위), 참위(소위)로 나뉘었다. 군번 1번부터

경비대 제1연대 간부 사진. 뒤편 건물에 '조선경비제일연대'라는 글씨가 쓰여 있다(출처: 대한민국역사박물관). 이 건물은 일제가 지원병훈련소 본부로 사용한 것으로 1970년대 말까지 육군사관학교 본관으로 사용되었다.

5번까지는 모두 정위로 임관하였다. 이 가운데 군번 4번 장석륜을 제외한 네 명은 훗날 대한민국 육군의 최고위직에까지 올랐다. 그만큼 장교 임관 서열은 영향력이 컸다.

군번 1번 이형근은 일본육사 제56기 출신으로 일본군 포병 대위까지 지냈으며, 해방 후에는 대한민국 육군사관학교 초대 교장, 제9대 육군참모총장(중장), 초대 합동참모의장(대장)을 역임하였다. 그는 자신의 자서전 제목을 『군번 1번 외길 인생』이라 지었을 만큼, 이 '1번 군번'에 대한 자부심이 컸다.

군번 2번 채병덕은 일본육사 제49기 출신으로 일본군 병기 소좌

(소령)였다. 제2대 육군참모총장에 이어 제4대 육군참모총장을 지냈으며, 6·25전쟁 발발 직후 작전 지휘 실패로 해임된 뒤 하동 전투에서 전사하였다.

군번 3번 유재흥은 일본육사 제56기 출신으로 일본군 대위를 지냈고, 이후 합참의장(중장)과 국방부 장관을 역임했다.

군번 4번 장석륜은 일본육사 제27기를 졸업하고 일본군 중위 및 만주군 중교(중령)를 거쳐 대한민국 육군 대령으로 전역하였다.

군번 5번 정일권은 만주 봉천군관학교 제5기와 일본육사 제55기를 졸업한 만주군 상위(대위) 출신으로, 제5대 및 제8대 육군참모총장과 제2대 합동참모의장(대장)을 지냈다.

경비대 제1연대의 제1대대 편성에는 군사영어학교 출신 장교 24명이 배치되었다. 경비대 창설이 본격화되면서 장교 수요가 계속 증가했다. 이에 통역관 양성을 목적으로 한 임시 교육기관인 군사영어학교는 1946년 4월 30일, 110명의 장교를 배출한 후 문을 닫았다. 대신 정식 장교 양성기관인 남조선국방경비사관학교가 개교했다.

남조선국방경비사관학교 설립

1946년 5월 1일, 태릉에 남조선국방경비사관학교가 창설되었다. 이날이 사관학교 개교일이다. 제1기 입학식을 겸한 개교식에는 초대 교장 이형근 참령, 부교장 장창국 참위, 미군 고문관, 그리고 88명의 신입생이 참석하였다. 비록 조촐한 시작이었지만, 그날의 의미에 대해 당시 부교장이던 장창국 장군은 훗날 저서 『육사 졸업생』에서 이렇게 회고했다.

"어쨌든 이날은 1909년 '한국무관학교'가 일제에 의해 강제로 폐쇄된 이후 37년 만에 우리나라가 정식 사관학교를 갖게 된 날이다."[23]

이는 1909년 대한제국 무관학교가 일제에 의해 강제로 폐쇄된 지 37년 만에, 이 땅에 다시 정식 사관학교가 문을 열었다는 의미이다.

우리나라 최초의 근대적 사관학교는 1888년 설립된 연무공원(鍊武公院)이다. 미국 웨스트포인트 육군사관학교(1802), 프랑스 생시르(1802), 영국 샌드허스트(1802), 독일 전쟁학교(1810)에 비해 80여 년 늦게, 그리고 일본 육군사관학교(1868)보다 20년, 중국 톈진의 무비학당(武備學堂, 1885)보다는 3년 뒤처진 출발이었다.

연무공원의 교육은 초기에 미국 퇴역장교 윌리엄 M. 다이(William M. Dye)를 포함한 4명이 맡았다. 다이 장군은 미 육군사관학교(웨스트포인트) 출신으로 수석 교관을 맡았으며, 일부 교관은 재정 문제로 곧 해임되었다. 연무공원은 1888년 개설된 이후 조선 최초의 근대식 사관학교로 기능했으나, 1894년 갑오개혁 무렵 폐지되었다.

이후 1895년 4월, 일본식 군사제도를 도입하려는 흐름 속에서 훈련대사관양성소가 설치되었다. 이는 훈련대에 필요한 장교를 양성할 목적으로 한 교육기관이었으나, 같은 해 명성왕후 시해사건에 훈련대가 관여한 것이 드러나면서 훈련대는 폐지되었고, 양성소는 1896년 1월 '무관학교'로 개편되었다.

---

[23] 장창국, 『육사졸업생』(중앙일보, 1984), 8쪽.

그 뒤로 신입생 100여 명이 선발되었고, 교육은 연무공원과 양성소 출신 교관들이 맡다가 아관파천 이후 러시아 군사고문단이 도착하면서 러시아식 군사훈련이 도입되었다. 이런 혼란 속에서 무관학교는 제1회 졸업생 19명을 배출한 뒤 문을 닫았다. 이들 가운데 널리 알려진 인물로는, 1907년 8월 1일 군대해산에 항의해 자결한 박승환 참령과 임시정부 군무총장과 국무총리를 역임한 이동휘가 있다.

이후 대한제국이 출범한 이듬해인 1898년 7월, 대한제국 무관학교가 신입생 200명으로 문을 열었다. 자주독립을 지키기 위한 군사 인재 양성이라는 시대적 열망 속에서 출범한 이 학교는 총 487명의 장교를 배출하였다. 그러나 1909년, 일제의 강압으로 재학 중이던 1·2학년 무관생도 45명을 남겨둔 채 폐교되었고, 이들은 훗날 '마지막 무관생도'로 불렸다.

대한제국 무관학교 폐지 이후에도 그 정신을 이어받은 무관학교들이 해외 각지에서 등장했다. 대표적인 예로는 만주의 신흥무관학교, 북로군정서 사관연성소, 상하이의 임시정부 육군무관학교를 들 수 있다.

신흥무관학교는 1911년 6월 서간도에 설립되어, 1920년 8월 폐교될 때까지 3,500여 명의 독립군 인재를 길러냈다. 이 학교의 설립자, 교관, 졸업생들은 청산리 전투를 비롯한 각종 항일무장투쟁에 참여하였으며, 일부는 훗날 대한민국임시정부와 광복군에도 가담하였다.

북로군정서 사관연성소는 1920년 4월에 개설되어, 그해 9월 제1회 졸업생 298명을 배출한 후 폐쇄되었다. 이 교육기관의 소장은 북로군정서 총사령관 김좌진이 직접 맡았으며, 교관진은 대부분 신흥무관학

경비사관학교 정문과 본부 건물. 아치 간판 밑에는 'Korean Constabulary Center'(조선경비대 훈련소)라고 쓰여 있고, 정문 우측 기둥에는 '조선경비제일연대'라는 간판이 걸려 있다(출처: 『육군사관학교 30년사』)

교 출신이었다. 졸업생들은 '연성대'로 편성되어 청산리 독립전쟁에 참전하였다.

임시정부 육군무관학교는 1920년 1월 20일 상하이에서 개교식을 열고 본격적인 교육에 들어갔다. 이 학교는 제1기 18명, 제2기 24명 등 총 42명의 졸업생을 배출하였으며, 같은 해 말 교육 활동을 마무리하고 문을 닫았다.

1946년 5월 1일 태릉에서 개교한 남조선국방경비사관학교는 이후 대한민국 육군사관학교로 학교 이름이 정식으로 바뀌었으며, 6·25전쟁 발발 전까지 제1기부터 제9기까지 총 4,776명의 졸업생을 배출하였다. 이들은 창군과 건군의 주축으로 활동했고, 대한민국 정부수립 전후의 혼란기에는 각종 소요 사태 진압과 무장공비 토벌작전에서 활약하였다. 또한 북한 인민유격대의 침투와 38선 일대에서 벌어진 북한군의 무력도발을 저지하는 데 중요한 역할을 했다. 6·25전쟁에서는 졸업생 1,352명이 전사하거나 실종되었다. 이는 졸업생 4명 가운데 1명이 조국을 지키기 위해 희생된 셈이다.

전쟁 발발 당시 재학 중이던 생도1기(후일 육사 제10기로 개칭)와 생도2기는 1950년 6월 25일 당일 포천 방면으로 긴급 출동하여 적을 저지했고, 이후 한강 방어선 전투에도 참전하였다. 생도 1기 263명 중 109명, 생도2기 333명 중 134명이 전사하거나 실종되는 큰 희생을 치렀다.

3. 경비대의 한국화

계급 호칭, 계급장, 복장

오늘날 우리가 사용하는 계급 호칭이 처음으로 도입된 시기는 갑오개혁 때였다. 그런데 이때 계급 호칭에는 병 계급 호칭이 없는 등 불완전하여 대한제국 시기에 이를 보완하였고, 광복군은 대한제국 계급 호칭을 중국군과 혼동을 피하고자 부사관 계급 호칭에 붙은 '교(校)' 자 대신 '사(士)' 자를 붙여 오늘날까지 사용되고 있다.

경비대 창설 준비 과정에서 계급 호칭을 대한제국 군대 계급 호칭을 계승하자는 의견, 새로 만들자는 의견, 일본군 계급 호칭을 사용하자는 의견 등이 나왔으나, 논의 끝에 대한제국 계급 호칭을 사용하기로 하였다. 이때의 계급 호칭은 아래와 같다.

- (장군) 정장 부장 참장

- (영관) 정령 부령 참령
- (위관) 정위 부위 참위
- (부사관) 대특무정교 특무정교 정교 특무부교 부교 참교
- (병) 일등병 이등병

이 계급 호칭은 대한제국 군대의 계급체계와 약간 다른 점은 있으나 대체로 일치한다. 그런데 막상 대한제국식 호칭을 사용하다 보니, 일본군 계급 호칭에 익숙해져 있던 일본군 출신 장교들 사이에서 개정을 주장하는 목소리가 나왔고, 시행 1년도 되지 않은 1946년 12월 1일, 계급 호칭이 전면 개정되었다. 변경된 경비대 계급 호칭은 다음과 같다.

- (장군) 대장 중장 소장 준장
- (영관) 대령 중령 소령
- (위관) 대위 중위 소위 준위
- (부사관) 1등상사 2등상사 1등중사 2등중사 하사
- (병) 2등병 1등병

계급은 본래 상위 계급자가 유고할 경우, 그 직무를 대신할 서열을 정하는 기능을 가진다. 서양 군대의 경우 '루테넌트(lieutenant)'라는 호칭은 바로 이 서열 개념에서 비롯된 것으로, 중위와 소위는 대위가, 중령은 대령이, 중장은 대장이 유고 시 그 자리를 대신한다는 개념이다. 우리말의 '부중대장', '부대대장' 등에서 사용되는 '부(副)'에 해당

경비대 초창기 장교 계급장. 위쪽은 참령, 아래쪽 오른쪽부터 참위, 부위, 정위 계급장(출처: 『국방사: 1945.8-1950.6』)

한다.

예를 들어 대위가 유고할 경우 중위가 먼저 그 직무를 대행하고, 중위가 부재할 때 소위가 그 자리를 맡는 순서로 정해져 있다. 이러한 맥락에서 미국 육군에서는 중위를 '퍼스트 루테넌트(first lieutenant)', 소위를 '세컨드 루테넌트(second lieutenant)'라고 부른다.

대한제국의 계급 호칭은 이러한 계급의 서열과 대행 구조를 반영하여 정위·부위·참위, 정령·부령·참령 등으로 체계화되어 있었으며, 이는 계급의 기능에 충실한 호칭 체계였다. 이후 이를 일본 군대식 계급 호칭으로 변경하면서, 오직 계급의 높고 낮음만을 의미하는 호칭으로 변질하였다.

계급 호칭과 함께 계급장도 새로 만들었다. 그러나 준비할 시간도 없었고, 마땅한 아이디어도 없어 임시방편으로 경찰 모자의 턱걸이 귀 단추에 새겨진 무궁화 문양을 장교 계급장으로 사용하기로 하였다. 오늘날 경찰 간부 계급장과 유사한 형태였다. 무궁화 하나는 참위, 둘은 부위, 셋은 정위, 넷은 참령으로 정하였다. 부사관과 병의 계급장은 미 육군 계급장을 거꾸로 하고, 곡선을 직선으로 바꾸어 V자형으로 만들었다.

이후 국방사령부 군사국의 해리 비숍(Harry D. Bishop) 대령이 미군 준위 계급장을 모방하여 장교 계급장을 새로 디자인하였다. 철제 직사각형 위에 위관은 은색 직사각형을, 영관은 태극형을 부착하는 방식이었다.

경비대의 복장은 초창기 미군이 일본군으로부터 노획한 일본군 군복을 착용하되, 모표만은 우리 것으로 제정하여 부착하는 형태였다. 실제로 외형상은 일본군과 거의 구분이 어려웠으며, 우이동까지 행군 훈련을 나간 경비사관 후보생들을 보고 주변 주민들이 '일본군이 다시 왔나?' 놀랐다는 웃지 못할 일화도 전해진다.

경비대 복장, 장교(왼쪽), 사병(오른쪽)(출처: 『육군복제사』)

이후 경비대는 군복을 자체 제작하거나 개조해 입기 시작했다. 장교는 잠바 상의를 기본으로 하고, 하의는 승마복 형태로 개조해 착용했으며, 군화는 가죽 장화를 사용했다. 모자는 미군 정모 양식을 도입하고, 모표에는 무궁화 안에 태극 문양을 수로 새겼다. 부사관과 사병 역시 장교와 유사한 군복을 입었으나, 군화는 반장화에 각반을 착용하는 형태였고, 모표는 같은 디자인이지만 철재로 제작되었다.

초창기 해안경비대는 장교 계급 호칭은 경비대와 같았으나, 부사관과 병의 계급 호칭은 다음처럼 달랐다.

- (부사관) 견습사관 병조장 상등병조 2등병조
- (병) 일등수병 2등수병 견습수병

이들은 경비대 복장이 미군 복장으로 바뀐 뒤에도 한동안 일본 해군 군복을 계속 착용하였다.

훈련과 우리 말 구령의 제정

경비대 창설 초기의 훈련은 대부분 일본군 출신 장교들을 중심으로 일본 군대식으로 이루어졌다. 훈련 교범이 존재하지 않아 통일된 훈련이 어려웠다. 이를 바로잡기 위해 미군 장교와 부사관들이 먼저 한국인 장교들을 대상으로 미국 군대식 훈련을 한 다음, 이들 한국인 장교들이 대원들을 훈련하도록 하였다. 그러나 언어 소통의 어려움으로 인해 계획대로 진행되기 쉽지 않았다.

이 문제를 해결하고자, 군사영어학교 출신 장교들을 육사에 소집해 미국 군대식 훈련을 익히도록 하였으며, 이들을 통해 경비대 전체의 훈련 방식이 미국식으로 통일되었다. 하지만 훈련의 핵심인 구령을 한국어로 새롭게 마련하는 과제는 여전히 남아 있었다.

대한제국 시기에 최초로 일부 구령이 우리말로 제정된 전례가 있다. 이 가운데 몇 가지 사례를 들면 다음과 같다(왼쪽은 당시 대한제국 구령, 오른쪽은 현대 구령).

대한제국 구령	현대 구령
우(좌)로 나라니	우(좌)로 나란히
바루	바로
우향우(좌향좌)	우향우(좌향좌)
앞흐로 가	앞으로 갓
뒤로 가	뒤로 갓
분대 서	분대 서
구보로 가	뛰어 갓
평보로 가	바른걸음으로 갓
억ㄱ 총	어깨 총
셰워 총	세워 총
밧드러 총	받들어 총
탄환 장여	탄환 장진
탄환 빼어	탄환 제거
셔셔 견양 총 사격	서서 쏴
꾸러 견양 총 사격	무릎 쏴
사격 긋쳐	사격 중지

한편, '차렷'과 '쉬어' 구령은 일본 군대식 한자 표현인 '기착(氣着)', '휴식(休息)'을 그대로 차용하였다. 또한 소총 부품 명칭 역시 일본군 용어가 상당 부분 유지되었다. 이러한 실태는 광복 이후 '우리말 구

령'과 '군사용어'를 새로 정비해야 한다는 필요성이 제기되었다.

이 과정에서 군 내 의견과 한글학회 학자들의 자문을 바탕으로 구령과 군사용어가 정비되었다. 예를 들어, '차렷'은 예령과 동령 사이의 시간 차가 없다는 지적을 반영하여 '중대~차렷!'처럼 부대 단위 구호를 넣는 방식으로 바뀌었다. 또한 '오른쪽', '왼쪽' 구령은 멀리서 들으면 구별이 어렵다는 이유로 '우향우', '좌향좌' 등 한자어 구성이 유지되었다. 소총 각 부품의 명칭인 '가늠자', '노리쇠', '방아쇠', '개머리판' 등은 한글 학자들의 자문으로 우리말 이름이 정해졌다.

다른 군사용어 역시 여전히 일본식 표현을 따르는 경우가 많았다. 현재 사용하는 '사관학교'라는 명칭도 일본식이며, 우리식 표현은 '무관학교'가 맞다. 황푸군관학교가 이전한 타이완은 지금도 '군관학교'라는 명칭을 쓰고 있으며, 북한에서도 같은 표현을 사용한다.

임시정부 군무부장 출신 미군정청 통위부장

1946년 3월 29일, 미군정청은 기존 조선총독부 체제의 명칭인 '국(局)'을 '부(部)'로 변경하고, '국방사령부'를 '국방부'로 명칭을 바꾸었다. 아울러 국방사령부 산하의 경무국도 '경무부'로 승격·독립시켰다. 국방부 아래에는 군무국을 설치하고, 그 하위에 육군부와 해군부를 두는 체계를 유지하였다.

그러나 같은 해 3월 20일부터 서울에서 개최된 제1차 미소공동위원회에 참석한 소련 대표단은 미군정의 '국방부' 설치에 강하게 항의하였다. 미소공동위원회에서 한반도 전체의 통일 임시정부 수립을 논의 중인데, 미군정청이 국방부를 설치한 것은 남한의 단독 정부수립과 북한 공격을 염두에 둔 조치가 아니냐는 것이었다.

이에 미소공동위원회의 원만한 운영을 바랐던 하지 사령관은 '국방부'를 '국내치안부'로 개칭하고, 군사국을 폐지하였다. 이 결정에 따라 '남조선국방경비대'와 '남조선국방경비사관학교'의 명칭도 각각 '조선경비대'와 '조선경비사관학교'로 변경되었다.

반면 한국 측에서는 '국방'의 의미를 유지하고자 국내치안부를 '통위부(統衛部)'로 부르기 시작했다. '통위부'란 명칭은 구한말 삼군영 중 하나였던 '통위영(統衛營)'에서 유래한 것이다.

그해 9월, 미군정장관 아처 러치(Archer L. Lerch)는 군정장관을 제외한 군정청의 주요 부서장에 한국인을 임명하고, 미군 간부들은 고문 역할로 물러나게 했다. 이는 지난 1년간 한국인들이 미군의 감독 없이도 직무를 수행할 역량을 갖췄다고 판단했기 때문이며, 궁극적으로는 미군 철수에 대비한 조치였다. 러치 장관의 이른바 '한국화' 방침에 따라 '남조선과도입법의원'도 설치되어 한국인들이 스스로 법령을 제정할 수 있도록 하였다.

미군정청의 고위직에 한국인을 임명한다는 방침에 따라, 통위부장(사실상 국방장관)과 경비대총사령관(육군참모총장 격)을 누구로 임명할지는 매우 신중한 사안이었다. 당시 경비대 창설을 실무적으로 주도하던 미군 고문관들은 일본육사 출신들과 학병 출신을 선호하였다. 일본육사 출신들은 군사교육과 실전 경험이 풍부했으며, 학병 출신들은 젊고 학력이 높은 데다 영어를 구사할 수 있어 미 고문관들과 소통이 원활했기 때문이다.

그러나 경비대의 상징적인 지위에까지 일본군 출신 인물을 임명하는 것은 정치적으로 상당한 부담이 따랐을 것이다. 한국은 불과 얼마 전까지 일제의 가혹한 식민 통치를 겪었고, 이에 따른 반일감정과 군과 경찰에 대한 불신이 여전히 깊게 남아 있었다. 미군정 역시 이러한 분위기를 무시할 수는 없었을 것이다.

통위부장 선임과 관련하여 하지 중장은 먼저 이범석 장군을 염두에 두었다. 중국전구 미군사령관 웨드마이어 중장으로부터 "이범석이야말로 훗날 한국의 국방부 장관이 될 인물"이라는 말을 들었기 때문이었다. 하지 중장은 자신의 전용기 편에 라일 버나드(Lyle W. Bernard) 대령을 중국에 파견하여 이범석에게 통위부장(당시에는 국방사령관에 해당) 직을 제안했으나, 이범석은 이를 고사했다.

이후 하지 중장은 통위부장 인선 문제를 미군정청 군사 고문이던 이응준에게 맡겼다. 이응준은 임시정부 군무부장과 참모총장을 지낸 유동열이 통위부장에 적합하다고 생각했다. 유동열은 이응준의 장인 이갑과 일본 육군사관학교 동기였고, 과거 이응준이 이갑의 집에 기거할 당시에도 서로 잘 알고 지내던 사이였다. 이응준은 유동열을 직접 찾아가 통위부장을 맡아 달라고 간청하였다. 당시 그의 설득은 다음과 같이 전해진다.

"어르신네께서 앞으로 우리나라의 간성이 될 군대의 상징이 되어 주셔야만 군의 자세가 바로 설 것이라는 소견입니다. 임시정부 요인 여러분들께서 말씀하시는 법통(法統)을 우리나라 군대로 하여금 계승케 하기 위해서 하실 수 있는 모든 일을 해주시는 것이 하나의 숭고한 사명이라고 생각해 주셔야겠습니다. 어르신네께서 임시정부의 참모총장이시며 앞으로 이 나라에 세워질 군대의 지주 즉 정신이 되셔야 할 사명을 아울러 지니신 것입니다."[24]

임시정부 참모총장을 지낸 유동열이 통위부장을 맡아야 군대의 정통성이 확보되고, 군의 정신적 지주로 자리매김할 수 있다는 판단이었다. 그러나 통위부장직

유동열 통위부장(출처: 『국방사: 1945.8~1950.6』

을 제안받은 유동열이 가장 깊이 고민한 부분은 임시정부 동지들의 설득이었다. 그의 예감대로 강한 반발이 이어졌다.

"우리들의 존재 가치를 부정한 미국 놈들의 앞잡이가 되겠다는 말입니까?"

"경비대는 미군의 용병이나 다름없는데, 그런 용병대장을 맡을 수 있단 말입니까?"

유동열은 동지들의 항의를 모두 들은 뒤, 조용히 자신의 견해를 밝혔다.

"지금 이 시점에서 굴욕감이 없지는 않지만, 명분만을 따지다 보면 광복군의 법통을 계승할 기회를 완전히 놓칠 수 있습니다. 언젠가 우

---

24   고정훈, 『비록(祕錄) 군(상)』, 194~195쪽.

통위부 간부들(출처: 『국방사: 1945.8-1950.6』). 유동열 통위부장(앞줄 중앙 신사복 차림)을 기준으로, 왼쪽으로 이형근, 원용덕, 채원개(광복군)가 있고, 오른쪽으로 송호성(광복군), 이응준, 정일권이 있다. 이 사진 가운데는 훗날 육군참모총장에 오른 이응준, 정일권, 이형근, 최영희, 최경록, 김종오 등 6명이 있다.

리 정부가 세워질 그날을 대비해, 지금 경비대를 통해 터전을 닦아두는 것이 현명하다고 판단했습니다. 저는 그 길을 택하겠습니다."

결국 김구 주석도 "광복군 출신을 경비대에 다수 포진시키는 것이 전략적으로 현명하다"라는 의견을 밝힘으로써, 유동열은 1946년 9월, 미군이 임시로 맡고 있던 통위부장직에 공식 취임하였다.

통위부 간부들(출처: 『국방사: 1945.8-1950.6』). 유동열 통위부장(앞줄 중앙 신사복 차림)을 기준으로 왼쪽으로 이형근, 원용덕, 채원개(광복군)가 있고, 오른쪽으로 송호성(광복군), 이응준, 정일권이 있다. 이 사진 가운데는 훗날 육군참모총장에 오른 이응준, 정일권, 이형근, 최영희, 최경록, 김종오 등 6명이 있다.

이렇게 하여 임시정부의 군무부장을 역임한 유동열이 미군정청의 통위부장을 맡게 되었으며, 군무부장과 통위부장은 모두 오늘날의 국방부장관에 해당한다.

광복군 출신 경비대총사령관

유동열이 통위부장에 취임한 뒤, 이번에는 광복군 출신 송호성 중령이 경비대총사령관에 임명되었다. 경비대총사령관은 오늘날의 육군참모총장에 해당하는 직책이다. 송호성의 임명을 두고, 그간에는 유동열 통위부장의 결정에 따른 것으로 알려져 왔다. 그러나 당시 경비대총사령부 고문관이던 제임스 하우스만(James H. Hausman)은 자신의 회고록 『한국 대통령을 움직인 미군 대위』에서 이 통설을 반박했다. 그의 증언에 따르면, 미군정청은 애초에 민간 신분이던 김석원(일본육사 27기, 전 일본군 대좌)을 경비대총사령관 후보로 지목하고 면담까지 진행했다. 그 자리에서 미군 측은 김석원에게 경비사관학교에 입교하여 장교로 임관할 것을 권유했으나, 김석원이 이를 거절했고, 그 결과 송호성이 발탁되었다는 것이다.

그러나 송호성이 총사령관으로 기용된 배경에는 또 다른 해석이 존재한다. 당시 경비대 내 고위직 상당수가 일본군 출신으로 채워지자, 일각에서는 비판 여론이 거세게 일었다. 이러한 정서를 의식한 미군정청이 애초 일본군 출신을 등용하려던 방침을 철회하고, 광복군 출신 인물로 방향을 선회했다는 해석이다. 실제로 일본육사 출신인

주한미군 사령관 하지 중장 환송식(1948.8.26)에 참석한
송호성 준장(오른쪽)(출처: 국사편찬위원회)

이형근 참령이 당시 총사령관 '대리'로 이미 재직 중이었기에, 같은 배경을 가진 김석원까지 임명하는 것은 여론의 반발을 더욱 키울 수 있었다. 이 같은 맥락에서 송호성의 임명은 미군정청의 정책적 전환으로 읽힌다.

송호성은 미군정의 권유에 따라 육군사관학교 제2기에 편입하였고, 재학 중 참령으로 특별 임관하여 전라북도 이리의 제3연대장에 임명되었다. 2개월 후, 그는 한국인으로서는 최초로 경비대총사령관(중령)에 취임하였다.

통위부장과 경비대총사령관 자리에 모두 한국인이 임명되자, 그간 경비대를 통솔하던 미군 지휘관들은 공식적으로 '고문' 직책으로 물러났다. 당시 미군 고문관들에게는 지휘가 아닌 조언만을 수행하도록 지침이 내려졌다.

1947년 3월 1일, 송호성은 해안경비대 총사령관 손원일과 함께 과도입법의원의 인준을 받아 준장으로 진급했다. 이어 같은 해 5월부터 10월까지 약 6개월간 제4대 육군사관학교 교장직도 겸임하였다.

대한민국 정부수립 직후인 1948년 9월 5일, 조선경비대는 대한민국 육군으로, 경비대총사령부는 육군총사령부로 각각 개편되었으며, 이에 따라 송호성은 초대 육군총사령관으로 임명되었다. 그해 10월, 여수·순천 14연대 반란 사건(여순사건)이 발생하자, 송호성은 반란군 진압을 위해 편성된 전투사령부의 사령관으로 임명되어 작전을 지휘했다. 그러나 반란 사태에 대한 책임을 지고 육군총사령관직에서 해임되었다. 후임으로는 이응준 대령이 임명되었다.

이후 국군조직법이 제정되면서 국방부에는 참모총장, 육군본부에는 총참모장 직제가 신설되었고, 이에 따라 이응준 대령은 육군총참모장이 되었다. 이응준 장군을 초대 육군참모총장으로 호칭하게 된 것은 이런 배경 때문이다.

1948년 12월 10일, 송호성은 김홍일, 이응준, 채병덕, 손원일과 함께 대한민국 육군 준장으로 진급했다. 그러나 약 2개월 뒤, 김홍일·이응준·채병덕·손원일은 소장으로 각각 진급한 데 반해, 송호성은 유일하게 소장 진급에서 제외되었다.

이후 송호성 준장은 국방부 호국군사령부 사령관과 제5사단 초대 사단장을 지낸 뒤, 6·25전쟁 직전에는 지프차도, 부관도 없이 청년방위대 고문단장이라는 사실상 한직에 임명되었다. 전쟁이 발발해 북한군이 서울을 점령하자 그는 철수하지 않고 서울에 남아 있다가, 1950년 9월 28일 국군의 서울 수복 과정에서 북한군에 의해 납북되었다.

4

해군창설 준비

해방병단 창설

우리나라 근대 해군의 연원은 갑오개혁으로 거슬러 올라간다. 갑오개혁 첫해인 1894년 음력 6월, 정부조직이 개편되면서 병조는 군무아문으로 개칭되었고, 그 산하에 해군국(海軍局)이 설치되었다. 그러나 이듬해 군무아문이 군부로 개편되면서 해군국은 폐지되었다. 이어 3도 수군통제영과 각 수영(水營)도 차례로 해체되었고, 소속 군인들은 모두 해산되었다. 이로써 조선의 수군(水軍)은 사실상 소멸하게 되었다.

대한제국 출범을 전후하여, 독립협회는 근대 국가로서 육·해군 체제를 갖추어야 한다며 해군창설을 주장했다. 이후 해군창설이 다시 추진된 것은 대한제국이 수립된 이듬해인 1898년 7월, 고종 황제가 육군 10개 대대 증설 계획을 발표하고, 군부에 해군창설을 준비하라고 지시하면서부터다. 그러나 함정을 확보하는 데 시간이 걸리면서, 본격적인 해군창설은 지연되었다.

1903년 4월, 일본에서 군함 한 척을 매입하여 도입한 것이 '양무호(揚武號)'로, 이는 우리나라 최초의 근대적 군함이었다. 양무호 도입에 맞춰, 일본 상선학교를 졸업한 당시 26세의 신순성이 함장으로 임명되었고, 승무원 72명이 급히 선발되어 배치되었다. 신순성은 갑오개혁 당시 일본 유학생으로 파견되어 도쿄상선학교를 수료한 인물로, 우리나라 최초의 상선 사관으로 평가된다.

양무호 도입 1년 뒤 두 번째 군함인 '광제호(光濟號)'가 도입되었다. 본래 광제호는 연안 경비정으로 활용할 계획이었으나, 인수 직후 1905년 을사늑약 체결과 함께 일제에 의해 강제 징발되어 세관 감시선으로 전용되었다. 양무호 역시 러일전쟁 당시 일본 해군에 의해 징발되어 군수물자와 석탄을 수송하는 수송선으로 전락하고 말았다. 결국, 대한제국의 근대 해군창설 시도는 함정을 확보하고도 일제의 강압과 외교적 굴욕 속에 좌절되고 말았다.

일제강점기 동안 우리나라 젊은이들 가운데 약 2만 2,000명이 지원병 또는 징병의 명목으로 일본 해군에 복무한 것으로 알려져 있다. 그러나 이들 중 광복 후 남한으로 귀환한 인원이 얼마나 되는지는 정확히 알 수 없으며, 그 수는 많지 않았던 것으로 보인다. 이러한 사정으로 인해 대한민국 해군 내 일본 해군 출신 인력은 많지 않았으며, 대신 상선 사관 경력자나 진해해원양성소(한국해양대학교의 전신) 출신들이 중심이 되어 조직한 해사대(海事隊)가 해군창설의 구심점이 되었다. 진해해원양성소는 일제강점기 동안 총 141명의 해양 사관을 배출했고, 그중 40명이 대한민국 해군에 입대했다.

해사대는 1945년 8월 23일, 손원일, 정긍모, 김영철, 민병증, 한갑수 등이 주도해 조직한 사설 군사단체였다. 손원일은 상선 사관으로 항해술을 익혔고, 정긍모는 일본에서 해양인 양성학교를 졸업한 뒤 일본 선박회사에서 기관사로 일한 경력이 있었다. 나머지 세 사람은 모두 진해해원양성소 출신으로 바로 대한민국 해군창설의 선구자라 할 수 있다.

해사대 출범 직후 손원일은, 일제강점기 선원 복지 및 관리 업무를 맡았던 '조선해사보국단'의 선원계장이었던 석은태(후에 해군 대령으로 전역)와 협의해 해사대와 해사보국단을 통합하고, 새 단체의 이름을 '조선해사협회'로 정하였다. 회장은 손원일, 부회장은 석은태가 맡았다.

손원일은 다시 미군정청 운수국 해사과장인 칼스텐(Carsten) 육군 소령과 협의하여, 연안 경비, 밀수 단속, 조난선 구조 등의 임무를 수행할 해안경비대를 창설하기로 합의하였다. 이리하여 1945년 11월 11일, 창설 요원 70여 명으로 구성된 한국해방병단(海防兵團, Korean Coast Guard)이 공식 출범하였다. 이날은 훗날 대한민국 해군창설일로 기념된다. 해방병단의 간부진은 단장인 손원일을 포함하여 해사대와 해사협회 출신 요원들로 구성되었다. 서울에서 창설 결단식을 마친 해방병단은 즉시 진해로 이동하였다. 진해는 일제강점기 일본 해군의 주요 군항으로 활용되었던 곳이다.

1946년 1월 14일, 군정법령 제42호가 공포되면서, 미군정청 운수국 해사과의 해안경비 업무가 국방사령부로 이관되었고, 해방병단은 국방사령부 예하 조직으로 편입되었다. 다음 날인 1월 15일, 진해 군항에는 해방병단 총사령부가 설치되었고, 손원일 참령이 총사령관으로 임명되었다. 이날은 육군의 '국방경비대 제1연대'가 창설된 날이기도 하다.

해방병단은 출범했지만, 운용할 수 있는 함정은 한 척도 없는 상태였다. 마치 비행기 없는 공군과도 같은 상황이었다. 진해에는 일제 패망 직후 작은 선박 52척이 있었으나, 남한에 진주한 미군이 이 선박들로 일본인들을 송환한 뒤 모두 일본으로 보내졌다. 그 결과 진해에는 일제가 버리고 간 고장 난 소함정이나 침몰 선박 몇 척만이 남아 있었다. 해방병단은 이를 활용하기 위해 진해 조함창(造艦廠)을 설립하고, 이들 함정을 수리해 운용하기로 하였다.

일제강점기 진해에는 2,000여 명의 기술자를 보유한 대규모 일본 해군 선박수리 공장이 있었다. 그러나 일제가 패망하면서 주요 설비를 반출하거나 고의로 파괴했기 때문에 공장의 기능은 사실상 마비되었다. 여기에 해방 후의 혼란기에 기계 일부가 도난당했고, 미군정이 남아 있던 기계까지 민간인에게 매각함으로써 결국 공장에는 건물만 남게 되었다.

손원일 해방병단 단장은 이 선박수리 공장을 해군 재건의 거점으로 삼고자 인수하였으며, 장호근 부위(후일 해군 준장으로 전역)를 조함창장으로 임명하여 공장 재건 작업을 본격적으로 시작하였다. 그 결과, 민간 출신 선박수리 기술자들을 고용해 일본군이 버리고 간 고장 난 선박들을 수리할 수 있었고, 100톤급 보트 1척과 스팀선 2척을 복원하여 운항에 성공하였다.

해안경비대로 개칭

　1946년 6월 15일, 해방병단은 군정법령 제86호에 따라 '해안경비대'로 개칭되었고, 육군의 경비대와 함께 미군정청 통위부 산하에 편입되었다. 총사령관은 손원일 참령이 계속 맡았다.

　해안경비대의 주요 임무는 해안 및 도시 경비에 있었으나, 점차 직무 범위가 확대됨에 따라 조직 개편과 병력 증강이 요구되었다. 이러한 상황 속에서, 1946년 9월 1일, 미 해안경비대에서 파견된 조지 매캐비(George E. Mecabe) 대령을 수석 고문으로 하는 16명의 고문단이 한국에 도착했다. 이들의 주선으로 해안경비대는 미군으로부터 상륙정(LCI) 2척을 인도받았다.

　이 상륙정은 다소 노후한 군함이었으나, 해안경비대가 보유한 최초의 군함으로서 의미가 컸다. 하지만 함정 2척을 부산에서 진해로 인수해 오기 위해 파견된 20여 명의 장병은 운항 경험이 부족해 직접 항해하지 못했고, 대신 미 해군이 진해까지 인도하였다. 진해에 도착한 함정 2척은 조함창에서 정비된 후, 각각 '서울호'와 '진주정'으로 명명되었다.

　서울호의 초대 함장은 이희정 병조장이 맡았으며, 병조장은 오늘날 상사나 원사급에 해당하는 부사관 계급이다. 이후 서울호는 미 해군의 주선으로 인수한 일본 해군 소해정 4척을 진해까지 운항해 온 일본 해군 80여 명을 태우고 자력으로 부산까지 항해함으로써 해안경비대의 해상 운항 능력을 입증한 상징적 사례가 되었다.

　1948년 1월까지 해안경비대가 미군으로부터 인수한 함정은 모두

충무공정 진수식(1947.2.7)(출처: 해군본부)

36척으로, 이 가운데는 LCI 6척, 유조선(YO-1) 1척, 일본제 소해정(JMS) 11척, 미국제 소해정(AMS) 18척이 포함되어 있었다.

1946년 10월 1일, 조선해안경비대 총사령부는 서울로 이전되었으며, 진해에는 특설기지사령부가 설치되었다. 특설기지사령관으로는 김성삼 부위(해군 소장 전역)가 임명되었다. 이후 해안경비대는 1946년에는 진해·인천·목포·묵호에, 1947년에는 군산·포항·부산에 각각 기지를 설치하였다.

1947년 2월, 우리 기술진이 처음으로 완성한 충무공정(PG-313)의 명명식이 거행되었다. 이 선박은 원래 일본 해군이 비행기 구조정으로 건조하다가 중단된 것을 인수하여, 우리 기술진이 마무리한 것이었다. 충무공정은 이후 한국 해역을 침범하는 일본 어선과 밀수선을 단속하는 임무를 비롯해 해안경비대의 기함 역할도 수행했다.

같은 해 8월, 해안경비대는 미 제7함대로부터 38선 이남 해상 경비 임무를 인계받으면서 부산항과 여수항에 각각 제1·제2특무정대를 설치했다. 이로써 해안경비대는 7개 기지와 2개 특무정대, 약 3천 명의 병력, 그리고 40여 척의 대소 함정을 보유하게 되었으며, 이는 훗날 대한민국 해군으로 전환될 조직의 기반이 되었다.

해군사관학교 개교

1946년 1월 17일, 조선해방병단 사령부는 진해에 해군병학교(海軍兵學校)를 설립하고 사관후보생 교육을 시작하였다. 이날이 해군사관학교의 개교기념일이다. 초대 교장은 손원일 참령이었으나, 같은 해 6월 해방병단이 해안경비대로 개편되면서 총사령관으로 임명되어 학교를 떠났다.

'해군병학교'라는 명칭은 일본 해군사관학교의 교명을 따른 것이었다. 이는 일본 육군사관학교가 창설 초기에 '육군병학교'로 출발했다가 곧 육군사관학교로 교명을 바꾼 전례와도 같은 맥락이었다.

해군사관학교의 뿌리는 1893년 강화도에 설립된 수사해방학당까지 거슬러 올라간다. 이 학당은 '통제영학당'이라 불렸으며, 육군사관학교의 효시인 연무공원보다 5년 늦게 세워졌다. 두 학교 모두 청나라 양무운동의 영향으로, 톈진에 세운 수사학당과 무비학당을 본떠 설립되었다. 연무공원은 미국 육군 퇴역 장교를, 수사해방학당은 영국 해군 퇴역 장교를 교관으로 초빙했다.

수사해방학당은 1893년 9월 사관 30명과 수병 300명을 모집해 영어교육부터 시작했다. 이듬해 4월 영국 해군 장교 출신 콜웰(W. H. Callwell) 대위와 커티스(J. W. Curtis) 하사가 부임했으나, 청일전쟁 발발과 갑오개혁의 여파로 해군총제영과 함께 폐지되었다. 이로써 졸업생을 배출하지 못한 채 문을 닫았으며, 현재 인천시 강화군 강화읍 갑곶리 1061번지 옛터가 '통제영학당지'로 지정되어 있다.

대한제국 시기에는 육군 무관학교가 설립되어 500여 명의 장교를 배출했지만, 해군 장교 양성기관은 끝내 설치되지 못했다. 해군창설 시도가 있었으나 이미 늦은 시점이었다.

1946년 6월 해방병단이 해안경비대로 개칭되자, 해군병학교도 해안경비대사관학교로 교명이 변경되었다. 이후에도 해안경비대학·해사대학·해군대학으로 교명이 바뀌었고, 1949년 1월 최종적으로 '해군사관학교'가 되었다. 창설 당시 학교는 일본 해군 항무부 자리에서 출발해, 1947년 1월 일제강점기 진해해원양성소가 있던 곳으로 이전했고, 1948년 옥포만으로 옮겨 현재에 이르고 있다.

해군사관학교의 교훈은 창설 초기부터 "진리를 구하자(求眞), 허위를 버리자(去僞), 희생하자(犧牲)"였다. 교가는 이은상(李殷相)이 작사하고, 초대 교장 손원일 제독의 부인 홍은혜(洪恩惠) 여사가 작곡하였다. 1946년 2월 8일 제1기생 113명이 입교해, 1947년 2월 7일 61명이 졸업과 함께 해군 장교로 임관했다. 이후 6·25전쟁 발발 전까지 3기 총 163명의 졸업생을 배출했다.

한편, 해군사관학교 외에도 특별교육대 과정을 통해 415명의 해군·해병 장교를 양성했고, 해병간부후보생 과정을 거쳐 71명의 해병 장교를 배출하였다.

5

공군 창설 준비

임시정부 비행대 설치 계획과 공군설계위원회

대한민국 공군이 육군에서 독립해 정식 군종으로 창설된 것은 1949년 10월 1일이다. 그러나 그 뿌리는 1919년 임시정부 수립 시기로 거슬러 올라간다. 1919년 11월 5일 공포된 대한민국임시관제 군무부 조직에서 육군국과 해군국에 각각 비행대 관련 사무를 담당하는 부서를 둔 것이 공군 창설 구상의 시작이었다.

1920년 초 상하이의 임시정부에서는 안창호 노동국총판 주도로, 국내외에 선전물을 배포하고 각지의 독립운동 단체·교민 사회와 신속히 연락하기 위한 수단으로 항공기 구매를 추진했다. 그러나 항속거리가 짧고, 구매 자금을 확보하지 못해 계획은 실현되지 못했다.

앞에서도 언급했듯이, 같은 해 7월 군무총장 노백린의 주도로 미국 캘리포니아 윌로스(Willows)에 '한인 비행사양성소'를 세워 독립전쟁에 대비한 비행사 양성을 시작했으나, 재정난으로 2년 만인 1922년 폐쇄되었다.

이후 임시정부가 비행대 창설을 다시 추진한 것은 1935년 10월 1일이었다. 당시 김구 주석이 중국 국민당 정부에 비행기를 구매해 공군을 창설하겠다는 뜻을 전했고, 중국 측은 원칙적으로 찬성하면서도 비행사 훈련, 법률 제정, 경비 확보를 선결 조건으로 요구했다. 그러나 1937년 중일전쟁 발발과 함께 임시정부가 피란길에 오르면서 이 계획은 중단되었다.

세 번째 시도는 1943년 8월, 임시정부가 군무부 직할로 공군설계위원회를 설치하면서 이뤄졌다. 중국 공군 장교로 복무하던 최용덕이 중국 육군대학을 졸업하고 광복군 총사령부 총무처장으로 부임한 뒤, 독립전쟁 수행에 공군이 필요하다고 판단해 이를 추진한 것이다.

위원회는 군무부장이 주임, 최용덕이 부주임을 맡아 실질적으로 운영했다. 위원은 윤기섭·최용덕·김철남·이영무·김진일·권기옥·이상정·권일주 등 8명으로 구성되었다. 윤기섭은 군무차장이었고, 최용덕·김철남·이영무·김진일·권기옥은 모두 중국 공군 장교 출신이었다. 김철남은 황푸군관학교 1기 졸업생으로 중국 군사위원회 방공담당관을 지냈고, 김진일은 광둥항공학교 1기 졸업 후 황푸군관학교 3기를 거쳐 중국 항공대에서 복무했다. 이상정은 권기옥의 남편으로 중국 육군참모학교 교관이었으며, 권일주는 임시정부 정보요원이었다.

최용덕은 1920년 중국 바오딩항공학교에서 비행교육을 받은 뒤 중국 공군 장교로 복무했고, 이영무와 권기옥은 1925년 중국 윈난항공학교 1기 졸업 후 중국 항공부대에서 근무했다. 광복 후 최용덕과 이영무는 '공군 창설 7인의 간부'로서 대한민국 공군 창설을 주도했다.

권기옥은 우리나라 최초의 여성 비행사로, 1932년 상하이 사변 당시 일본군의 침공에 맞서 출격해 공을 세워 중국 정부로부터 훈장을 받았다. 이후 임시정부 산하 한국애국부인회를 재건하고 공군설계위원회 활동에도 참여했다. 광복 후 대한민국 정부로부터 건국훈장 독립장을 받았으며, 사후 국립서울현충원 애국지사 묘역에 안장되었다.

공군설계위원회의 활동은 실제 공군 창설로 이어지지 못했다. 당시 광복군이 연합군과의 합동작전에 전력을 기울이고 있었기 때문이다. 그러나 임시정부가 그토록 염원했던 공군 창설은 광복 이후 마침내 결실을 맺었다.

항공기지사령부 창설

8·15광복 직후, 과거 항공 분야에 종사했던 자들이 사설 군사단체인 조선항공대(뒤에 조선항공협회로 개칭)와 국군항공준비대를 조직하였다. 그러나 미군정의 사설 군사단체 해산 명령에 따라 두 단체는 해체되었고, 이후 구성원들은 이해관계와 연고에 따라 소규모 단체를 새로 만들어 활동을 이어갔다.

1946년 7월, 중국 국민군 항공 장교 출신 최용덕·이영무·권기옥 등이 귀국하자, 기존 항공 단체들이 통합되어 한국항공건설협회가 창설되었다. 회장에는 최용덕, 부회장에는 이영무가 추대되었다. 협회는 통위부장 유동열과 통위부 미군 고문관 터릴 프라이스(Terrill E. Price)를 상대로 비행부대 창설을 건의하고 교섭했으나 끝내 성사되지 못했다.

1948년 들어 남한의 단독정부 수립과 미군 철수가 가시화되자, 미군은 남한 지형 특성상 연락기 운용이 필요하다고 판단해 항공부대 창설에 긍정적인 태도를 보였다. 이에 4월 1일, 최용덕·이영무·장덕창·박범집·김정렬·이근석·김영환 등 '공군 창설 7인의 간부'가 수색에 있는 육군보병학교에 입교하였다. 최용덕과 이영무는 중국 항공장교, 장덕창은 일본 민간항공 조종사, 박범집·김정렬·이근석은 일본 육군항공대 출신, 김영환은 학병 출신이었다.

최용덕은 정부수립 후 초대 국방부차관, 제3대 공군사관학교장, 제2대 공군참모총장을 지냈다. 이영무는 초대 비행단장을 역임했으나 6·25전쟁 초기에 실종되었다. 장덕창은 일본 민간 비행학교를 졸업하고 비행사 면허를 취득했으며, 총 9,820시간의 비행 경력을 가진 베테랑으로 제4대 공군참모총장을 지냈다. 박범집은 일본 육사 제52기 졸업생으로, 일본군 소좌를 지낸 항공 분야 최선임 장교였다. 그는 1950년 함흥 상공에서 전사해 공군 소장에 추서되었다.

김정렬은 일본 육사 제54기 출신으로 일본 육군항공대 대위를 지냈으며, 초대 및 제3대 공군참모총장을 역임한 뒤 국방부장관, 주미대사, 국회의원, 국무총리 등을 지냈다. 이근석은 일본 소년비행학교와 육군비행학교를 수료한 일본 육군항공대 준위 출신으로, 6·25전쟁 초기 안양 상공에서 전사해 공군 준장에 추서되었다. 김영환은 김정렬의 친동생으로 군사영어학교를 거쳐 경비대 장교로 복무하다가 공군 창설에 참여했으며, 공군 조종사의 상징인 '빨간 마후라'의 주인공으로 알려졌다. 1954년 비행기 추락 사고로 순직해 공군 준장에 추서되었다.

공군 최초의 비행기 L-4 연습기(출처: 국가유산청)

예비 항공인 7명은 육군보병학교에서 1개월 동안 기초 훈련을 받은 뒤 육군사관학교에 입교해 2주간 교육을 받고, 1948년 5월 15일 육군 소위로 임관했다. 그들이 육사 교육을 받던 5월 5일, 경기도 수색의 조선경비대 제1여단사령부에서 항공기지부대가 창설되었다. 소위로 임관한 7명은 창설 요원으로 배치되었고, 제1기 항공병 78명이 보충되었다. 부대는 곧 항공기지사령부로 개편되어 수색에서 김포로 이전했고, 초대 사령관에는 광복군 출신 최용덕이 임명되었다. 정부수립 직후인 9월 1일, 항공기지사령부는 김포 비행장으로 재이전하였다.

김포 비행장은 일본이 중국 침략과 태평양전쟁 수행을 위해 동양 최대 규모의 비행장을 목표로 1941년 말 착공해 1942년 초 1차 공사를 마친 뒤, 활주로 확장과 비행기 대피소·방공진지 구축을 1945년 패전 직전까지 계속하였다. 일제 패망 후에는 미군이 접수해 군용비행장으로 사용하였다.

항공기지사령부는 1948년 9월 4일 미군 철수 부대로부터 L-4 연락기 10대를 처음 인수하였다. 이어 9월 13일에는 육군항공사령부로 개편하고, 산하에 비행부대(여의도 기지)와 항공기지부대(김포 기지)를 각각 설치하였다. 이후 L-5 연락기 10대를 추가로 인수했으며, 미군으로부터 여의도 비행장까지 넘겨받아 독자적인 비행기지를 확보하게 되었다.

공군사관학교 설립

1948년 12월 1일 국군조직법이 발효됨에 따라 항공기지사령부는 육군항공기지사령부로 개칭되었다. 이듬해 1월 14일, 육군항공사령부 예하에 육군항공사관학교가 김포비행장에서 창설되었고, 초대 교장에는 일본 육군항공대 대위를 지낸 김정렬 중령이 임명되었다.

항공사관학교는 1949년 3월 15일, 우선 일본 소년비행병 출신과 민간항공 경력자 45명을 소집해 1개월간 단기 교육을 시행한 뒤 항공 장교로 임관시켰다. 이들을 '제1차 소집학생'이라 하여 정규 졸업생과 구분하였다. 이어 제1기 사관생도 97명을 모집해 6월 10일 입교식을 거행했다. 개교기념일은 처음에는 제1차 소집학생이 입학한 3월 15일이었으나, 1973년부터 제1기 사관생도의 입학일인 6월 10일로 변경되었다.

1949년 10월 1일, 항공사령부가 육군에서 독립해 공군으로 창설되자, 육군항공사관학교도 공군사관학교로 교명을 변경했다. 공군 창설과 함께 김정렬 교장이 공군참모총장(대리)으로 임명되었으며, 후임

교장에는 일본 소년비행병 출신의 이근식이 취임하였다.

　제1기 사관생도 교육과 병행해, 공사는 경리·정보·헌병 등 공군 특수병과 장교 202명을 양성하여 '2차 소집학생'으로 임관시켰다.

　6·25전쟁 한 달 전인 1950년 5월 14일, 당시 국방부차관이던 최용덕이 준장으로 임관해 제3대 교장에 부임했다. 전쟁이 발발하자 그는 김포지구 경비사령관으로 전출되었고, 학교 교직원과 사관생도들은 수원으로 이동한 뒤 대전·대구·제주 모슬포를 거쳐 1951년 5월 1일 진해로 이전했다. 이후 육군사관학교도 진해에서 4년제로 재편해 재개교하면서, 진해에는 육·해·공군사관학교가 공존하게 되었다.

　전쟁 기간에도 공군사관학교는 교육을 중단하지 않고 통신장교 153명과 각 병과 장교 1,000여 명을 배출했다. 육사가 휴교한 것과 달리, 공사는 제1기 사관생도 교육을 계속 이어갔다. 1951년 8월 5일에는 제1기 사관생도 졸업식이 거행되었으며, 입학 후 2년 이상 교육을 받은 이들은 정예 조종사로 성장했다. 졸업생 83명 중 24명이 장군으로 진출했고, 이 가운데 윤자중과 김희근이 공군참모총장을 역임했다.

6

경비대의 국군편입

한국 문제의 유엔 이관

1945년 12월 모스크바 3국 외상회의 결정에 따라, 한국 임시민주정부 수립 문제를 논의하기 위한 제1차 미·소공동위원회가 1946년 3월 20일부터 5월 6일까지 서울에서 열렸다. 그러나 협의 대상이 될 한국의 정당·사회단체 선정 문제를 놓고 양측의 입장이 대립하여 합의에 이르지 못한 채 성과 없이 종료되었다.

1년 뒤인 1947년 5월 21일, 제2차 미·소 공동위원회가 다시 열렸으나 마찬가지로 협의 대상 선정 문제에서 합의하지 못하고 9월 18일 결렬되었다. 미국과 소련이 한반도에 각자 자기 나라에 우호적인 정부를 수립하려 했기 때문에 애초부터 타협이 어려운 사안이었다.

당시 미 의회가 국방비 삭감을 결의하면서 미군 철군 논의가 불가피해졌다. 이어 제2차 회의 도중 소련 대표 이반 스티코프 중장이 미·

미소공동위원회에 참석한 주한미군 사령관 하지 중장(왼쪽)과 소련 측 대표 이반 스티코프 중장(오른쪽)(출처: 국사편찬위원회)

소 양군의 동시 철수를 제안하면서 주한미군 철수 문제가 공개적으로 거론되었다.

그러나 제2차 회의가 결론 없이 끝나자, 미국 정부는 1947년 9월 17일 한국 문제를 유엔총회에 상정했다. 이에 소련은 1948년 초까지 모든 외국군을 철수한 뒤 한국인이 스스로 정부를 수립해야 한다는 '선 철군, 후 정부수립' 안을 제출했다. 반면 미국은 1948년 3월 31일 이전에 유엔 감시하에 남북한 총선거를 시행해 임시민주정부를 수립하고, 이후 모든 외국군을 철수한다는 '선 정부수립, 후 철군' 안을 제시했다.

결국 1947년 11월 14일 열린 제2차 유엔총회에서 소련의 제안은 부결되고, 미국의 제안이 채택되었다. 결의안은 유엔 감시하에 인구 비례에 따른 남북한 총선거를 시행하고, 총선거와 정부수립, 그리고 미·소 양군의 철수를 감시·협의할 기구로 유엔한국임시위원단(UNTCOK)을 조속히 구성해 파견한다는 내용을 담고 있었다.

경비대 5만 명 수준으로 증강

1947년 가을, 군사사절단을 이끌고 한반도와 극동 정세를 시찰한 웨드마이어 중장은 귀국 후 트루먼 대통령에게, 주한미군 철수에 앞서 북한의 위협에 대비할 군사원조와 남한 국방군 육성이 필요하다는 경고성 보고서를 제출했다. 그는 제2차 세계대전 당시 중국전구 미군 사령관으로 있으면서 광복군의 OSS '독수리작전'을 승인한 인물이었다.

같은 해 10월, 미 국무부는 도쿄의 맥아더 극동군사령관에게 주한미군 철수에 대비한 남한 군비 증강 방안을 검토해 보고하라고 지시했다. 맥아더는 이 지시를 하지 중장에게 전달하며 직접 답변할 것을 요구했다. 하지 중장은 북한군 증강을 감안해, 경비대를 최소 6개 사단 10만 명 규모로 1년 내 증강하는 것이 필요하다고 보고했다.

그러나 맥아더의 생각은 달랐다. 그는 정규군 창설은 정치·군사적으로 부담이 크다며 유보를 주장하는 대신, 경비대 병력을 당시 2만 명 수준에서 5만 명으로 늘리고, 보병부대의 중화기는 주한미군이, 나머지 장비는 일본의 극동군 보급창에서 조달하도록 합참에 건의했다. 증강 시한은 남한 총선거일인 1948년 5월 10일까지로 못 박았다.

이로써 남한에서는 정부수립과 미군 철수에 대비해 경비대 병력을 5만 명 규모로 증원하고, 철수하는 미군으로부터 제한된 무기·장비를 인수하는 계획이 추진되었다. 이에 따라 1947년 12월, 기존 9개 연대를 기반으로 제1여단(서울), 제2여단(대전), 제3여단(부산)이 창설되었다. 1948년 4월에는 제4여단(서울), 제5여단(광주)이 추가로 창설되었고, 이어 제10연대(강릉), 제11연대(수원), 제12연대(군산), 제13연대(온양), 제14연대(여수), 제15연대(마산) 등 6개 연대가 편성되어 5개 여단에 배속되었다.

미군정의 종식과 경비대의 국군 편입

1947년 11월 14일 제2차 유엔총회 결의에 따라 유엔한국임시위원단(UNTCOK)이 1948년 1월 한국에 도착했으나, 소련이 북한 지역 출입을 거부함으로써 북측에서는 총선거를 시행할 수 없게 되었다. 이에 위원단은 남한에서만 선거를 치를 수 있는지 그 여부를 유엔 소총회에 문의했고, 소총회는 '위원단의 활동이 가능한 지역에서 총선거를 시행한다'라는 결의를 채택했다.

이 결정에 따라 남한에서는 1948년 5월 10일 총선거가 시행되었으며, 전국 200개 선거구 중 4·3사태로 무효 처리된 북제주군 2개 선거구를 제외한 198개 선거구에서 198명의 국회의원이 선출되었다.

5월 31일 개원한 제헌국회는 이승만을 초대 국회의장으로 선출하고, 헌법 및 정부조직법 기초위원회를 구성하여 7월 17일 대한민국헌

대한민국 정부수립 선포식(1948.8.15)(출처: 국사편찬위원회)

법과 정부조직법을 공포했다.

제헌헌법 전문은 "유구한 역사와 전통에 빛나는 우리들 대한국민은 기미 삼일운동으로 대한민국을 건립하여 세계에 선포한 위대한 독립정신을 계승하여 이제 민주독립국가를 재건함에 있어서…"라고 선언했다. 헌법 기초위원 유진오 박사는 이 전문에 대해 "기미년에 일본의 침략에 대항하여 대운동을 일으켜 대한민국임시정부를 수립하고 이를 세계에 선포하였으니, 지금 우리가 민주독립국가를 수립하는 것은 결코 새삼스레 생긴 일이 아니라 그러한 과거의 위대한 독립정신을 계승하는 일이라는 뜻이다"라고 해석했다.

이어 국회에서 대통령·부통령 선거가 실시되어 이승만이 초대 대통령, 이시영이 초대 부통령에 당선되었다. 국무총리에는 국회의 인준을 받은 이범석이 임명되었고, 그는 국방부장관을 겸임했다. 이로써 대한민국임시정부 초대 대통령이었던 이승만이 대한민국 초대 대통령이 되었고, 임시정부 각료 출신 이시영이 부통령, 광복군 출신 이범석이 국무총리 겸 국방부장관을 맡아 신생 대한민국 정부를 이끌게 되었다.

1948년 8월 15일, 대한민국 정부가 수립되었고, 한 달 뒤인 9월 9일에는 북한에 조선민주주의인민공화국이 수립되었다.

1948년 12월 열린 제3차 유엔총회는, 유엔한국임시위원단의 감시 하에 남한에서 실시된 총선거로 수립된 대한민국 정부를 유엔이 인정한 합법정부로 승인하고, 점령군의 조속한 철수를 권고하는 결의안을 채택했다. 이와 함께 유엔한국위원회(UNCOK)를 설치해 유엔한국임시위원단의 임무를 승계하도록 했다.

유엔한국위원회는 한반도의 분단에서 비롯된 정치·경제 문제 해결을 위해 활동했으며, 특히 1949년 9월 제4차 유엔총회 결의에 따라 38선 부근에서 발생하는 군사적 긴장을 관찰하고 그 내용을 유엔에 보고했다. 이 보고는 훗날 6·25전쟁 발발 직후 유엔이 입장을 정하는 데 중요한 근거 자료가 되었다.

대한민국 정부수립과 함께 미군정이 종료되면서 경비대와 해안경비대는 각각 대한민국 육군과 해군으로 전환되었다. 이로써 미군정 하의 경비대 시대는 막을 내렸으며, 경비대는 국군 창설을 위한 과도기적 준비 조직으로 역사적 의미를 남겼다.

7

경비대, 어떻게 볼 것인가?

경비대 창설 주역, 군사영어학교 출신들

경비대 창설을 주도한 것은 군사영어학교 출신 110명이었다. 육군에서는 이들을 '창군 원로'라 부른다. 그러나 군사영어학교 출신 가운데 다수는 일본군이나 만주군 경력을 지녔다는 점에서 정통성 논란이 있었다. 미군정청은 학교 개설 당시 '광복군·일본군·만주군 출신을 각각 20명씩 선발한다'라는 원칙을 발표했지만, 실제로는 일본군·만주군 출신이 압도적으로 많았다.

110명의 출신별 구성은 일본군 87명, 만주군 21명, 광복군 1명, 중국군 1명으로, 일본군·만주군 출신이 99%를 차지했다. 이들 가운데 78명이 장군으로 진급했으며(준장으로 추서된 전사자 4명 포함), 정상적으로 군 생활을 이어갔음에도 장군직에 오르지 못한 이는 5명에 불과했다. 장군으로 진급한 군영 출신의 계급별 인원과 최고위직 역임자

현황은 다음과 같다.

- 장군: 대장 8명, 중장 26명, 소장 23명, 준장 21명
- 직위: 육군참모총장 13명, 합참의장 6명, 국방부장관 6명

군사영어학교 출신들은 창군 과정에서 무(無)에서 유(有)를 만드는 어려운 작업을 완수했고, 경비대 창설 과정에서 수많은 난관을 극복했다. 그들이 '창군 원로'라 불리는 이유다.

창군 이후에도 이들은 6·25전쟁에서 육군참모총장을 비롯해 군단장·사단장·연대장 등 주요 지휘관으로 전쟁을 이끌며 국가 위기 극복에 이바지했다. 군사영어학교 출신 중 태극무공훈장을 받은 이는 24명에 이르며, 백선엽·김종오·장도영·송요찬 등은 대한민국 전쟁영웅으로 기억되고 있다.

전쟁이 끝난 뒤에도 군사영어학교 출신들은 육군뿐만 아니라 국방부와 합참의 최고위직에서 전후 국군의 정비와 발전에 기여했다. 그러나 그들에게 긍정적인 평가만 있었던 것은 아니다. 한용원은 저서 『창군』에서 군영 출신의 공과를 다음과 같이 평했다.

"이들(군영 출신)은 1969년 8월까지 군의 수뇌부를 형성, 군의 발전에 공헌한 바도 컸지만, 창군이념을 창출하지 못했을 뿐만 아니라 사상이 불순한 자가 10%를 점하여 후진을 오염시켰고, 장기간 요직에 정체함으로써 후진들의 진출 기회를 열어주지 않음으로써 후견의식(後見意識)이 결여되었다는 평도 받고 있다."

군영 출신들의 창군이념 부재는 국군 정통성 논란으로 이어졌고,

좌익 성향 인물들이 군 내부에 사상을 전파해 군이 큰 대가를 치르게 되었다. 좌익 연루로 처형되거나 파면된 군영 출신은 모두 10명으로, 만주군 출신 최남근·이병주·이상진, 일본육사 출신 김종석·조병건·오일균, 일본군 학병 출신 하재팔·최상빈·나학선 등이었다.

이들이 육사 훈육관과 교관으로 재직하며 생도들을 포섭한 결과, 육사 제3기 졸업생 338명 중 61명이 숙군으로 제거되었다. 제14연대 반란을 지휘한 김지회와 홍순석도 제3기 출신이었다.

육군참모총장직도 군사영어학교 출신이 장기간 독점했다. 제3대 신태영(일본육사 제26기)과 제6대 이종찬(일본육사 제49기)을 제외하면, 초대 이응준부터 제18대 김계원까지 모두 군사영어학교 출신이었다. 이 가운데 채병덕·정일권·백선엽은 두 차례나 참모총장을 역임했다.

1946년 5월 1일, 어떤 이는 군사영어학교를 거쳐 임관했고, 같은 날 군사영어학교 출신과 똑같은 자격을 가진 다른 이는 육사 제1기로 입교했다. 그러나 육사 제1기 출신이 군영 출신을 이어 참모총장직에 오르기까지는 20년이 넘는 시간이 걸렸다. 이처럼 군영 출신의 장기 기득권 유지는 장교 진급 적체 현상을 초래했고, 이는 5·16군사정변의 배경 요인 가운데 하나로 지적되기도 한다.

군대도 경찰도 아닌 경찰예비대

1945년 12월 20일경, 미군정 국방사령부 군사국장 찰스 아고

(Charles E. Ago) 대령이 전북경찰부장 김응조를 찾아와 경찰예비대 창설에 관한 의견을 구했다.

"앞으로 미·소 양국의 정치적 결정이 있기까지는 국방군은 창설할 수 없게 되었으니, 그 대안으로 국내 치안을 유지하기 위한 경찰예비대를 창설할 계획이니 좋은 아이디어 부탁합니다."

이에 김응조는 "그렇다면 경찰예비대에서 '경찰'이라는 표현을 빼고 그냥 '경비대'로 하고, 이 경비대는 앞으로 수립될 통일 정부의 '국군의 모체'로 한다고 문서화하시면 어떨까요?"라고 제안했다.

그러나 아고 대령은 "'경찰예비대'에서 '경찰'을 빼면 국방의 개념을 갖는 경비대인데, 남한에서 일방적으로 이런 기관을 만들 수 없기에 '경찰'을 삭제할 수 없고, 더구나 '국군의 모체'라고 한다면, 미·소 간의 큰 정치적 문제가 되기 때문에 문서화할 수 없습니다"라고 거절했다.

이에 김응조가 답했다.

"한국 사람은 해방 전이나 지금이나 경찰을 싫어합니다. 일제 치하에서 일제 경찰이 혹독하게 한국인을 다스렸기 때문이지요. 이렇게 미움받는 경찰인데 경찰의 예비대라 한다면 누가 입대하겠습니까?"

"이 문제는 본국 정부의 지시이기 때문에 별도리가 없습니다."

"경찰예비대라면 나로서는 추천할 생각이 없습니다."[25]

결국 한국 측은 '경찰예비대'라는 명칭을 받아들이기 어려워, '남조선국방경비대'로 호칭했다. 그러나 영문 공식 명칭은 Korean Consta-

---

[25] 육군본부 편, 『창군전사』(1980), 315쪽 참조.

bulary로, 엄연히 '한국경찰예비대'였다.

이후 미군정은 국방사령부를 '국방부'로 개칭했으나, 제1차 미·소 공동위원회에서 소련 측이 남한만의 정부수립 준비로 보인다며 항의하자 '국내치안부'(Department of Internal Security)로 변경했고, 한국 측은 이를 '통위부'라 불렀다. 이로써 '국방'이라는 용어를 쓸 수 없게 되면서 '남조선국방경비대'는 '조선경비대'로, '남조선국방경비사관학교'는 '조선경비사관학교'로 명칭을 변경했다.

경비대는 이렇게 군대도, 경찰도 아닌 경찰 보조기관으로 출발해 태생적으로 정체성 문제를 안게 되었고, 그로 인해 경찰과의 갈등이 잦았다. 경찰은 경비대를 경찰의 보조기관으로 여기며 낮춰봤고, 경비대원들은 군대라고 생각하며 입대했다. 특히 일본군 출신들은 일제 치하의 군 우위 문화를 경험했기에 군이 경찰 밑에 있는 구조를 받아들이기 어려워했다.

이러한 상황에서 치안 유지가 우선이었던 미군정은 경찰에게는 새 제복과 미제 소총을 지급하고, 경비대에는 일본군에서 압수한 일본군 군복과 일제 소총을 지급했다. 이러한 차별은 경비대와 경찰 간의 감정을 악화시켰고, 결국 적대 관계로까지 번졌다. 그 대표적 사례가 1947년 6월 전남에서 발생한 '영암경찰서 총격 사건'이었다.

사건은 외박 중이던 광주 제4연대 1대대 소속 경비대원이 영암경찰서 신북지서장과 시비 끝에 폭행한 뒤, 경찰에 체포·구금되면서 시작됐다. 이에 분개한 제4연대 1대대 경비대원들이 무장하고 영암경찰서로 진입하자, 경찰은 관망대에 기관총을 거치하고 사격을 가했다. 이 충돌로 경비대원 6명이 사망하고 10여 명이 부상했다. 사태는 제

4연대장 이한림 소령이 사격 중지를 명령하고 경찰서장을 만나 진정시키면서 끝났다. 그러나 이 사건으로 제1대대 주번사령 이관직 중위가 파면되고, 부사관 5명이 징역형을 선고받았다. 이 사건 이후 경찰에 대한 경비대원들의 반감은 더욱 깊어졌다. 광주 제4연대에서 차출돼 여수에서 창설된 제14연대가 반란을 일으켰을 때, 반란 주동자들이 경찰에 대한 경비대원들의 반감을 선동 소재로 활용했다.

당시 경비대원은 외출 중 위법행위 시 경찰 단속을 받아야 했다. 그러나 일부 경비대원은 치외법권적 의식을 갖고 경찰의 단속에 반발했고, 그로 인해 충돌이 잦았다. 수적으로 불리한 경비대원이 경찰에 구타당하는 일도 많았다. 경비대의 사기는 저하됐고, "군인은 전투든 개인 싸움이든 져서는 안 된다"라는 말과 함께 태권도 교육이 시작됐다.

학병 출신 최홍희(후일 군사영어학교 졸업, 군단장·소장)는 일본 유학 시절 가라테 2단을 취득한 경력을 살려 경비대에 태권도 교육을 도입했다. 그는 해방 후 군 내에서 태권도 보급에 중요한 역할을 한 인물로 평가된다. 태권도 훈련이 시작된 뒤로 경비대원이 경찰에게 일방적으로 당하는 일은 거의 사라졌고, 사기도 높아졌다고 한다.

그러나 병력 모집에는 어려움이 있었다. 경비대가 잘 알려지지 않았고, "경비대는 경찰 보조기관일 뿐 정식군대는 추후 모집한다"라는 소문이 퍼지면서 지원자가 줄었다. 결국 아무나 지원만 하면 입대가 가능했고, 그 틈을 이용해 할 일 없는 사람, 경찰의 수배를 받는 좌익분자, 범법자 등이 경비대를 도피처로 삼는 일도 있었다.

"이따위 경비대 해산시켜라!"[26]

1946년 5월 25일 점심 무렵, 국방경비대 제1연대 제1대대 대원들이 연병장에 집합해 시위를 벌였다. 갑작스러운 상황에 대대 주번사령인 B중대장 정일권 정위가 진정시키려 했으나, 흥분한 대원들은 "물러가라!"라고 소리쳤다. 몇몇 소대장이 나서 진압을 시도했으나 오히려 대원들의 반발만 키웠다. 당시 토요일이라 대대장 채병덕 참령을 비롯한 장교 대부분은 외출 중이었다.

그날 저녁, 야간 점호가 끝난 뒤 일부 과격한 대원들이 장교 숙소에 난입해 전등을 끄고 정일권 정위를 폭행했다. 정 정위는 창문을 통해 가까스로 탈출했고, 미군 헌병대가 출동해 사태를 진압했다. 다음 날 아침, 각 중대 대표 30여 명이 채병덕 대대장실로 몰려가 외쳤다.

"이따위 경비대 해산시켜라."
"빨갱이, 노랭이 같은 놈 몰아내라."
"대대장부터 물러나라."
"보급품 팔아먹은 놈 잡아내라."

이때 광복군 출신 유해준 부위가 나타나 "해산!"을 명령하자, 대원들은 대대장실에서 물러났.

사건은 난동 주도자 5명을 미군정 재판에 회부해 처벌하고, 채병덕 참령과 정일권 정위를 타 부대로 전출하며, 보급품 부정 처분에 연루된 장교 2명을 파면하는 선에서 일단락되었다.

---

26 육군본부 편, 『창군전사』(1980), 441~456쪽.

당시 제1대대에는 일본군 출신들이 대부분이었는데, 이들이 일본군에서 겪었던 가혹행위와 일본 군대식 내무생활에 강한 반감을 품고 있었다. 장비와 피복 역시 대부분 일본군 것이었고, 일부 장교는 부정부패나 좌익 성향 의혹을 받기도 했다.

그런데 소요 사건 때 다른 장교의 지시는 따르지 않고 오직 광복군 출신 유해준 부위의 명령에만 따르자, 일부 일본군·만주군 출신 장교는 그가 배후에서 사건을 조종했다고 의심했다. 유해준은 훗날 소장으로 전역할 때까지 이러한 오해와 모함에 시달렸다고 회고했다.

육군본부가 펴낸 『창군전사』는 이 사건을 "경비대가 이념도 주체도 없이 탄생했기 때문에 발생한 것"이라 평가했다. 당시 경비대는 경찰도 군대도 아니었고, 그렇다고 미국 군대도 한국 군대도 아닌, 정체성이 불분명한 조직이었다.

1946년 12월 중순, 제2연대장 이형근 중령이 회의를 소집했다. 회의장에 들어선 그는 미군 고문관 러셀 베로스(Russel D. Barros) 중령의 의자는 중앙에 놓이고, 자신은 그 옆 구석에 배치된 것을 보고 회의장을 준비한 장교를 불렀다.

"누구 지시로 이렇게 하였나?"

"베로스 중령의 지시로 했습니다."

"아무리 미군정이라고 하지만, 군의 위계질서는 지켜야 하는 것 아닌가?"

그리고 이형근 중령은 자리를 바꾸도록 지시했다. 그러자 이번에는 베로스 중령이 화가 나서 회의가 끝나자마자 이형근 중령 방으로 달려왔다.

"이 중령, 지금이 미군정이라는 사실을 알고 있소! 왜 내 지시를 받은 한국인 장교를 나무랐소!"

"베로스 중령, 당신의 태도는 경비대가 마치 미국의 용병 부대라는 착각을 갖게 하오. 도대체 그 한국 장교가 한국 군인이오, 미국 군인이오? 한국 군인이라면 한국군 지휘계통에 따라 직속상관의 명령에 복종해야 하는 것으로 아는데, 당신은 어떻게 생각하시오?"

"당신은 미국의 중령을 모욕하는 것이냐?"

"한국인 부하가 한국인 상관의 명령에 복종하는데 이것을 불평하는 당신이야말로 한국군 전체를 모욕하는 것이다. 당장 옷을 벗겠다."[27]

이 사건은 경비대가 미국 군대도 한국 군대도 아닌, 과도기적 성격의 단면을 보여준 하나의 사례로 볼 수 있다.

경비대, '미군의 용병'이냐? '국군의 모체'냐?

경비대는 창설 당시부터 그 성격과 위상에 대한 논란이 지속되어 왔다. 경비대는 1946년 1월 미군정 법령에 따라 설치되었으며, 미군정이 조직하고 통제한 경찰예비대 성격의 조직이었다는 점에서 태생적 한계를 안고 있었다.

임시정부 요원들 가운데 일부는 지휘권이 미군정에 있는 경비대를

---

[27] 이형근 자서전, 『군번 1번의 외길 인생』(중앙일보사, 1993), 31~32쪽.

'미군의 용병'이라 비판했다. 이러한 인식에는, 중국 시절 '광복군 행동 9개 준승'을 통해 지휘권이 없는 군대의 한계를 뼈저리게 경험한 기억이 작용했다.

반면 경비대를 국군의 모체로 보는 시각도 있다. 1948년 대한민국 정부수립 후 경비대가 국군으로 전환되었기 때문이다. 그러나 다른 견해는 경비대를 미군정 소속 준군사조직으로 보아, 성격상 국군과는 달랐으므로 '전신'이라 부르기는 어렵다고 지적한다.

다만 경비대와 국군이 불가분의 관계에 있다는 점은 부인할 수 없다. 국군은 경비대를 인수해 창설되었기에, 국군의 역사를 연구하는 대부분의 연구자는 경비대 창설을 국군 창설의 준비 과정으로 본다. 또한 대한민국 국군이 무(無)에서 시작된 것이 아니라 기존 경비대를 기반으로 성립했다는 점을 들어 '창군'이 아니라 '건군'이라는 용어를 공식적으로 사용하고 있으며, 10월 1일 국군의 날은 1946년 경비대 창설이 아닌 1948년 대한민국 국군이 탄생한 것을 기념하는 날이다.

대한민국 국군

진통과 시련 속의 건군

1. 대한민국 국군 탄생

대한민국 육군과 해군의 탄생

1948년 8월 24일, 대한민국 대통령과 주한미군 사령관은 행정협정을 체결하였다. 협정의 주요 내용은 미군 철수 완료 시까지 한국의 안전을 보장하고, 편성 중인 대한민국 국군에 대한 조직·훈련·무기 제공을 지속하며, 가능한 한 조속히 국방군 지휘권을 대한민국 대통령에게 이양한다는 것이었다.

이 협정에 따라 8월 31일 미군정청 통위부의 업무가 대한민국 국방부로 이관되었고, 9월 1일에는 조선경비대와 조선해안경비대의 지휘권이 대한민국 정부로 넘어왔다. 이어서 9월 5일, 조선경비대와 조선해안경비대는 각각 대한민국 육군과 해군으로 개편되었으며, 이로써 대한민국 국군이 공식적으로 출범하였다.

당시 육군은 경비대로부터 승계한 5개 여단과 15개 연대, 그리고

M1 소총(위)과 카빈 소총(아래)(출처: 위키백과). 카빈은 M1보다 작고 가벼워 휴대가 간편하다.

일제 38식 소총(출처: 나무위키). 메이지 38년(1905)에 채택되어 38식 소총이란 이름이 붙었다.

일제 99식 소총(출처: 나무위키). 38식 소총의 구경을 늘려 제작한 것으로 일본 건국 2599년(1939)에 채택되어 99식 소총이라 부른다.

후방지원부대를 합쳐 총병력 5만 490명(장교 1,403명, 사병 4만 9,087명) 이었다. 그러나 무기는 1947년 9월부터 지급된 미제 M1 소총과 일본

미군 고문관이 교관이 되어 한국군 훈련을 지도하는 장면(출처: 국사편찬위원회)

제99식 및 38식 소총뿐이었다.

M1 소총은 당시 최신형 개인화기로, 8발의 탄환을 장전해 연속 사격이 가능한 반자동식이었다. 반면 일본제 99식과 38식 소총은 한 발을 쏠 때마다 장전을 반복해야 하는 단발식으로, 제2차 세계대전 당시 이미 미군의 M1 소총에 비해 성능에서 크게 뒤처졌다. 국군은 이후 월남 파병을 계기로 M16 소총으로 전환하기 전까지, M1 소총과 함께 카빈 소총을 주력 개인화기로 사용하였다.

미군정은 미군 철수 시 장비 이양에 대비해 1948년 6월 대구(제1훈련소), 서울(제2훈련소), 진해(제3훈련소)에 설치된 훈련소로 경비대 화기 요원들을 소집하였다. 이들에게는 양도될 M3 105mm 곡사포, 57mm 대전차포, 2.36인치 로켓포, 60mm 및 81mm 박격포, 경기관총 등 각종 화기의 운용법이 교육되었다.

당시 해군은 해안경비대에서 승계한 3,000여 명의 병력과 함정 36척을 보유했으나, 이 가운데 2척은 납북되고 1척은 좌초되어 실제 운용 가능 함정은 33척에 불과했다. 게다가 함정 대부분이 노후화돼 보수·정비 없이는 운항이 어려웠으며, 그중 27척(전체의 80%)이 소해정이어서 해상작전과 경비 임무 수행에 큰 제약이 있었다.

항공기는 정부수립 직후 주한미군으로부터 L-4형 연락기 10대를 인수하였다. 이 연락기는 제2차 세계대전 당시 미군이 전투 지역 후방에서 정찰, 연락, 통신에 사용했던 기종으로, 시속 약 161km, 항속거리 483km의 구형 경항공기였다.

『국군조직법』 제정

미군정 시기의 조선경비대와 조선해안경비대는 1946년 6월 15일 공포된 『군정법령 제86호』를 유일한 법적 근거로 창설되었다. 따라서 대한민국 정부수립 이후 국군의 조직과 편성에 관한 법령 제정이 필요했고, 그 결과 1948년 11월 30일 『국군조직법』(1948.11.30)이 제정되면서 육군과 해군은 비로소 정식 법적 지위를 갖게 되었다. 이 법은 국군의 조직과 편성 원칙, 각 군의 임무, 군인의 신분, 주요 직위자의 권한과 책임을 규정한 비교적 간결한 법률로, 기본 틀은 오늘날까지 이어지고 있다. 제정 당시 주요 내용은 다음과 같다.

- 국군은 육군과 해군으로써 조직한다.
- 대통령은 국군의 최고통수자이며 대한민국헌법과 법률에 의하여 국군통솔상 필요한 명령을 발할 권한이 있다.
- 국방부장관은 군정을 장리하는 외에 군령에 관하여 대통령이 부여하는 직무를 수행한다.
- 국방부에 참모총장과 참모차장을 두고 그 밑에 육군본부와 해군본부를 둔다.
- 참모총장은 대통령 또는 국방부장관의 지시를 받아 국방 및 용병 등에 관하여 육·해군을 지휘·통할하며 일체 군정에 관하여 국방부장관을 보좌한다.
- 육군본부에 육군총참모장, 해군본부에 해군총참모장을 두며 이는 참모총장의 건의에 의하여 국무회의의 의결을 거쳐 대통령이 임면한다.
- 육군은 정규군과 호국군으로써 조직한다.
- 육군은 사단 단위로 편성하며 군사행정과 전략상 목적으로 대한민국을 수 개 사단·관구로 나눈다.
- 사단장과 대통령령이 정하는 기타 부대장은 참모총장의 건의에 의하여 대통령이 임면하며 소관 부대를 통솔한다.
- 해군은 정규군과 호국군으로써 조직한다.
- 함대사령관과 대통령령이 정하는 기타 부대장은 참모총장의 건의에 의하여 대통령이 임면하며 소관 함대 또는 부대를 통솔한다.
- 국군 장교는 대통령이 임면한다. 단, 장관급 장교의 임면은 국

무회의의 의결을 요한다.
- 본법에 의하여 육군에 속한 항공병은 필요한 때에는 독립한 공군으로 조직할 수 있다.

『국군조직법』의 특징으로는 국방부장관이 군정과 군령을 관장한다는 점, 국방부장관 직속으로 참모총장을 두고, 그 아래에 육군·해군본부를 배치한 점, 호국군을 설치한다는 점, 육군 항공병을 장차 독립 공군으로 발전시킬 수 있도록 한 점 등이다.

1948년 7월 17일, 제헌헌법이 공포된 날 법률 제1호로 공포된 『정부조직법』은 국방부장관이 '군정'만을 관장하도록 규정했으나, 『국군조직법』에서는 국방부장관이 군정과 군령을 모두 관장하도록 명시해 두 법률 간에 일관성이 없었다.

더욱이 『국군조직법』에는 '대통령 또는 국방부장관의 지시를 받는다'라는 단서가 붙어 있었지만, 참모총장이 육·해군을 지휘·통할하며 군정 전반에서 국방부장관을 보좌한다고 규정해, 사실상 군정권과 군령권을 모두 행사할 여지가 있었다. 그로 인해 참모총장이 국방부장관과 맞먹는 권한을 가질 수 있는 구조가 형성되었다.

이러한 규정이 생긴 이유에 대해서는 두 가지 설명이 가능하다. 첫째, 미군정 통위부를 인수할 당시 통위부장 직속 참모총장 제도를 그대로 이어받았다는 점이다. 둘째, 국방부장관을 겸임한 국무총리 이범석이 자신을 대신해 육·해군을 통솔할 군인을 필요로 했고, 그 역할을 참모총장에게 맡겼을 가능성이다. 실제로 이범석 장관은 채병덕 참모총장에게 상당한 업무를 위임했다는 기록이 있다. 하지만 어떠한 배경이 있었든, 국방부 참모총장 제도는 시행 6개월 만인 1949년 5월 폐지되었다.

『국방부직제령』

1948년 7월 17일, 제헌헌법과 함께 법률 제1호로 『정부조직법』이 공포되면서 국방부는 내무부, 외무부에 이어 세 번째 부서로 설치되었다. 당시 규정에 따라 국방부장관은 육·해·공군의 군정을 관장하도록 임무가 명시되었다.

우리 역사에서 정부조직에 근대적 국방 기구가 처음 등장한 것은 1894년 갑오개혁 때였다. 이때 조선 건국 이후 500여 년간 유지되던 병조가 군무아문(軍務衙門)으로 개편되었다. 군무아문에는 총무국·친위국·진방국·해군국·의무국·기기국·군수국·회계국 등 8개 국(局)을 두었으나, 해군국과 의무국은 실제로 설치되지 않았다. 이후 군무아문은 군부로 개칭되며 대신관방·군무국·포공국·경리국·군법국·의무국으로 재편되었고, 각 국 아래에는 과(課)를 두었다. 이러한 국·과 체제는 광복 후 국방부 조직에도 계승되었다.

대한제국이 출범한 뒤 최고통수기관으로 원수부가 설치되면서 군부의 권한은 축소되었고, 핵심 부서였던 군무국이 원수부로 이관되었다. 그로 인해 군부는 대신관방·포공국·군법국·경리국·의무국으로 개편되었다. 이후 대한민국임시정부에서는 군무부로 부활하여 육군국·해군국·군사국·군수국·군법국·정보국 등 6국 체제로 운영되었다.

1948년 12월 7일, 대통령령 제37호로 공포된 『국방부직제령』에 따라 국방부 본부 조직은 1실 5국 체제로 구성되었다. 주요 내용은 다음과 같다.

- 국방부에 국방부본부와 육군본부 및 해군본부를 둔다.
- 국방부본부는 비서실, 제1국, 제2국, 제3국, 제4국 및 항공국을 둔다.
- 비서실은 기밀사항, 관인의 관수, 문서 기타 부내 서무에 관한 사항을 분장한다.
- 제1국은 국군 인사의 통제, 군비에 관련된 제시설의 통제, 동원, 병무, 방위, 대외교섭, 원호, 무휼(撫恤) 기타 군행정에 관한 사항을 분장한다.
- 제2국은 군인정신의 함양, 사상선도, 서전 및 보도에 관한 사항을 분장한다.
- 제3국은 국군의 군수와 영선의 통제, 재산 관리 및 후생에 관한 사항을 분장한다.
- 제4국은 조사, 방첩 및 검찰에 관한 사항을 분장한다.
- 항공국은 항공대에 관한 행정, 인사의 기본 운용의 기획, 교육, 기술 및 정비에 관한 사항을 분장한다.
- 육·해군의 협조와 연계의 원활을 기하기 위하여 국방부에 연합참모회의를 둔다.
- 연합참모회의는 참모총장에 예속하여 육·해군의 작전, 용병과 훈련에 관한 중요한 사항을 심의한다.

- 연합참모회의는 참모총장을 의장으로 하며, 참모차장·육해군 총참모장 및 참모부장·항공국장·제1국장·제3국장과 국방부장관이 지명하는 육해군 장교로 구성한다.

여기서 말하는 참모총장은 『국방부직제령』 이전에 공포된 국군조직법에 의한 국방부장관 직속의 참모총장을 의미한다. 연합참모회의는 오늘날의 합동참모본부와 유사한 기능을 수행했으나, 상설기관이 아니었다. 이 제도는 미군 군사고문단의 반대로 국방부 참모총장 직제와 함께 1949년 5월 폐지되었다. 이후 '연합참모본부'로 개편되었고, 현행 '합동참모본부'로 발전하였다.

2 주한미군 철수와 국방력 강화

한국의 전략적 가치 평가절하

1948년 9월 15일, 대한민국 정부수립 한 달 만에 주한미군 제1진이 철수하였다. 그보다 20일 앞선 8월 24일에는 '미군 철수 완료 시까지 주한미군 사령관이 한국군을 계속 조직·훈련·무장한다'라는 내용의 한·미 행정협정이 체결되었으며, 협정 직후 하지 사령관이 한국을 떠났다.

그러나 제1진 철수 이후 얼마 지나지 않아 제14연대 반란 사건으로 심각한 소요가 발생하자, 미군 철수 연기와 신형 무기 지원을 요구하는 여론이 높아졌다. 이에 미국은 철수 일정을 6개월 연기했을 뿐, 철수 방침 자체는 변경하지 않았다. 1949년 1월 15일, 제24군단이 철수하고 제5연대 전투단 7,500명만 남았다.

이후 미국 국가안보회의(NSC)는 한반도에 미군 기지와 미군 병력

1948년 8월 26일, 환송식에서 고별사를 하는 하지 사령관(출처: 국사편찬위원회)

을 주둔시킬 전략적 가치가 없다는 미 합참의 의견을 받아들여, 1949년 6월 30일까지 주한미군을 전면 철수하기로 결정했다. 동시에 철수 전까지 한국군이 국내 치안과 38선 경비를 맡을 수 있도록 하는 군사원조 기본계획을 수립하였다.

NSC의 군사원조 계획의 골자는 육군 병력을 종전 5만 명에서 6만 5,000명으로 증강하고, 이에 필요한 무기와 장비를 제공하는 것이었다. 해군에는 일부 무기와 함정, 그리고 정비 부속품을 지원하며, 한국군 훈련과 군수 지원을 위해 군사고문단을 설치하도록 했다. 그러나 이러한 계획만으로는 북한의 군사력 증강에 따른 남북한 전력 불균형을 해소하기 어려웠다. 당시 북한은 소련의 지원 아래 대규모 군대를 육성하고 있었다.

1949년 3월 초, 이승만 대통령은 조병옥 박사를 특사로 미국에 파견해 추가 군사원조를 요청했으나 성과를 거두지 못했다. 미국의 군사 전문가들은 한반도의 전략적 가치를 과소평가했고, 북한의 군사력을 대수롭지 않게 보아 북한의 남침 가능성도 낮게 판단했다. 일부 미국 정치권에서는 한국 정부의 군사력 강화가 무력 통일을 위한 것이

주한미군 철수 병력이 인천항에서 이동하는 장면(1948.11.9)(출처: 국사편찬위원회)

라고 의심했다.

1949년 4월, 북대서양조약기구(NATO)가 창설되고 미국이 가입하자, 미국의 최우선 관심은 소련의 팽창으로부터 유럽을 방어하는 것이 되었고, 아시아 문제는 후순위로 밀려났다.

미국은 주한미군 철수 시 한국군 전력을 보강하는 방안으로 두 가지를 고려했다. 첫째, 주한미군이 보유한 무기·장비 일부를 철수 시 한국군에 이양하는 것, 둘째, 의회에서 '상호방위원조법'이 통과되면 이를 통해 한국의 국방력을 지원하는 것이었다. 그러나 두 방안 모두 한국군을 국내 치안 유지와 38선 경비가 가능한 수준으로만 강화하는 데 그쳤다.

마침내 1949년 6월 29일, 제5연대 전투단 7,500명마저 인천항을 출항함으로써 소수의 군사고문단만 남기고 주한미군 철수가 완료되었다.

주한미군 철수 과정에서 우리가 얻을 수 있는 교훈은 분명하다. 미국은 한반도 문제를 자국의 국익과 세계 전략의 관점에서 바라보며, 그 판단에 따라 주한미군의 주둔을 유지하거나 병력을 감축·철수할 수 있다. 이때 한국의 의사는 최종 결정에 있어 참고 요소가 될 뿐 핵심 요인이 되기는 어렵다.

따라서 우리는 미국의 정책 변화와 전략적 판단을 세심하게 주시하고 대책을 마련해야 한다. 동맹관계를 유지하되, 국가안보를 동맹에만 의존하지 않고 스스로 지킬 수 있는 국방력을 갖추는 것이 필수적이다.

정치를 모르는 군인의 정치

1945년 9월부터 1948년 8월까지 만 3년간 주한미군사령관으로 한국을 통치한 존 리드 하지(John Reed Hodge, 1893~1963)는 과연 어떤 인물일까. 그리고 그는 한국에서 어떤 업적을 남겼을까. 우선, 한국에 오기 전까지의 행적부터 살펴보자.

하지는 미국 일리노이에서 태어나 남부 일리노이 사범학교와 일리노이 대학을 졸업한 뒤, 육군간부후보생학교를 거쳐 1917년 보병 소위로 임관했다. 임관 직후 유럽에 파병되어 제1차 세계대전에 참전했고, 전쟁 후 귀국해 미시시피 주립대학교에서 4년간 군사학 교관으로 근무했다. 이후 육군보병학교 고등군사반, 지휘참모학교, 육군대학, 전술항공학교 등을 수료하며 직업군인으로서의 소양을 갖추었다.

제2차 세계대전 때는 사단장으로 태평양 전투에 참전했으며, 종전 무렵 제24군단 군단장으로 필리핀 전역에 참여한 뒤 오키나와로 이동했다. 전투 중 일본이 항복했고, 그는 태평양 전쟁에서의 공로로 두 차례 무공훈장을 받은 전형적인 야전군인이었다. 주한미군사령관으로 임명된 이유도 그의 정치적 역량이나 전문성 때문이 아니라, 일본 항복 당시 그가 지휘하던 제24군단이 한국과 가장 가까운 곳에 있었기 때문이었다.

미군정을 이끈 하지 사령관에 대한 평가는 엇갈린다. 쌀 가격 자유화를 아무런 대책 없이 졸속으로 시행해 가격 폭등을 초래했고, 이는 대구 10·1 사건의 원인이 되었다. 또한 제주 4·3 사건에 대한 미흡한 대응으로 많은 양민이 희생되었으며, 정치적 혼란을 방치하거나 조장했다는 비판도 받았다. 38선 고착화 역시 그의 대표적인 과오로 지적된다.

반면 공적으로는 소작료를 크게 인하해 소작농의 부담을 덜어준 것, 문맹 퇴치와 교육시설 확충으로 3년 만에 문맹률을 절반으로 줄인 점이 꼽힌다. 그러나 이러한 업적은 그가 저지른 중대한 실책에 비하면 미미하다는 평가가 많다. 일부에서는 그를 '정치를 모르는 군인이 정치를 할 때 벌어지는 사태'를 보여주는 대표적 사례로 보기도 한다.

다만 모든 비난을 그에게만 돌릴 수 있을까? 그는 맥아더 사령관의 '바지사장'으로 군정을 맡았기에, 거의 모든 중요한 사안은 맥아더의

이승만(왼쪽), 김구(가운데), 하지(오른쪽) (출처: 국사편찬위원회)

승인과 지시에 따를 수밖에 없었다. 그만큼 독자적으로 움직일 여지가 적었다.

하지가 아니었다면 더 나은 결과가 가능했을까? 당시 한국의 복잡한 상황을 고려하면, 다른 미군 장성이 왔다 해도 더 나았을 것이라는 보장은 없다. 우리 측의 책임도 적지 않았다. 정당은 하루아침에 난립했고, 정치 지도자들은 타협과 양보보다 정국 주도권 경쟁에 몰두했다. 하지로서는 어느 한쪽을 편들 수 없었고, 결국 모든 진영으로부터 비난을 받는 처지에 놓였다.

하지 사령관이 재임 중 가장 골치를 앓았던 문제 중 하나는 신탁통치를 둘러싼 한국인들의 오해를 풀어주는 일이었다. 그는 한국인들이 신탁통치를 반대하는 이유 중 하나로 '언어 문제'를 지적했다. 모스크바협정문에는 한국인의 정치·경제·사회적 발전을 돕고 지원한다는 의미로 trusteeship이라는 용어가 사용되었는데, 이는 우리말로 '위탁

관리' 정도로 번역될 수 있다. 그러나 한국에서는 일본이 번역한 '신탁통치'라는 표현을 그대로 사용했고, 일제의 식민 통치를 뼈저리게 겪은 한국인들에게 '통치'라는 단어는 결코 받아들일 수 없는 것이었다. 하지 사령관도 자신이 한국인이라면 이런 '신탁통치'에는 반대했을 것이라고 말했다.

한국인들이 신탁통치를 거부한 또 다른 이유는 모스크바협정의 진의를 제대로 알지 못했기 때문이다. 이에 하지 사령관은 협정문의 조항 하나하나를 상세히 해설하는 성명까지 발표했다.

1948년 8월 27일, 제24군단장 임무를 마치고 귀국한 그는 제5군단장과 제3군사령관을 역임하고 1952년 대장으로 진급한 뒤, 이듬해 전역했다.

한국의 지형에는 전차가 필요 없다?

주한미군 철수 후 한국군에 무기와 장비가 충분히 이양되지 않자, 한국 정부는 딘 애치슨(Dean G. Acheson) 미 국무장관에게 한국 방위에 관한 미국의 공식 선언과 함께 상비군 10만 명, 예비군 5만 명, 경찰 5만 명, 보충병 20만 명 등 총 40만 명 규모의 무기·탄약 지원을 요청했으나 답변을 받지 못했다.

이에 이승만 대통령은 해리 트루먼(Harry S. Truman) 대통령에게 직접 서한을 보내 정규군 10만 명과 예비군 30만 명에 대한 무기 지원을 요청했다. 그러나 트루먼 대통령은 대규모 군사력 건설이 한국

F-51 무스탕. 6·25전쟁 기간 국군 공군의 주력기로 활약(출처: 국방홍보원)

경제에 과도한 부담이 될 것이라며 부정적인 태도를 보였고, 다만 의회에서 '상호방위원조법'이 통과되면 한국도 지원 대상에 포함하겠다고 답했다.

이 시기 북한은 중국에서 활동하던 동북의용군 2개 사단을 들여왔고, 소련으로부터 최신 전투기 60대를 지원받아 남북 간 군사력 격차를 한층 더 벌려 놓았다.

이에 미 군사고문단장 로버츠 준장은 미 국무부에 한국군 지원 종합계획을 건의했다. 그 계획에는 육군 병력 1만 5,000명 증강에 필요한 병참 지원, M44 장갑차와 각종 차량, 105mm 곡사포, 81mm·60mm 박격포, 57mm·37mm 대전차포, 기관총, M1 및 카빈 소총 지원이 포함되었다. 또한 공군에는 F-51 전투기와 T-6 훈련기, 해군에는 해안경비 장비를 제공하는 내용도 담겨 있었다.

미국은 군사원조 기준 병력을 5만 명에서 6만 5,000명으로 상향했지만, 당시 실제 한국군 병력은 약 10만 명에 달했다. 이 때문에 로버츠 군사고문단장의 건의만으로는 무기 부족 문제를 해결할 수 없었다.

따라서 신성모 국방부 장관은 미국에 10만 명 규모의 기본 장비 보충을 요청했다. 한국이 요구한 추가 장비에는 북한이 보유한 소련제 T-34 전차에 맞설 미제 M-24 전차도 포함돼 있었다. 그러나 미국 국무부가 주한 미 군사고문단에 자문한 결과, 당시 고문단장 대리 윌리엄 라이트(William M. S. Wright) 대령은 "한국은 대부분 산악 지형에 도로망이 열악하고 교량도 원시적 수준이어서 전차 작전의 효과를 거두기 어렵다"라는 의견을 제시했다. 그 결과, 국군은 전차 한 대 없이 6·25전쟁 초기 전투에 임해야 했고, 그 대가는 혹독했다. 이는 책임 있는 한 군인의 판단이 얼마나 중요한지를 보여주는 대표적 사례가 됐다.

1949년 12월, 로버츠 고문단장은 본국 정부에 F-51 전투기 40대, T-6 훈련기 10대, C-47 수송기 1대 등을 포함한 무기 지원을 추가로 요청했다. 이 요청서가 워싱턴에 전달된 직후, 미국의 한반도 정책에 중대한 변화를 예고하는 조치들이 이어졌다.

1950년 1월 5일, 트루먼 대통령은 중국 문제에 대한 미국의 불개입 원칙을 선언하며, 1949년 10월 1일 베이징에 수립된 중국 공산당 정부를 사실상 인정했다. 이튿날인 1월 6일, 미 하원은 한국 지원을 위한 1억 5천만 달러 원조안을 부결시켰다. 이어 1월 12일, 애치슨 국무장관은 타이완과 한반도를 미국의 극동방위선에서 제외하는 '애치슨

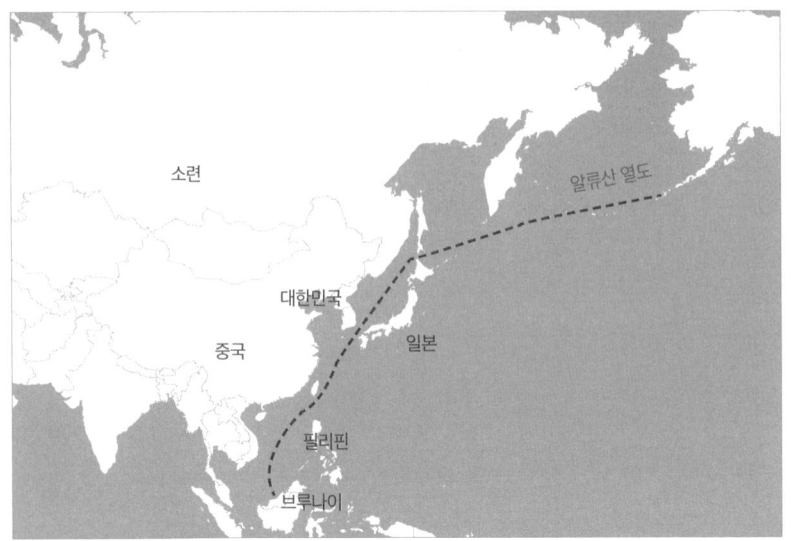

애치슨 라인. 미국의 극동방위선으로 한반도와 타이완이 제외되었다.

라인'을 발표했다. 이 선언은 미국이 한국을 포기했다는 신호를 소련에 보낸 것이나 다름없었고, 일부에서는 이를 두고 미국이 애치슨 선언을 통해 한국전쟁을 사실상 유도했다고 주장한다.

1950년 1월 26일, 한미 상호방위원조협정이 체결됐다. 그러나 이 협정은 한국의 경제 부흥을 우선해야 한다는 원칙을 명시하고 있어, 미국이 제공하는 군사원조는 제한적이었다. 따라서 그동안 요구돼 온 전차나 전투기 등의 중무기 지원은 사실상 기대하기 어려웠다.

6·25전쟁 발발 약 3개월 전인 1950년 3월, 한국에 대한 군사 원조액 1,097만 달러가 승인됐다. 그러나 6월 25일까지 실제로 한국에 도착한 군수품은 약 1,000달러 상당의 전화선뿐이었다. 5만 2,000달러 상당의 통신 장비와 29만 3,000달러 상당의 수리부속품은 미국에서

선적 중이었다.

호국군과 학도호국단 창설

주한미군 철수가 본격화되자, 국방부는 병력 확충 방안을 모색했다. 그러나 정규군은 미국의 통제를 받고 있었고, 병역법조차 마련되지 않아 현역병 증강은 매우 어려운 상황이었다. 이를 해결하기 위해 예비군 편성이 대안으로 떠올랐다. 이에 따라 1948년 11월 30일 제정된 『국군조직법』은 육군과 해군에 정규군과 호국군을 두도록 규정했다. 호국군은 생업에 종사하면서 거주지에 주둔한 부대에서 필요한 군사훈련을 받는 예비역 부대였다. 국회 논의 과정에서 호국군 병력은 육군 10만 명, 해군 1만 명 수준으로 정해졌다.

1949년 1월 20일 공포된 『병역임시조치령』(대통령령 제52호)은 정식 병역법이 제정되기 전 병력 모집을 위한 일종의 '임시 병역법'이었다. 이 조치에 따라 호국군 5개 여단이 편성되어 병력이 10만 명에 이르렀고, 추가로 10만 명을 늘릴 계획도 있었으나 실행되지는 못했다.

같은 해 8월 병역법이 공포되어 의무병 제도가 시행되자, 이범석 국방부 장관이 창설한 호국군은 폐지됐다. 대신 이승만 대통령의 지시에 따라 대한청년단을 기반으로 한 민병대 성격의 청년방위대가 편성됐다. 청년방위대는 1950년 6월 초까지 편성을 마쳤고, 송호성 준장을 단장으로 하는 청년방위대 고문단이 설치되어 훈련을 담당했다. 그러나 6·25전쟁이 발발하자 청년방위대 조직은 해체되고 말았다.

호국군 창설과 더불어, 1948년 12월부터는 전국 중학교(현재의 고등학교) 이상 학생들을 대상으로 학도호국단 편성이 시작되었다. 이를 위해 학교 체육 교사 233명이 선발되어 육군사관학교에서 한 달 반 동안 군사훈련을 받은 뒤 예비역 소위로 임관해 소속 학교의 배속장교로 배치됐다. 같은 시기, 학생 간부 1,500여 명이 다섯 차례에 걸쳐 1주일간 군사훈련을 받고 학도호국단 창단에 참여했다.

1949년 1월 말까지 전국 각 학교의 호국단 결성이 마무리되었고, 4월 22일 서울에서 학도호국단 결성식이 열렸다. 총재는 이승만 대통령, 단장은 안호상 문교부 장관이 맡았다. 이후 여학교에도 예비역 소위로 임관한 여성 교사들이 배속장교로 배치됐다. 1949년 말 기준, 학도호국단이 조직된 학교는 전국 947곳, 단원은 45만 명에 달했다. 비록 예산 지원을 받지 못해 실질적 성과는 제한적이었으나, 학도호국단은 학원가에 반공사상을 확산시키는 데 일정한 역할을 했다는 평가를 받았다.

육군 사단 편성

주한미군 철수로 국군은 스스로 국방과 치안을 책임져야 했고, 이에 따라 부대 증편과 무기·장비 확보 작업을 추진했다. 무기와 장비는 주한미군 철수부대에서 이양받거나 미국의 군사원조에 의존할 수밖에 없었지만, 병력 증가는 자체적으로 해결할 수 있었다.

대한민국 육군은 5개 여단, 15개 연대 약 5만 명의 병력으로 출범했으나, 제14연대 반란과 주한미군 철수를 계기로 연대 증편에 속도를 내어 10개 연대를 추가 편성했다. 그 결과 1949년 6월 말 기준으로 육군은 22개 보병연대와 1개 기갑연대 등 총 23개 연대를 보유하게 되었다.

연대 증편과 함께 사단 창설도 이루어져, 우리 역사상 최초의 사단이 탄생했다. 이 시기에 편성된 8개 사단이 6·25전쟁을 맞게 되었으며, 각 사단의 창설 시기와 장소, 초대 사단장은 다음과 같다.

- 제1사단(1949.5.12, 수색) 대령 김석원
- 제2사단(1949.5.12, 대전) 대령 유승렬
- 제3사단(1949.5.12, 대구) 대령 최덕신
- 제5사단(1949.5.12, 광주) 준장 송호성
- 제6사단(1949.5.12, 원주) 대령 유재흥
- 제7사단(1949.5.12, 서울) 대령 이준식
- 제8사단(1949.6.20, 원주) 준장 이형근
- 수도경비사령부(1949.6.20. 서울) 대령 권준

사단 편성 기준은 보병연대 3개였으나, 실제로는 전방 사단만 3개 연대를 갖추었고, 후방 사단은 2개 또는 3개 연대로 편성되었다. 병력 부족에 더해 장비와 무기 수준도 여단급에 불과했다.

8개 사단의 초대 사단장 가운데 제3사단장 최덕신 대령, 제5사단장 송호성 준장, 제7사단장 이준식 대령, 수도경비사령관 권준 대령은 광복군 출신이었고, 제1사단장 김석원 대령, 제2사단장 유승열 대령, 제

6사단장 유재흥 대령, 제8사단장 이형근 준장은 일본육사 출신이었다. 특기할 점은 제2사단장 유승열이 제6사단장 유재흥의 아버지였다는 사실이다.

부대편성은 외형을 갖추었지만, 훈련은 충분히 이루어지지 않았다. 1950년 1월이 되어서야 육군본부는 '훈련각서 제1호'를 전군에 하달해, 3월까지 분대 훈련에서 대대 훈련까지 완료하도록 지시했다. 이에 따라 전방 사단은 계획된 훈련을 어느 정도 수행할 수 있었지만, 후방 사단은 공비 토벌작전에 투입되어 훈련이 어려웠다. 그 결과 6·25전쟁 발발 당시 육군의 훈련 수준은 소대급 75%, 중대급 50%에 머물렀다.

K-방산의 원조, 국방기술연구소

주한미군이 철수하자 육군은 현역 10만 명과 호국군 10만 명을 편성했다. 그러나 미국이 지원한 소총만으로는 현역 병력을 장비하기에도 부족했다. 그나마 일제 38식과 99식 소총이 일부 지급되었지만, 10만 명에 이르는 예비군에게는 무기 한 점도 없었다. 훈련할 때면 인근 부대에서 소총을 빌려 써야 하는 형편이었다.

이에 육군은 최소한 소총과 탄약만이라도 자체 생산해 무기 부족을 해결하고자 했다. 마침 소총 제작에 정통한 채병덕 소장이 국방부 병기행정본부장으로 임명되면서 사업에 탄력이 붙었다. 그러나 그가 직원 30여 명 규모의 작은 본부를 맡게 된 데에는 사연이 있었다.

채병덕은 제2대 육군참모총장 시절, 제1사단장 김석원 준장과 '북어 사건'으로 충돌해 함께 예편한 전력이 있었다. 당시 남북은 38선 부근 지정 장소에서 물물교환 형식의 교역이 이루어졌는데, 남측에서는 의약품과 전략물자를 보내고 북측에서는 북어를 내려보냈다. 김석원 사단장은 이를 이적행위로 보고 북어를 압수한 뒤 시장에 팔아 부대 운영비로 사용했고, 이 문제로 채 총장과 갈등이 빚어져 두 사람 모두 군복을 벗었다.

이후 국방부에 병기행정본부가 신설되자 채병덕은 현역으로 복귀해 초대 본부장을 맡았다. 곧 그는 제4대 육군참모총장으로 기용됐고, 김석원 역시 복귀해 제3사단장으로서 6·25전쟁 초기에 진천-영덕-포항 축선에서 지연작전을 수행했다.

채병덕 본부장이 부임했지만, 생산시설은 막막한 상태였다. 주한미군 철수 시 인수한 부평 병기공장은 일본군이 소총과 부품을 만들던 곳이었으나, 시설이 심하게 파손돼 복구가 어려웠다. 채병덕은 일제 패망 당시 이곳 제3공장의 책임자였는데, 그가 참모총장에 임명되자 "소총이나 만들던 사람이 총장이 됐다"라는 비아냥을 듣기도 했다.

그 후 국방부는 일본인이 운영하던 용산공장과 인천공장을 인수해 각각 제1·제2공장으로 지정했다. 제1공장은 소총 수리와 탄피 제작을, 제2공장은 수류탄·지뢰·폭탄·뇌관·99식 소총탄 생산을 맡았다. 이어 제3공장이 설치돼 총포 부속품 제작을 담당했다.

전쟁 직전인 1950년 6월 15일에는 과학기술연구소를 세워 무기 개발과 기술 연구를 시작했으나, 불과 열흘 뒤 발발한 전쟁으로 사업은 중단됐다. 비록 예산 부족과 전쟁 탓에 성과는 크지 않았지만, 무기를 스스로 만들고 발전시키려는 노력은 의미가 컸다. 이 과학기술연구소는 훗날 K-방산을 이끄는 국방과학연구소(1970년 설립)의 뿌리가 되었다고 할 수 있다.

해군의 함정 확보

해군이 국군으로 발족한 뒤, 경비 구역은 기존 동·서 해역을 담당하던 2개 특수정대를 3개 정대와 1개 훈련정대로 재편성했다. 그러나 함정이 부족해 영해 경비는 물론, 북한군의 연안 침투 봉쇄, 밀수선 단속, 조난선 구조, 해상 수송 등 날로 늘어나는 임무를 감당하기 어려웠다.

1949년 3월, 미 국가안보회의에서는 한국에 일부 함정과 무기, 그리고 수리부속품을 제공하기로 방침을 세웠으나, 실제 조치는 이뤄지지 않았다. 이에 해군은 '함정 제1주의'를 최우선 과제로 삼고, 미군과 군원 교섭을 벌이는 한편 자체 건조를 위한 자금 마련에도 나섰다. 손원일 참모총장을 위원장으로 하는 '함정조성기금모금위원회'를 설치하고 모금 운동을 시작한 것이다.

우선 해군 전 장병이 동참해 장교는 월 봉급의 10%, 부사관은 7%, 병사는 5%를 헌납했다. 해군 부인회(회장 홍은혜, 손원일 총장 부인)도 봉사 활동으로 마련한 수익금을 기탁했고, 국방부와 각 정부 기관이 호응하면서 운동은 범국민운동으로 확대됐다. 결국 목표했던 기금 조성에 성공했다.

백두산함, 해군 장병과 국민의 성금으로 구매한 해군 최초의 전투함
(출처: 해군본부)

그러나 자체 건조에는 시설과 기술 부족은 물론, 경비도 해외 구매보다 더 많이 들 것으로 판단되었다. 이에 해군은 계획을 변경해 해외 구매로 방향을 틀었다. 마침 미국에서 PC형 함정 1척을 매각한다는 정보를 입수했고, 대통령도 이를 권유했다. 이에 손원일 총장은 1949년 10월 초 함정 구매를 위해 미국으로 향했다.

한국이 독자적으로 함정 구매에 나서자, 미국의 위신이 추락할 것을 우려한 존 무초(John J. Muccio) 주한 미국 대사는 미 국무부에 순양함 4척, 초계정 5척, 정찰용 수상 비행기 5대, 3인치 및 5인치 포 15문을 한국 해군에 이양할 것을 건의했다. 이후 미국으로부터 해군에 30여 척의 함정이 도입된 점을 보면, 무초 대사의 건의가 작용한 것으로 보인다.

손원일 제독은 미국에서 당초 계획했던 PC함 1척 외에 3척을 추가로 구매했다. 그중 첫 번째 PC함을 '701함'으로 명명하고, 박옥규 중령(제2대 해군참모총장, 해군 중장)을 함장으로 임명해 한국으로 출발시켰다. 이 배가 바로 우리 해군 최초의 전투함인 PC-701 백두산함이다.

이때 도입한 백두산함은 6·25전쟁이 발발한 당일 오후 8시경, 부산 동북방 50km 공해상에서 600여 명의 북한군 특수부대원을 태운 북한 군함과 치열한 교전을 벌여 이를 격침했다. 북한군이 부산에 상륙했다면 전쟁 초기의 판도는 크게 달라졌을 것이다. 그런 점에서 백두산함의 공적은 칭찬받아야 한다.

나머지 PC함 3척은 702함, 703함, 704함으로 명명되어 미국에서 출항해, 전쟁이 한창이던 7월 중순 진해항에 도착했다.

미국에서 구매한 PC함 4척과 미국으로부터 추가 지원받은 함정을 합쳐 해군은 총 71척의 함정을 보유하게 되었으나, 그중 절반 이상은 작전에 투입할 수 없는 상태였다.

손원일, '해군의 아버지'

손원일(孫元一, 1909~1980)은 1945년 8월 광복 직후부터 1953년 6월 해군참모총장에서 물러날 때까지 8년 동안 해군 창설과 발전을 이끌어 대한민국 해군의 초석을 놓았다. 그 공로로 '해군의 아버지'라 불린다. 그의 부인 홍은혜 여사 역시 해군의 대표 군가 '바다로 나가자'와 '해군사관학교 교가'를 작곡하고, 해군 발전을 위해 헌신해 '해군의 어머니'로 칭송받고 있다.

손원일의 부친은 대한민국임시정부를 탄생시킨 임시의정원의 초대 부의장과 2대 의장을 지낸 독립지사였다. 손원일은 어린 시절 아버지를 따라 만주로 이주했으며, 중국의 대학 항해과를 졸업해 3등항해사 자격증을 취득했다. 이후 독일 함부르크의 상선회사에서 항해사로 근무하며 함부르크에서 수에즈 운하를 거쳐 블라디보스토크에 이르는 장거리 항해를 하던 중 부친의 부음을 접했다.

그 후 독일의 1만 5천 톤급 대형 원양 여객선 근무를 마치고 3년 만에 상하이로 돌아온 그는, 윤봉길 의사의 홍커우공원 의거 이후 일본 경찰에 간첩 혐의로 체포돼 본국으로 송환되었다. 혹독한 고문을 받았으나 무혐의로 석방되었고, 이때의 고문 후유증으로 평생 고생했다고 전해진다.

출옥 후 조선총독부의 출국 금지령이 내려져 국내에 머물게 된 그는 처남과 함께 수입 식료품 가게를 운영하며 번 돈으로 집을 마련하고, 베이징에 있던 어머니와 여동생을 불러왔다. 이 무렵 이화여전 음악과를 졸업한 홍은혜와 결혼했다.

1940년 봄, 서울의 한 식품 수출회사 지점장으로 발령받아 다시 상하이로 갔던 그는, 봉천역 승차장에서 서울행 열차를 기다리던 중 일본의 항복 소식을 들었다.

서울에 도착한 그는 해군 창설 의지를 함께한 동지들과 해사대를 조직하고 이를 해사협회로 확대, 회장으로 추대되었다. 이어 미군정청 운송국 해사과의 지원을 받아 1945년 11월 11일 '해방병단'을 창설하고 단장에 취임했다. 해군은 이날을 창설기념일로 삼고 있다.

1946년 1월, 해방병단 단장 겸 해군사관학교 초대 교장에 임명된 그는 2월 1일 해군 장교 군번 1번으로 참령에 임관했다. 같은 해 6월

손원일 제독과 이승만 대통령(출처: 미국국립문서기록관리청)

15일, 해방병단이 해안경비대로 개칭되면서 그는 해안경비대 총사령에 올랐고, 해안경비대는 통위부(국방부) 산하에 편입되었다.

대한민국 정부수립 후, 조선경비대는 대한민국 육군으로, 조선해안경비대는 대한민국 해군으로 개칭되었다. 이에 육군의 송호성과 해군의 손원일이 각각 총사령관을 맡았다. 1947년 3월 1일, 그는 경비대총사령관 송호성과 함께 준장으로 진급했으며, 1948년 12월 10일에는 육군의 김홍일·송호성·이응준·채병덕과 함께 대한민국 최초의 장성으로 이름을 올렸다.

1949년 6월, 손원일 총장은 전투함 구매를 위한 자체 모금 활동에 나섰다. 이때 부인 홍은혜 여사는 해군부인회를 조직하고 바느질 공장을 운영해 얻은 수익금을 보태었다. 이렇게 모인 금액은 1만 5천 달러에 달했고, 여기에 이승만 대통령이 정부 보조금 4만 5천 달러를 지원했다.

손원일 총장은 총 6만 달러를 들고 직접 미국으로 건너가, 미 해군이 제2차 세계대전에서 사용한 뒤 퇴역시킨 전투함 4척을 구매했다. 첫 번째로 들여온 백두산함에 대해서는 앞서 언급한 바와 같다.

1953년 6월 30일, 휴전을 앞두고 그는 국방부장관으로 전격 임명됐다. 한미상호방위조약 체결 과정에서 그가 필요했기 때문이다. 같은 해 7월 27일 휴전협정이 조인되고, 10월 1일 한미상호방위조약이 체결됐다.

국방부장관 재직 중 그는 국군 현대화를 추진하며 전력 증강에 힘을 기울였다. 그러다 1956년 6월 2일 국방부장관직에서 물러났으며, 이후 서독대사를 끝으로 공직 생활을 마무리했다.

3 공군과 해병대 창설

공군 창설 과정

『국군조직법』을 제정할 당시, 이승만 대통령은 미국으로부터 항공기를 지원받을 방법으로 법안에 공군 설치를 반영하려 했다. 그러나 미 군사고문단은 여건이 미비하고 시기상조라는 이유로 반대했다. 결국 절충안으로 『국군조직법』 부칙에 "육군에 속한 항공병이 필요한 때에는 독립된 공군으로 조직할 수 있다"라는 조항을 두어, 공군 독립 논란은 일단락되었다. 당시 미국 역시 공군이 육군에서 분리된 지 불과 1년(1947년 9월 18일)에 지나지 않은 시점이었다.

1949년 초, 육군항공사령부는 이승만 대통령에게 북한이 소련제 신형 전투기 20대를 보유하고 있으며, 추가 도입을 위해 조종사 훈련을 강화하고 있다는 정보를 보고했다. 이어 우리 군도 전투기 확보가 시급하다며 미국 정부에 군사원조를 요청해 달라고 건의했다. 이승만 대통령은 특사를 미국에 파견해 전투기를 포함한 항공기 지원을 요청했지만, 미국은 아무런 반응을 보이지 않았다.

이런 가운데 1949년 10월 1일, 공군이 육군에서 독립해 발족했다. 이날을 공군 창설일로 삼았다. 당시 공군 병력은 1,616명, 보유 항공기는 연락기 20대에 불과했으며, 공군본부도 이때 설치됐다. 초대 공군총참모장은 김정렬 대령으로, 일본육사 항공과를 졸업하고 일본 육군항공대 대위를 지낸 인물이다. 그의 부친 또한 일본육사 졸업생이며, 동생 김영환은 일본군 학병 출신으로 '공군 창설 7인의 간부' 중 한 명이었다.

공군 창설 직후, 이승만 대통령은 미국 민간항공회사 사장 찰리 첸놀트(Claire L. Chennault)를 초청했다. 첸놀트는 제2차 세계대전 당시 중국 주둔 미 제14항공사령관으로 중국 공군 발전에 크게 기여한 인물이다. 그는 한국을 방문해 공군의 열악한 현실을 확인한 뒤 귀국하여, 미국 정부에 F-51 전투기 25대를 포함한 항공기 99대를 한국에 지원할 것을 건의했다. 그러나 미국 정부는 이 사안을 맥아더 사령관에게 검토하게 했고, 맥아더는 "한국이 국내 질서 유지만을 위해 그처럼 큰 군사력을 보유하면 남북 간 전면전 가능성만 높아진다"라며 반대 의사를 밝혔다.

한편, 항공기 군사원조 교섭이 무산된 1949년 6월, 육군항공사령부는 자체적으로 항공기를 구매하기 위해 모금 계획을 세웠다. 이승만 대통령도 이에 뜻을 같이해 국방부 차원에서 '애국기 헌납운동'을 추진했다. 공군 독립을 계기로 이 운동은 전국으로 확산하여 목표액 2억 원을 훌쩍 넘어 3억 5천만 원이 모였고, 이를 바탕으로 캐나다산

AT-6형 고등훈련기 10대를 도입했다.

6·25 전쟁 직전인 1950년 5월 14일, 여의도 비행장에서 이승만 대통령이 참석한 가운데 고등훈련기 10대의 명명식이 거행됐다. 훈련기의 이름은 '건국기'로 명명되었다.

그러나 전투기 확보를 포기하지 않았던 이승만 대통령은, 일본 주둔 미 극동공군이 F-51 머스탱 전투기를 F-84와 F-86 신형 전투기로 교체하려 한다는 정보를 접하고, 무초 주한 미국 대사에게 F-51 전투기 이양을 요청했다. 이에 무초 대사는 로버츠 미 군사고문단장에게 자문했는데, 로버츠 단장은 전투기 도입의 필요성은 인정하면서도, 그에 앞서 한국 조종사들의 훈련이 선행되어야 한다고 답했다. 이에 무초 대사가 미 국무부에 F-51 전투기 지원을 요청했으나, 미 국무부는 막대한 경비를 이유로 지원이 부당하다는 결론을 내렸다.

한국 정부는 다른 방안을 제시했다. 북한군 조종사 이건순 중위가 귀순하며 몰고 온 소련제 IL-10 전투기를 미 공군에 넘겨줄 테니, 그 대가로 F-51 전투기를 제공해 달라는 제안이었다. 그러나 이마저도 거절당했다. 결국 6·25전쟁이 발발한 뒤에야 미국은 F-51 머스탱을 한국에 이양했다.

전쟁 발발 당시 공군이 보유한 항공기는 L-4 연락기 10대, L-5 연락기 10대, AT-6 훈련기 10대 등 모두 30대였다. 그러나 사고와 고장으로 8대가 사용 불가능해 실제 가동 가능한 기체는 22대에 불과했다. 병력은 장교 224명, 부사관·병 1,570명, 군무원 85명을 합해 총 1,897명이었다.

해병대 창설

해병대 창설을 촉진한 직접적인 계기는 제14연대 반란 사건이었다. 당시 해군은 반란군 진압을 위해 함정을 출동시켜 해상 탈출을 저지했으나, 지상 작전 능력이 없어 뚜렷한 성과를 거두지 못했다. 여수에 출동했던 해군 장교들 사이에서는 "우리 해군에도 일본 해군의 육전대와 같은 특수부대가 있어 상륙 작전을 펼쳤더라면, 진압 작전이 훨씬 효과적이었을 것"이라는 의견이 나왔다. 이에 손원일 해군총참모장은 해군 통제부 참모장 신현준 중령에게 해병대 창설 방안을 검토하도록 지시했다.

신현준 중령은 법무관 강대성 대위, 민용식 소위와 함께 창설 방안 연구에 착수했다. 그러나 새로운 부대를 만들려면 『국군조직법』을 개정해야 했고, 이를 위해 국방부 참모총장과 장관의 승인, 국회 통과라는 절차가 필요했다. 이런 현실을 고려해 해군은 "1개 대대 규모의 병력과 장비로 해병대를 편성해 상륙전에 대비하고, 해군기지 경비를 맡긴다"라는 내용의 건의안을 마련했다.

그러나 당시 국방부 참모총장이던 채병덕 대령은 "육군과 같은 지상 전투를 하는 해병대는 불필요하다."라는 이유로 이 건의안을 기각했다. 이에 해군은 '해군기지 경비 전담부대'라는 내용으로 수정안을 작성해 다시 올렸고, 채병덕 참모총장이 내용을 제대로 검토하지 않은 채 결재했다. 훗날 그는 자신이 실수로 해병대 창설안에 서명했다는 사실을 알고 후회했다고 한다.

참모총장 결재가 나자 국방부 장관의 재가도 이어졌고, 손원일 제

초대 해병대 사령관 신현준(출처: 『해병대의 뿌리 신현준』)

독은 신현준 중령을 해병대사령관으로, 통제부 교육부장 김성은 중령을 참모장으로 임명해 본격적인 부대 편성에 들어갔다.

신현준은 만주 봉천군관학교 제5기 졸업생으로 만주군 대위를 지냈으며, 김성은은 일본군 학병 소위로 복무하다 광복 후 육군 소위로 임관한 뒤 해군으로 전환했다. 이후 신현준은 초대 해병대사령관(중장)을, 김성은은 제4대 해병대사령관(중장)과 제14대 국방부장관을 역임했다. 김성은은 해병대 출신으로는 유일한 국방부장관이다.

신현준과 김성은은 우선 해군본부와 협의해 부대편성에 필요한 최소 인원으로 100여 명의 기간병과 300명의 제1기 해병 신병을 확보했다. 기간병 가운데 15명은 일본 해군 출신으로, 신병교육대 분대장에 임명되었다. 이들은 이후 간부후보생 과정을 거쳐 해병 장교로 임관했다. 해병이 '기합'이 세기로 유명해진 것도 이들 일본 해군 출신들의 영향이 컸던 것으로 보인다.

병력 충원이 순조롭게 이루어지자 1949년 4월 15일, 진해 덕산 비행장에서 장교 26명, 부사관 54명, 사병 300명 등 총 380명으로 대한민국 해병대가 창설되었다. 이날 이범석 국방부 장관이 직접 친필로 쓴 '해병대사령부' 현판이 덕산비행장 입구에 걸렸으며, 창설식과 함께 해병 신병 제1기생 입대식도 거행되었다.

해병대가 창설된 뒤 처음 부여받은 임무는 제14연대 반란 사건 이후 지리산으로 들어간 공비 잔당을 소탕하는 일이었다. 1949년 8월, 김성은 중령이 지휘하는 1개 대대 550명이 진주에 주둔했다. 당시 진주 일대에서는 공비 잔당이 경찰서와 마을을 습격해 살인·방화·약탈을 자행하고 있었다.

해병대는 주둔 기간 특별한 성과를 거두지 못했고, 오히려 공비의 기습을 받아 해병 4명이 전사하고 2명이 부상을 당했다. 이후 공비 출몰 지역에 출동해 소탕 작전을 이어가다, 1949년 12월 해병대사령부가 제주도로 이동했다. 당시 제주도는 4·3사건의 후유증으로 군에 대한 도민들의 공포와 원한이 남아 있었고, 해병대는 민심 수습과 공비 잔당 소탕을 새 임무로 삼았다.

제주 주둔 시기는 열악한 환경과의 싸움이기도 했다. 날씨는 불순했고, 식수와 전기가 부족했으며, 강풍이 심해 창문이 없는 막사에는 가마니를 쳐야 했다. 보급 사정도 나빠 병사들의 사기에 영향을 주었으나, 이들은 강한 정신력으로 이를 이겨냈다.

이 시기, 육군사관학교 제9기에 위탁교육을 보냈던 해병 사관후보생 30명이 소위로 임관해 복귀했다. 그중 박정모 소위(후일 해병 대령)는 6·25전쟁 중 인천상륙작전과 서울탈환작전에 참전했다. 그는 1950년 9월 27일 오전 6시 10분, 양병수 2등병조, 최국방 견습수병과 함께 중앙청 건물 옥상에 올라가 태극기를 게양했다. 이는 서울 수복 당일 해병 선두부대의 상징적인 장면으로 남았다.

제주에서의 임무가 끝나갈 무렵 6·25전쟁이 발발했다. 당시 해병대 병력은 장교 66명, 사병 1,100명 등 총 1,166명이었으며, 0.50구경 기관총 3정, 0.30구경 기관총 6정, 60mm 박격포 4문, 81mm 박격포

2문, 그리고 일제 99식 보병총과 미제 M1 카빈 소총을 보유하고 있었다. 전쟁은 해병대가 급격히 성장하고 발전하는 계기가 되었다.

4

시련과
도전들

제14연대 반란

    1948년 10월 19일, 전남 여수에 주둔한 제14연대는 하루 종일 분주했다. 제1대대가 제주도 4·3사건 진압 작전에 투입되기 위해 그날 밤 출동해야 했기 때문이다. 작전을 앞둔 군인들에게는 불안과 공포, 그리고 앞으로 벌어질 상황에 대한 기대와 호기심이 교차하는 법이다.

    제1대대 장병들은 완전무장을 하고 여수항으로 향할 트럭을 기다리고 있었다. 그런데 밤 10시경, 갑자기 총성이 울렸고 비상 나팔 소리가 뒤따랐다. 출동 신호로 오해한 제1대대 장병들이 가장 먼저 연병장에 집결했다. 그들이 불안한 눈빛으로 웅성거리던 순간, 연대 인사계 지창수 상사가 사열대에 나타나 외쳤다.

    "지금 경찰이 우리를 습격하려 한다. 악마 같은 경찰을 타도하자.

우리는 동족상잔의 제주도 출동을 반대한다. 북조선인민군이 남조선 해방을 위해 38선을 넘어 남진하고 있다. 지금부터 우리는 인민해방군으로 행동한다!"

병사들 사이에서 "옳소! 옳소!" 하는 함성이 터져 나왔다. 3명의 부사관이 반란에 반대하자, 지창수 일당은 그 자리에서 그들을 사살했다.

"여러분, 반대하면 저렇게 된다. 무기고와 탄약고는 이미 점령했다. 가능한 한 많은 실탄을 휴대해 장교들을 처치하고 경찰을 타도하자!"

출동대대는 40여 명의 좌익 성향 병사들에게 장악됐고, 나머지 병사들은 얼떨결에 반란군이 되었다.

비상 나팔과 총성에 놀란 제2·제3대대 병사들이 상황을 확인하려 연병장 쪽으로 나오는 순간, 지창수 일당이 고함쳤다.

"빨리 나와 무기고로 가서 총과 실탄을 챙겨라! 안 나오는 놈은 쏴 죽인다!"

공포 분위기 속에서 모인 병사들은 '경찰이 쳐들어온다'라는 선동에 휩쓸렸다.

"구례경찰서로 출동해 본때를 보여주자!"

이렇게 반란은 시작되었다. 얼핏 보면 어처구니없는 사건이지만, 역사에는 이런 일이 종종 있었다. 임오군란도 봉급 쌀 배급 문제에서 비롯돼, 관리와 병졸 간의 시비가 발단이었다.

그렇다면 왜 '경찰 타도' 주장이 이토록 쉽게 호응을 얻었을까? 반란 직전, 휴가 중이던 이종열 상사가 고향에서 구례경찰서 형사와 시비 끝에 경찰서로 끌려가 구타당한 뒤 풀려난 사건이 있었다. 이 소문은 순식간에 전 연대에 퍼졌다. 제14연대는 원래 광주 제4연대 제1대대 장병들을 기반으로 창설되었는데, 이 대대는 1947년 6월 영암 군경 충돌 사건에서 6명이 경찰 총격으로 사망하고 10명이 부상했으며, 다수의 장병이 처벌받았다. 이런 배경 속에서 경찰에 대한 반감이 이미 깊었던 터라, 이종열 사건은 병사들의 감정을 폭발시키는 도화선이 되었다.

연대 병력을 반란으로 끌어들이는 데 성공한 지창수는, 미리 세워둔 계획에 따라 반란군 지휘체계를 편성했다. 이어 부대 내 장교들을 색출해 사살했으며, 이 과정에서 제1대대장 김영일 대위를 비롯해 육사 제2기부터 제6기 졸업생 22명이 반란군에게 살해되었다.

연대 내에서 반란이 성공하자 반란군은 여수 시내로 진출했고, 이를 막으려는 경찰과 치열한 총격전을 벌였다. 10월 20일 오전 9시경, 여수는 반란군의 수중에 들어갔다. 시내를 장악한 반란군은 여수 좌익 세력과 결합해 주요 기관과 건물을 접수하고, 경찰관·기관장·우익 인사·지방 유지 등 자신들이 '반동분자'라 부르는 인물들을 검거하는 데 앞장섰다. 이 과정에서 반란군과 좌익 세력은 곳곳에서 살상을 저질렀다.

여수를 점령한 반란군은 1개 대대를 잔류시키고, 나머지 2개 대대는 오전 9시 30분 열차를 이용해 순천으로 향했다. 이 부대는 제14연대 대전차중대장 김지회 중위(육사 제3기)가 지휘했다. 순천에 주둔하던 2개 중대도 홍순석 중위(육사 제3기)의 지휘 아래 반란군에 합류했다.

20일 오후 3시, 순천은 반란군에 의해 점령됐다. 이후 반란군 주력은 학구, 광양, 벌교 방면으로 나뉘어 진격하면서, 도중에 경찰서를 습격하고 경찰관을 살해했다. 학구는 순천 북방 10km 지점에 위치한 교통 요충지로, 광주로 가는 길목이었다. 한편, 순천에 남은 반란군 잔류부대는 좌익 세력을 규합해 경찰관·기관장·우익 인사·지방 유지·종교인 등을 대거 검거하고 살육을 자행했다.

반란군 토벌사령부 설치

제14연대 반란 소식을 제일 먼저 접한 사람은 광주에 있던 제4연대 부연대장 박기병 소령(일군 지원병 출신, 군영, 관구사령관, 소장 전역)이었다. 그가 광주경찰서로부터 연락을 받은 시점은 반란군이 여수 시내를 장악한 1시간 반 후인 20일 10시 30분이었다.

박기병 소령은 경찰로부터 연락을 받자마자 육군총사령부에 보고하고 부대에 비상명령을 내린 뒤, 우선 1개 중대를 순천 방면으로 급파했다. 그러나 선발대로 보낸 중대는 순천에서 반란군에 합류해 버렸다. 이에 박 소령은 직접 1개 대대를 이끌고 광주를 향해 북상하는 반란군을 저지하기 위해 학구로 향했다.

10월 21일, 반란군 토벌을 위한 전투사령부를 광주의 제5여단 본부에 설치하였다. 토벌사령관은 육군총사령관 송호성 준장이 직접 맡고, 백선엽 정보국장이 참모장, 육본 정보과장 김점곤 소령(육사 제1기, 소장)이 정보참모, 육사 훈육관 박정희 소령이 작전참모로 임명되었다.

반란군 진압작전에 출동한 국군. 철모와 팔에 백색 띠를 둘러 반란군과 구분하였다(출처: 연합뉴스).

진압군사령부는 10개 대대에 출동 명령을 내리고, 먼저 순천을 탈환한 다음 반란군을 여수반도로 몰아넣어 섬멸할 방침을 세웠다.

진압군 가운데 가장 먼저 순천을 향해 출발한 제4연대 제2대대는 부연대장 박기병 소령의 지휘 아래 21일 아침 학구에서 반란군과 맞닥뜨렸다. 박 소령은 어떻게 해서든 한솥밥을 먹던 전우끼리의 싸움은 피하고자 반란군에게 귀순을 설득했다. 그러나 반란군 측은 오히려 자신들의 편으로 합류할 것을 요구했다. 이때 반란군이 먼저 발포하여 박 소령 주위에 있던 2, 3명의 병사가 부상당하자, 격분한 병사들이 반란군을 향해 사격을 가해 반란군 1개 중대 병력을 포로로 잡는 전과를 올렸다.

그러나 반란군도 병력이 증원되어 더는 공격을 이어가지 못하던 중, 제12연대 2개 대대 병력이 부연대장 백인엽 소령(군영, 군단장, 중장 전역, 백선엽 장군 동생)의 지휘 아래 학구에 도착하였다. 당시 진압군에는 81mm 박격포가 한국군 최초로 지급되어 그 위력을 발휘할 수 있었다. 제12연대는 박격포 사격에 힘입어 순천 돌입을 감행했고, 반란군을 순천교 근처로 압박해 갔다. 이에 반란군 2개 대대는 동천강을 배후에 두고 완강하게 저항하였다.

동천강 제방을 타고 공격하던 제12연대 제3대대 제9중대가 반란군에게 포위되자, 중대장 송호림 중위(육사 제3기, 군단장, 중장 전역)는 돌격 명령을 내리고 선두에 서서 반란군 진영을 향해 돌진했다. 목소리가 유난히 컸던 그는 큰소리로 외쳤다.

"차렷!"

"너희는 완전히 포위되었다. 모두 총을 버리고 투항하라. 투항하면 살 수 있다."

반란군은 당황한 기색을 보이며 총을 버리고 하나둘씩 손을 들기 시작했다. 이렇게 투항한 포로가 187명에 달했다.

21일 오후 늦게 시작된 순천 탈환 작전은 시가 대부분을 확보했으나 완전 장악에는 이르지 못한 채 날이 저물었다. 그날 밤 대전의 제2연대 제1대대와 수색대 장갑차 부대가 증원됐다. 10월 22일 여명과 함께 순천을 포위한 진압군은 장갑차를 앞세워 공격을 재개했다. 그러나 반란군 주력은 이미 밤사이 퇴각했고, 저항한 세력은 경찰로부터 빼앗은 무기나 죽창을 든 좌익세력뿐이었다. 순천은 점령된 지 이틀 만인 22일 오전에 완전히 탈환됐다. 제12연대는 순천 탈환의 공로로 장병 전원이 1계급씩 특진했다.

제14연대 반란이 일어났을 당시, 이승만 대통령은 맥아더 장군의 초청으로 도쿄를 방문 중이었다. 다음 날 반란 소식을 접한 그는 즉시 귀국해 23일 이범석 국방부 장관을 경무대로 불러 지시했다.

"민주국가를 표방하고 정부수립을 선포한 이 마당에 국군이 반란을 일으키다니. 군경을 동원해 하루빨리 빨갱이를 소탕하라!"

대통령의 독전에 따라 전투사령부는 24일 여수 탈환 작전을 개시했다. 제3연대 증강 1개 대대와 장갑차를 앞세운 진압군은 송호성 준장의 지휘로 여수로 진격했다. 그러나 진격 도중 반란군 1개 대대가 양편 산기슭에 매복해 기습 사격을 가했다. 이때 송호성 장군은 적탄에 고막이 파열되고, 차량에서 추락해 허리를 다쳐 순천으로 후송됐다.

전투사령부는 일시 철수 후 26일 재공격을 시작했다. 여수 탈환 작전에는 해군 경비정 7척과 부산 제5연대 1개 대대가 상륙해 수륙양면으로 공격을 펼치도록 계획했다. 진압군은 26일 오후 3시 여수 외곽 고지를 점령하고 시가지에 박격포 포격을 가했다. 반란군 주력은 이미 철수한 상태였지만, 시내 곳곳에서 좌익분자들과 남녀 학생들이 반란군이 지급한 총으로 저항했다.

27일 새벽, 진압군은 장갑차 12대를 앞세워 시가지 소탕전에 들어갔다. 폭도들의 산발적인 저항을 받으며 전투를 벌이던 중, 부두에 남아 있던 반군이 격퇴되자 부산에서 해군 함정을 타고 여수항에 도착한 제5연대 제1대대가 무혈 상륙해 제12연대와 함께 소탕 작전에 나섰다.

제14연대 반란은 10월 27일, 진압군이 여수를 탈환함으로써 발생 9일 만에 막을 내렸다. 그러나 그 대가로 막대한 인명 피해가 뒤따랐다. 여순사건에서 반란군과 진압군 모두 민간인을 희생시켰으며, 정확한 사망자 수에 대한 공식 기록은 없다. 일부에서는 1만 명 이상이 희생됐다고 주장하는데, 상당수는 무고한 양민이었고, 진압 과정에서 군·경에 의해 목숨을 잃었다고 전해진다.

제14연대 반란 사건은 한동안 '여순반란사건'으로 불렸다. 그러나 이 명칭은 마치 여수·순천 시민들이 반란을 일으킨 것처럼 오해를 불러일으킬 소지가 있어 민주화 이후 사건 명칭은 '여순사건'으로 바뀌었고, 진압군에 의해 살해된 무고한 양민들에 대해서는 '위법한 공권력에 의한 희생'이라는 사법부의 판단이 내려졌다. 이어 2021년 국회에서 '여수·순천 10·19사건 진상규명 및 희생자 명예회복에 관한 특별법'이 제정되는 등, 과거의 아픈 상처를 치유하려는 노력이 이어지고 있다.

한편, 진압군에 의해 사살된 반란군은 392명, 투항하거나 포로가 된 인원은 1,500여 명에서 2,000명으로 집계된다. 결국 총 3,000여 명 규모였던 반란군 중 나머지 500~1,000명은 이후에도 활동을 이어가다 군·경 토벌대에 의해 사살되거나 투항·체포된 것으로 보인다.

진압군 또한 수백 명이 전사한 것으로 추정되지만, 정확한 자료는 확인되지 않았다. 제12연대장 백인기 중령(군영, 대령 추서)이 전사했으며, 당시 국회 국방위원장이자 전 광복군 총사령이었던 지청천의 차남 지정계 소위(육사 제7기 특별반)는 제4연대 제1대대 진압군으로 출동했다가 10월 23일 보성에서 반란군의 총탄을 맞고 전사했다.

5

책임자처벌과 숙군

책임자 처벌과 반란부대 해체

제14연대 반란군에 대한 진압작전이 일단락된 뒤, 누가 어떻게 책임을 질 것인가 하는 문제는 군으로서는 고통스럽지만 회피할 수 없는 과제였다. 육본 조사반은 반란이 일어났을 때 피신했거나 화를 면한 제14연대의 장교와 사병 전원을 구속했다. 그 수는 대략 1개 중대에 달했다. 광주의 제4연대 출신 장병들도 거의 조사 대상에 올랐다. 제4연대는 제14연대의 모체부대였고, 좌익계가 많이 침투해 있었기 때문이다.

가장 먼저 제14연대에 대한 지휘권을 가진 제5여단장 김상겸 대령이 파면됐다. 이어 1948년 11월 20일, 송호성 육군총사령관이 책임을 지고 물러났으며, 후임으로 이응준이 임명됐다. 정작 반란부대 지휘관인 제14연대장 박승훈 중령은 가벼운 징계로 직위해제만 당했다.

부임한 지 12일 만에 반란이 일어났다는 점이 고려되어 가볍게 처리됐다고 한다.

채병덕 국방부 참모총장은 부연대장 이희권 소령에게 반란을 진압하지 못한 책임을 씌우려 했다. 기소된 장교 가운데 그가 최고 계급이었기 때문이다. 그러나 재판 결과 이 소령은 전원일치로 무죄판결을 받았다. 이를 보고받은 채병덕 장군은 불호령을 내렸지만, 결과는 그대로 확정됐다.

이희권 소령은 반란사건 발생 당시 여수항 부두에서 연대장과 함께 제주도행 하역 작업을 감독하고 있었다. 그때 부대를 탈출해온 수송장교에게서 반란 발생 소식을 듣고 즉시 부대로 복귀해 진정시키려 했으나, 반란군이 총격을 가하며 저항하자 부대를 빠져나와 여수 헌병대에 알린 뒤 관사 지역으로 피신했다.

그때 연대 작전장교 강성윤 대위(육사 2기)가 수색 나온 반란군에 붙잡혀 현장에서 사살되자, 이 소령은 다시 그곳을 빠져나와 친척 집에 숨어 지냈다. 이후 사복으로 갈아입고 여수를 빠져나와 낮에는 산에서 자고 밤에는 산을 타고 북상해 10월 24일 밤 순천에 도착했다. 이때는 이미 국군이 순천 시내를 장악하고 있었고, 그는 진압군에 의해 구출됐다.

무죄 판결을 받은 이희권 소령이 신고 차 채병덕 참모총장을 찾아갔다.

"재판장이 누구였나?"

"신학진 대령입니다."

"군의관이 재판할 줄 아나? 책임은 누가 져야 한단 말이야!"

채병덕 참모총장은 이응준 육군총참모장에게 재판을 다시 하라고 지시했고, 이 소령은 결국 사표를 내고 군복을 벗었다.

제14연대장 박승훈 중령과 부연대장 이희권 소령은 후일 다시 군에 복귀하여, 박 중령은 헌병사령관(소장), 이 소령은 사단장과 정훈감(준장)까지 진출하였다. 기소된 다른 장교들도 대부분 무죄였으며, 최고 형량이 징역 6개월이었다. 그러나 이들 역시 거의 모두 복직되어 6·25전쟁에 참전했다.

반란부대가 된 제14연대는 1948년 10월 28일 자로 해체되었다. 이어 11월 20일, 제4연대도 해체되어 제20연대로 개편되고, 제4여단은 제6여단으로 부대 명칭이 변경되었다. 제4연대에는 좌익이 유독 많았고, 제14연대는 반란부대가 되었으며, 제4여단 예하에서는 2개 대대 월북 사건이 일어나는 등, '4'자가 들어간 부대에서 좌익과 관련된 사건이 잦았다. 그로 인해 국군에는 부대 명칭에 '4'를 넣지 않는 전통이 생기게 되었다.

숙군 선풍과 공포의 '김창룡 리스트'

부대해체와 함께 군내 좌익 세력을 척결하기 위한 숙군(肅軍)이 대대적으로 단행되었다. 숙군은 제14연대 반란사건 직후부터 1954년 10월까지 모두 7차례에 걸쳐 총 1,677명을 처리했다. 이 가운데 6·25전쟁 이전까지 네 차례에 걸쳐 실시된 숙군에서만 총 1,327명이 숙군 처리되었다.[28]

제1차 숙군에서는 364명이 색출·처리되었으며, 이 중 군영 출신과 육사 제1·2·3기생 80여 명이 포함됐다. 육사 제3기생은 동기생 281명 중 258명이 좌익 혐의로 조사를 받았고, 그 가운데 61명이 숙군 처리되었다. 제14연대 반란군을 지휘한 김지회·홍순석 중위와 진압군으로 내려갔다가 반란에 가담한 김응록 중위가 모두 제3기생이다. 제3기생에 좌익이 많았던 이유는, 이들이 생도 시절 군영 출신 오일균과 조병건이 각각 생도대장과 교수부장으로 있으면서 이들을 좌익으로 포섭했기 때문이다.

반면, 숙군을 주도한 김창룡 역시 육사 제3기생이었으며, 제14연대 반란군을 토벌한 일선 중대장 대부분도 제3기생이었다. 제3기생 송호림은 순천에 진입해 반란군 187명의 투항을 받아낸 것으로 유명하며, 6·25전쟁에서도 제3기생들이 용감히 싸웠다.

제2차 숙군은 남로당 군부 공작 책임자인 이재복이 체포된 것을 계기로 시작됐다. 이후 이재복의 비서이자 군부 연락책이었던 김영식이 체포되었고, 그로부터 500여 명에 달하는 군내 좌익조직 명단이 입수되어 이 중 245명이 숙군 처리되었다. 제3차 숙군에서는 532명, 제4차에서는 186명이 각각 숙군되었다.

이처럼 숙군의 한가운데에는 언제나 김창룡이 있었다. 숙군을 말하면 김창룡이 떠오르고, 김창룡을 떠올리면 곧 숙군이 연상될 정도였다. 그는 마치 그 일을 위해 태어난 듯 적극적으로 이를 이끌었고, 그 공로로 승승장구하며 최고 무공훈장인 태극무공훈장을 두 차례나 받

28　한용원, 『창군』, 131쪽 참조. 보안사령부가 편찬한 『대공30년사』의 자료를 인용.

았다. 그렇다면 김창룡은 어떤 인물이었을까.

김창룡은 만주에서 일본 헌병부대의 군속으로 들어간 뒤 '진짜 헌병'이 되기 위해 온갖 노력을 기울였고, 결국 정식 헌병이 되어 일본 관동군 헌병대에 근무하게 되었다. 그의 주 임무는 조선인과 중국인 항일조직을 적발하는 일이었다. 그는 50여 건의 항일조직을 검거하는 공(?)을 세워 오장(하사)으로 특진했다.

일본이 패망하고 만주에 소련군이 들어오자, 포로가 되지 않기 위해 고향 경흥으로 돌아갔다. 그러나 관동군 시절 자신이 정보원으로 두고 편의를 봐주던 사람이, 그를 친일 반동분자로 고발해 사형선고를 받았다. 사형은 즉시 집행되지 않았고, 함흥으로 이감되는 도중 그는 화물열차에서 뛰어내려 탈출에 성공했으나, 다시 체포되어 또다시 사형선고를 받았다. 그는 취조실에서 졸고 있던 소련군을 의자로 때려눕히고 탈출해 남쪽으로 내려왔다.

1946년 5월 초순, 서울에 도착한 그는 의지할 곳이 없어 용산역 앞에 거적을 깔고 지냈다. 그곳에서 박기병 참위를 만났다. 박기병이 일본군 지원병으로 관동군에 있을 때, 김창룡은 그를 조선인 독립운동가와 내통했다는 이유로 심하게 고문한 적이 있었다. 이때 박기병이 호통쳤다.

"조선 사람끼리 왜 이러는가? 너 그따위로 놀면 죽어!"

이 일을 계기로 두 사람은 가까운 사이가 되었다.

김창룡은 박기병 참위의 추천을 받아 부산의 제5연대에 입대했다. 당시 연대장은 백선엽 정위였다. 그는 육사에 응시하려 했으나, 연대 인사 담당 백남권 참위(학병 출신, 군영, 소장 전역)가 추천서를 써주지 않았다. 일본군 헌병 출신이 장교가 되어서는 안 된다는 이유였다.

이에 김창룡은 부대를 이탈해 박기병을 만나기 위해 서울로 갔으나, 이미 그는 이리의 제3연대로 전출된 뒤였다. 김창룡은 이리로 내려가 제3연대에 입대했고, 연대 정보하사관으로 성실히 근무해 신임을 얻고 육사 응시 추천을 받았다. 그러나 육사 면접시험에서 그는 백남권 정위 앞에 서게 되었다. 바로 얼마 전 부산에서 추천을 거절했던 그 사람이었다. 김창룡은 빌며 애원했다.

"중대장님, 잘못했습니다. 저를 살려주십시오!"

통사정이 통했고, 그는 육사 제3기생으로 입교했다. 졸업 후, 다시 박기병의 추천으로 제1연대 정보보좌관이 되어 연대 내 좌익분자를 색출하는 임무를 맡았다. 그는 곧 연대 선임 대대장 이병주 소령을 비롯한 연대 내 좌익계 8명을 검거하는 공을 세웠다.

이 무렵 법무처장 김완룡 대위(학병, 군영, 소장 전역)는 송호성 경비대총사령관으로부터 김창룡을 파면하라는 지시를 받았다. 일본군 헌병 앞잡이로서 만주의 우리 동포들에게 혹독한 박해를 가한 민족 반역자인 김창룡을 장교로 임관시킨 데 대한 항의서한이 접수되었다는 것이었다.

김창룡을 조사하는 과정에서 김완룡 대위는 처음에는 그의 험상궂은 인상과 고래고래 지르는 말투가 마음에 들지 않았다. 그러나 솔직하고 씩씩한 태도에 호감을 갖게 되어, 송호성 사령관에게 김창룡을 선처해 줄 것을 건의했다.

"이런 과도기에는 그런 경험자가 필요하니 그대로 두는 것이 좋겠습니다."

이렇게 해서 김창룡은 파면을 면하게 되었다. 이후 그는 자신이 입수한 군내 좌익계 조직 계보 명단에 따라 숙군을 진행했다. 이것이 이른바 공포의 '김창룡 리스트'였다. 이 리스트에는 박정희 소령도 포함되어 있었으며, 억울하게 이름이 오른 사람들도 많았다.

고문 수사와 용공 조작, 그리고 김창룡의 최후

만일 숙군이 없이 6·25전쟁을 맞아 제14연대 반란과 같은 일이 일어났다면, 그 결과가 어떠했을지는 상상하기 어렵지 않다. 그런 점에서 숙군의 성과는 분명히 인정할 만하다. 그러나 동시에 많은 문제도 드러났다. 억울하게 좌익으로 몰려 화를 입은 이가 적지 않았고, 수사 과정에서 고문과 용공 조작으로 누명을 쓴 사람도 많았다.

수사 방식은 먼저 모든 사람을 좌익으로 분류해 놓고, 수사팀의 '시험'을 통과한 사람만 좌익 혐의를 벗겨주는 식이었다. 의심이 가는 사람은 일단 구속한 뒤 몰아붙였다.

"너 빨갱이지!"

"아니다!"

"그럼, 빨갱이가 아니라는 것을 증명해라!"

이런 식이었다. 좌익임을 자백할 때까지 고문을 가했고, 끝내 버텨낸 사람만이 혐의를 벗을 수 있었다. 그러나 일단 자백하면 조직원을 불라며 다시 고문이 이어졌고, 결국 가까운 동기생이나 술친구의 이름을 대게 되었다. 그렇게 지목된 이들 또한 숙군 명단에 오르게 되었다.

국방부 군사편찬연구소 발행『한국전쟁사』제1권에도 이를 인정하는 내용이 있다.

"조사 방법이 증거주의가 아니고, 심문하여 자백하지 않으면 고문으로 자백을 강요하는 것이었다. 이러한 고문의 결과 동기생이나 술친구들의 자백에 말려 끌려 들어가 무고한 장병들이 고생해야 하는 사례도 있었다."

김창룡은 숙군에서 세운 공로로 육군 특무부대장으로 소장까지 승진했다. 그는 '이승만 대통령에 반대하는 사람은 곧 빨갱이다'라는 식으로 대통령에게 절대 충성했고, 그 결과 이 대통령으로부터 남다른 신임을 받았다. 대통령의 신임을 얻게 되자, 그는 점점 군의 위계질서를 무시하고 안하무인 격으로 처신했으며, 군 수뇌부 인사 문제까지 간섭하는 등 직권남용을 저질렀다. 또한 많은 고급 장교들의 비위 정보를 쥐고 있어 두려운 존재가 되었다.

이형근 장군이 제1군단장으로 있을 때, 그는 김창룡 특무대장으로부터 '대통령을 시해하려 한다'라는 모함을 받았다. 참을 수 없었던 이 장군은 대통령을 찾아가 단도직입적으로 물었다.

"김창룡 특무대장으로부터 제가 대통령 각하를 시해하려 한다는 보고를 받은 일이 있습니까?"

"그런 일이 있네."

"각하! 시해 운운은 언어도단의 모함이며, 저에게 적과 싸우다 죽을 용기는 있어도 그와 같은 대역죄를 저지를 만한 용기는 없습니다. 이런 모욕을 받고서는 더 이상 전선에서 싸울 용기마저 나지 않습니다. 저의 사퇴를 허락해 주시든지, 김창룡의 망동을 엄단하시든지 하셔야 하겠습니다."

"사퇴라니, 그게 무슨 말인가? 나는 김창룡의 말을 듣기는 하지만 무조건 믿지는 않네. 제너럴 리가 애국심을 가지고 얼마나 잘 싸우고 있는지를 나는 잘 알고 있네. 아무 걱정 말고 계속 잘 싸워주게."

전선으로 복귀한 이형근 장군은 6개월 후 대장으로 진급함과 동시에 합참의장에 임명되었다. 이렇게 대통령의 신임이 확인되자, 김창룡은 태도를 완전히 바꾸어 자기 잘못을 사죄하고 매우 공손해졌다. 그리고 이형근 장군이 총장이 되지 않으면 군의 부패가 시정되지 않는다고 하며 아부성 발언까지 했다. 그의 말대로 이형근 장군은 곧 육군참모총장에 올랐다.

나는 새도 떨어뜨릴 정도로 무소불위의 권력을 휘둘러오던 김창룡은 1956년 1월 31일 아침 7시 30분경, 지프를 타고 출근하다가 3발의 총탄을 맞고 사망했다. 사건 직후 이승만 대통령은 김창룡을 소장에서 중장으로 추서하고, 특무부대에 마련된 빈소를 직접 찾아 조의를 표했으며, 조기를 게양하도록 하는 등 안타까움을 금치 못했다. 그리고 신속히 범인을 체포하라는 엄명을 내렸다.

대통령의 지시에 따라 사건 발생 한 달 만에 범인 일당 7명이 체포되었다. 배후 지령자는 허태영 대령이었는데, 허 대령과 공범 모두 특무부대 출신이었고, 직접 총을 쏜 하수인 2명도 특무부대 군무원이었다. 김창룡은 결국 자신의 부하에 의해 살해된 것이다.

재판은 육군 참모차장 유재흥 중장을 재판장으로 진행되었다. 심문 과정에서 허태영은 김창룡 살해 동기에 대해 이렇게 진술했다.

"김창룡은 자신의 영달을 위해 상관과 동료를 무자비하게 중상 모략하였고, 허다한 사건을 조작해 자신의 공적으로 대통령에게 보고했으며, 심지어 대통령의 관심을 끌기 위해 육사 졸업식에서 대통령을 암살하려 했다는 미수 사건을 조작하여 수많은 사람을 희생시켰습니다. 또한 군 고위 장성을 이간질하여 군의 단결을 해쳤으므로, 군의 장래를 위해 누구의 사주도 받지 않고 자발적으로 김창룡을 제거했습니다."

선고 공판에서 허 대령과 그 운전병에게는 사형이, 관련 장교 3명에게는 유기징역이 선고되었다. 하수인 신초식과 송용고는 민간 재판에서 사형이 선고되었다.

허 대령 등에 대한 사형 집행일은 1956년 11월 12일로 결정되었다. 그러나 형 집행 하루 전인 11월 11일, 허태영의 부인 황운하 씨가 경무대, 국회, 정부, 언론계에 탄원서를 보냈다.

"내 남편은 주범이 아니다. 강문봉 중장이 지시했다."

이에 따라 사건은 다시 조사에 들어갔다. 그 결과 제2군사령관 강문봉 중장과 전 헌병사령관 공국진 준장 등이 추가로 기소되었고, 재판부는 백선엽 대장을 재판장으로 다시 재판을 시작했다. 조사 결과는 강문봉 중장의 음모로 종결되었다. 중앙고등군법회의 결심공판에서 허태영 대령과 하수인 송용고, 신초식, 그리고 강문봉 중장에게는 사형이, 다른 피고인들에게는 유기형이 선고되었다.

그러나 강문봉 중장은 6·25전쟁에서 태극무공훈장을 받은 공로를 고려해, 이승만 대통령이 무기징역으로 감형하여 사형을 면했다. 당시 항간에는 "태극무공훈장은 목숨과도 바꾼다"라는 말이 유행했다.

나머지 3명에게는 사형이 집행되었고, 이로써 김창룡 암살사건은 종결되었다.

사형에서 살아난 박정희 소령

육사 제7기 특별반 중대장(오늘날 훈육관)으로 근무하던 박정희 소령은 제14연대 반란을 진압하기 위해 설치된 토벌군 사령부 작전참모로 발령받아 광주로 내려갔다. 1948년 11월 5일, 박정희 작전참모는 기자회견을 통해 호남지구 작전이 일단락되었으며, 현재 지리

반란군 진압작전 사령부에서 상황판을 살펴보고 있는 송호성 준장(오른쪽)과 박정희 소령(왼쪽)(출처: 미 종군기자 칼 마이던스)

산 부근에 약 150명의 잔당이 남아 있다고 밝혔다. 이 회견 내용은 1948년 11월 10일 자 《평화일보》에 보도되었다.[29]

그런데 보도가 나간 다음 날인 11월 11일, 박정희 소령이 체포되었다. 이후 남로당 군사부 총책 이재복이 검거되었고, 이어 이재복의 비

---

29 이 내용은 《순천 광장신문》 2017년 7월 22일자 주철희의 「여순사건과 박정희의 관계는?」 기사를 참조하였다.

서이자 군사부 연락책인 김영식이 체포되었다. 수사관들은 김영식으로부터 군내 좌익 명단을 입수했으며, 그 명단에 박정희의 이름이 포함되어 있었다.

1949년 2월 8일, 군법회의에서 박정희는 국방경비대법 위반으로 사형이 구형되었고, 12일 무기징역형을 선고받았다. 이후 이응준 육군총참모장의 확인 과정에서 징역 15년으로 감형됨과 동시에 형집행 정지 명령을 받았다.

박정희는 남로당 군사부 총책 이재복의 권유로 남로당에 입당했다. 이재복은 대구 10·1 사건 때 경찰에 살해된 박정희의 셋째 형 박상희를 남로당에 가입시킨 인물이다. 박상희가 사망한 뒤 이재복은 그 가족을 돌보았고, 이를 계기로 박정희에게 접근해 남로당 입당을 권유했다.

박상희의 딸은 후일 5·16군사정변을 주도한 김종필(육사 제8기, 초대 중앙정보부장, 국무총리 역임)의 배우자가 되었다. 따라서 박정희에게 김종필은 조카사위가 된다.

박정희가 죽음의 문턱에서 살아난 배경에 대해서는 여러 설이 있다. 혐의를 순순히 자백했고, 남로당에 가입했으나 활동은 하지 않았다는 점이 참작되었으며, 여기에 여러 사람의 구명운동이 크게 작용한 것으로 보인다.

이후 그는 백선엽 정보국장의 배려로 정보국에서 무급 군무원으로 근무하다가 6·25전쟁 발발 직후 현역 소령으로 복귀했다. 1950년에는 중령으로 진급해 새로 창설되는 제9사단 참모장으로 부임했다. 그를 참모장으로 발탁한 이는 사단장으로 임명된 장도영 준장이었으며, 장도영은 군무원이던 박정희를 현역 소령으로 복직시켜 주기도 했다.

이로부터 11년 후인 1961년, 박정희와 장도영은 5·16군사정변 지도자와 육군참모총장의 관계로 다시 만났다. 정변이 성공하자 장도영 총장은 '반혁명 세력'으로 밀려났다.

6

북한의 무력도발

인민유격대 남파

6·25전쟁이 발발하기 전까지 북한은 남한을 대상으로 두 가지 형태의 국지적 도발을 자행했다. 하나는 인민유격대 남파이고, 다른 하나는 38선 지역에서의 국지 도발이었다. 전자는 남한에서 붕괴된 공산당 지하조직을 재건하여 정치공작과 유격전을 전개하여 대한민국 정부를 전복시키려는 정치·군사적 도발이었으며, 후자는 전면전을 위한 탐색전이었다.

남한 내 공산당 지하조직인 남로당은 1947년 8월 15일 해방 2주년 기념일에 남한 각지에서 대규모 폭동을 획책했으나, 경찰 정보에 탐지되어 대거 검거되면서 조직이 와해되었다. 체포를 피한 이들은 입산하거나 월북의 길을 택했다.

1948년 7월 남로당과 북로당이 조선노동당으로 통합됨에 따라서 남로당 계열은 남한 각지에 지하당을 재건하고, 정치공작과 후방교란을 목적으로 무장유격대를 조직해 남파하는 방식으로 활로를 모색했다. 이를 위해 조선노동당 중앙위원회 직할로 평양 교외에 강동정치학원을 설치하였다. 이곳에서는 월북한 남로당원들을 수용해 장기 6개월, 단기 3개월 과정의 사상교양과 군사훈련을 실시하여 인민유격대를 양성했다.

여순사건이 발생하여 국군 토벌부대가 호남과 영남 지역에 집중적으로 배치되자, 경비에 공백이 생기고 사회질서가 혼란해진 틈을 이용해 강동정치학원에서 양성된 인민유격대의 남파가 시작되었다. 제1차로 1948년 11월 14일, 여순사건 직후 강동정치학원 제1차 수료생 약 180명이 양양에서 오대산 방면으로 침투했다. 이들은 오대산을 넘어 정선까지 남하했으나, 아군에 포착되어 대부분 소탕되고 일부는 충북 방면으로 도주했다.

이때부터 북한은 6·25전쟁이 일어나기 전까지 모두 10차례에 걸쳐 총 2,345명의 인민유격대를 남파했다. 이들은 주로 오대산지구, 지리산지구, 태백산지구를 중심으로 활동했다. 이에 국군은 오대산지구에 제6사단과 제8사단, 지리산지구에는 지리산지구전투사령부, 태백산지구에는 태백산지구전투사령부를 배치해 각 지역 토벌작전을 담당했다.

10차에 걸친 인민유격대 남파 공작이 실패로 돌아가고 북한의 공작 사실이 드러나자, 북한은 1949년 함경북도 회령에 제3군관학교를 설치해 강동정치학원의 대남유격대 양성 임무를 이어받게 했다. 6·25전쟁 전까지 이곳에서 4,000~6,000명의 유격대원을 양성했고, 이를 기반으로 제766부대를 창설했다. 이 부대는 중공에서 반입한 미제 무기로 장비하고, 유격전과 선전·파괴 공작 등 비정규전을 전개하기 위한 특수부대였다.

북한은 전면 남침을 위한 초기 작전계획에 따라 전쟁 발발 약 10일 전, 제766부대 일부를 오대산·계방산·방대산 일대로 침투시켰다. 이들은 1950년 6월 20일까지 국군 제8사단 병력에 의해 55명이 사살 또는 생포되었고, 나머지 잔당에 대한 소탕 작전이 계속되는 가운데 전쟁이 발발했다. 당시 남파된 병력은 약 200명으로, 동해안의 국군 제8사단 병력을 분산시키고 제8사단 후방지역을 교란하는 임무를 부여받았음이 생포된 북한 유격대원의 진술로 확인되었다.[30]

38선에서의 무력도발

주한미군이 철수를 개시하면서 그간 미군이 맡아왔던 38선 경비 임무가 국군에 이관되고, 주한미군 주력이 철수할 무렵부터 38선 일대에서 북한군의 국지도발이 자행되었다. 그 대표적인 사례가 송악산 전투라 할 수 있다.

국군 제1사단 제11연대(연대장 최경록 중령)는 1948년 11월, 미 제7사단 제32연대로부터 고랑포에서 청단에 이르는 38선 경비 임무를

---

30 국방부 전사편찬위원회, 『대비정규전사(1945~1960)』, 1988. 국방우 군사편찬연구소, 『한국전쟁사』 제1권, 2004 참조.

송악산 전투에서 노획한 북한군 무기를 점검하는 김석원 제1사단장(왼쪽)과 최경록 제 11연대장(가운데), 미 고문관(오른쪽)(출처: 국사편찬위원회)

인수했다. 그러나 당시 미군의 38선 경비 대책은 허술해, 간선도로 주요 지점에만 초소를 설치했을 뿐 개성의 요충지인 송악산 일대는 무방비 상태로 방치되어 있었다. 그로 인해 북한군은 이 지역에 강력한 진지를 구축하고 주도권을 장악하고 있었다.

개성시 북쪽에 위치한 해발 488미터의 송악산은 반달 모양으로 개성 시내를 내려다볼 수 있을 뿐 아니라, 봉우리가 38선 북쪽으로 이어져 전술적으로 매우 중요한 요충지를 이루고 있었다. 이러한 상황에서 전선을 인수한 최경록 연대장은 지형 정찰을 마친 뒤, 적진지 전면의 475고지와 292고지에 방어 진지를 구축하기 시작했다.

1949년 5월 3일, 북한군 3개 중대 병력이 송악산 능선을 타고 내려와 38선 남쪽 100미터 지점의 292고지에서 진지공사를 하던 아군을 기습 공격해 순식간에 고지를 점령했다. 이에 제11연대는 3개 중대와 연대 하사관교육대를 투입해 반격에 나섰으나, 공격은 실패로 끝났다.

1차 공격이 실패하자, 제11연대는 북한군의 참호를 파괴하기 위해 하사관교육대 제1분대장 서부덕 일등상사를 대장으로 한 9명의 특공대를 편성해 투입했다. 특공대원들은 폭약을 장치한 81mm 박격포탄을 안고 돌진해 적의 기관총 진지를 폭파한 뒤 장렬히 산화했다. 그 틈을 타 제12연대 공격부대가 고지를 점령했다.

한편, 육탄 9용사가 적의 토치카를 돌파하던 시각, 중화기소대 박창근 하사는 292고지 동북방 150미터 지점의 적 토치카를 수류탄으로 단독 공격하다가 적의 총탄에 맞아 전사했다. 이로써 앞선 9명의 용사와 박창근 하사를 합쳐 '육탄 10용사'라 부르게 되었다.

나머지 고지를 탈환하기까지는 4일간 치열한 전투가 이어졌으며, 제11연대는 결국 38선 진지를 모두 회복했다. 그러나 이 전투에서 제2대대장 김종훈 소령(육사 2기), 하사관교육대장 김영직 대위(육사 5기), 제1소대장 김성훈 소위(육사 7기), 육탄 10용사를 포함해 사병

26명 등 모두 39명의 장병이 희생됐다.

송악산전투는 남북 군대가 38선을 사이에 두고 벌인 최초의 전투로, 이를 계기로 이후 38선에서의 무력 충돌은 더욱 빈번해졌다. 송악산전투 이후에도 개성 지역에서는 북한군의 국지 도발이 이어졌고, 옹진반도·춘천지구·강릉지구 등 38선 일대 전역에서도 국군과 교전이 발생했다.

북한군의 이러한 도발은 미군 철수 이후 국군의 전투력을 탐색하고, 38선에서 주도권을 장악함과 동시에 장차 전면 남침 시 공격 경로를 사전에 점검하려는 의도에서 이루어진 것으로 보인다.

전차와 전투기 한 대 없이 맞이한 전쟁

1950년 6월 25일 일요일 새벽, 38도선 전역에서 북한군의 기습 공격이 시작되었다. 이로부터 3년여 동안 한반도는 동족상잔의 비극 속에 휩싸였고, 1953년 7월 27일 휴전협정이 체결되면서 전쟁은 끝나지 않은 채 멈춘 상태로 지금까지 이어지고 있다. 이 전쟁으로 남북분단은 고착되었으며, 화해와 협력보다는 증오와 대결이 지배하는 구조가 자리 잡았다.

다시 1950년 6월 25일로 돌아가 보자. 전쟁 발발 당시 남북의 군사력은 현격한 불균형 상태였다. 통계로 보면 다음과 같다.[31]

---

[31] 육군사관학교 전사학과, 『한국전쟁사』(일신사, 1897), 197쪽.

남북한 군사력 비교

	국군	북한군
육군	94,974명	182,680명
해군	7,715명	4,700명
공군	1,897명	2,000명
해병대	1,166명	9,000명
총계	105,752명	198,380명
궤도차량	장갑차 27대	T-34 전차 242대, 장갑차 176대
곡사포	M-3 105mm 91문	122mm 172문, 76mm 380문
박격포	81mm 384문, 60mm 576문	120mm 226문, 82mm 1,142문, 61mm 360문
대전차화기	57mm 대전차포 140문, 2.36인치 로켓포 1,990문	45mm 대전차포 550문
자주포	없음	SU-76 176문
대공무기	없음	85mm 12문, 37mm 24문, 14.5mm 고사기관총 다수
항공기	연락기·훈련기 22대	야크 전투기 등 210대
함정	사용 가능 함정 28척	경비정 30척, 해안포 다수

1950년 6월 28일 서울에 진입한 북한군의 소련제 전차(출처: 국사편찬위원회)

육군은 전차가 단 한 대도 없었고, 대전차 화기 역시 빈약했다. 해군은 70여 척의 함정을 보유하고 있었지만, 실제 운용 가능한 것은 28척에 불과했다. 공군은 전투기 한 대 없이, 연락기와 훈련기 가운데 실질적으로 사용할 수 있는 항공기는 22대뿐이었다.

무기 수량뿐 아니라 성능 면에서도 국군은 열세였다. 예를 들어 국군이 보유한 곡사포 중 가장 성능이 우수한 M-3 곡사포의 사정거리는 7,600야드(약 6,950m)에 불과했는데, 이는 북한군이 보유한 소련제 122mm 곡사포의 사정거리 1만 2,900야드(약 11,800m)의 절반 수준에 그쳤다.

국군 무기 체계의 가장 큰 약점은 전차와 전투기가 전혀 없었을 뿐 아니라, 이를 격파할 수 있는 무기도 갖추지 못했다는 점이었다. 당시 국군이 보유한 대전차 무기는 57mm 무반동총과 2.36인치 로켓포였으나, 소련제 T-34 전차 앞에서는 무력하다는 사실이 곧 드러났다. 그러한 열세 속에서도 국군은 북한군의 침략을 막기 위해 싸웠고, 숭고한 희생으로 대한민국을 지켜냈다.

국군의 뿌리
광복군

1 국군이 된 사람들

대한제국 '마지막 무관생도들'

한국인 일본육사 졸업생은 진학 계기와 졸업 후 임관 시점을 기준으로 몇 가지 부류로 나눌 수 있다.

첫째는 일본육사 유학파다. 갑오개혁 때 국비장학생 또는 사비생으로 일본육사에 유학하여 졸업한 뒤 대한제국 장교로 임관한 경우다. 오늘날 육사 생도가 미국이나 영국, 프랑스 등에 유학한 뒤 대한민국 장교로 임관하는 것과 같다. 일본육사 제8기 2명, 제11기 21명, 제15기 8명 등 모두 31명이 여기에 해당한다. 이 가운데 제11기의 노백린·김희선, 제15기의 유동열·이갑 등 4명은 독립운동에 투신하였다.

둘째는 일본육사 유학 도중 강제 합방으로 인해 졸업 후 일본군 장교로 임관한 경우다. 일본육사 제23기 김경천(金擎天, 1888~1942)과 이른바 '대한제국 마지막 무관생도들'이 이에 해당한다. '대한제국 마지막 무관생도들'이란 대한 제국 무관학교 재학 중 일제의 강요로 학교가 폐교되자 일본으로 유학해 일본육사 예비학교를 거쳐, 강제 합방 이후 일본육사를 졸업하고 일본군 장교로 임관한 이들을 말한다. 무관학교 폐교 당시 상급반은 일본육사 제26기에 13명, 하급반은 제27기에 20명 등 모두 33명이 일본육사를 졸업한 뒤 일본군 장교가 되었다.

'백마탄 장군', '진짜 김일성'으로 알려진 일본육사 출신 독립운동가 김경천(출처: 『경천아일록』)

이 두 번째 부류 가운데 일본육사 제23기 김경천(본명 김광서), 제26기 지청천·조철호, 제27기 이종혁·이동훈 등 5명은 독립운동에 참여해 건국훈장을 받았으며, 10명은 대한민국 국군 장교가 되었다.

셋째, 황족 가운데 일본육사에 진학하여 일본군 장교로 임관한 이들과 이들의 수행원(어우 御友)으로 일본육사에 진학해 일본군 장교로 임관한 자들이다. 대한제국의 마지막 황태자 영친왕 이은, 고종황제의 둘째 아들 의친왕의 장남 이건, 차남 이우 등 황족 3명과 이은의 수행원 조대호·엄규명, 이우 공의 수행원 이형석 등 3명이 여기에 속한다.

영친왕은 1907년 12월, 이토 히로부미 조선통감의 정략에 따라 일본 유학 명목으로 도일해 학습원과 중앙유년학교를 거쳐 일본육사에 진학했으며, 졸업 후 일본군 중장까지 승진했다. 이건 공은 일본군 중좌로 복무하다 일본 패망 후 일본에 귀화했다. 이우 공은 일본군 중좌로 히로시마 제2총사령부에서 근무하던 중 원폭으로 사망했다.

넷째, 일제강점기 자원하여 일본육사에 진학, 졸업 후 일본군 장교로 임관한 자들이다. 제49기부터 제59기까지 모두 33명이 여기에 속하며, 광복 후 창군과 건군을 주도한 인물들이 주로 포함된다. 이들 가운데 독립운동 진영에 가담한 사람은 단 한 명도 없다.

다섯째, 만주군관학교를 졸업한 뒤 일본육사에 진학해 만주군 장교로 임관한 자들이다. 제55기부터 제59기까지 18명이 여기에 속한다. 박정희·이한림이 대표적이며, 두 사람은 만주국 신경군관학교 제2기, 일본육사 제57기 동기생이다.

여섯째, 일본육사 재학 중 일본의 패망으로 졸업하지 못한 자들이다. 일본육사 예과를 졸업하고 본과에 재학 중 종전으로 졸업하지 못한 제60기 6명, 제61기 9명 등 15명과 만주군관학교 예과 졸업 후 일본육사 본과에 진학했다가 종전으로 졸업하지 못한 7명이 있다.

일본군 장교로 임관한 '마지막 무관생도' 33명 가운데 국군 장교가 된 10명의 명단과 주요 경력은 다음과 같다(괄호 안은 일본군 계급).

- 일본육사 제26기
    - 이응준(대좌) 군영. 초대 육군참모총장(중장)
    - 신태영(대좌) 특임. 제3대 육군참모총장(중장), 제4대 국방

부장관
- 박승훈(소좌) 특임. 헌병사령관(소장)
- 김준원(대위) 특임. 호국군참모장(준장)
- 유승열(대좌) 육사 제8기 특별1반, 육본 민사감(소장)
- 안병범(대좌) 육사 제8기 특별1반, 청년방위군 고문(준장 추서)
- 이대영(소좌) 육사 제8기 특별4반, 경기병사구사령관(준장)

• 일본 육사 제27기
- 장석륜(중위, 만주군 중교) 군영. 옹진지구사령관(대령)
- 김석원(대좌) 육사 제8기 특별1반, 초대 제1사단장(소장)
- 백홍석(대좌) 육사 제8기 특별1반, 사단장(소장)

이들은 광복 당시 나이가 이미 50대 중반으로, 당시 기준으로 노인에 속해 활발한 활동을 하기는 어려웠다. 그 결과 이응준과 신태영을 제외하고는 군에서 크게 두각을 나타내지 못했다.

나라 잃은 서러움을 안고

대한제국 무관학교는 자주독립을 지킬 군사 인재를 양성한다는 시대적 사명을 안고 1898년 설립되었으며, 20여 명의 독립운동가를 포함해 모두 500여 명의 장교를 배출했다. 그러나 1909년 일제의 강요로 1·2학년 재학생 45명을 남겨둔 채 문을 닫았다.

이들 마지막 무관생도 45명 가운데 44명은, 사관 양성을 일본에 위임한다는 정미7조약의 부속 비밀각서에 따라 일본육사에 진학하기 위해 1909년 9월 일본으로 건너가 일본육사 예비학교인 육군중앙유년학교에 편입했다. 이들이 편입한 직후, 안중근 의사의 하얼빈 의거(1909.10.26)가 발생했다. 그로 인해 일본인 교관과 학생들로부터 극도의 멸시와 증오 어린 시선, 야유를 받아야 했다.

이듬해, 한국이 일본에 강제 병합되었다는 비보를 들은 마지막 무관생도들은 깊은 비통에 잠겼다. '한국 학생반'이 없어지고 일본 학생들과 같은 복장을 한 채 같은 내무반에서 생활하게 되었으나, 눈에 보이지 않는 차별 대우는 감수성이 예민한 이들에게 큰 상처가 되었다. 하소연할 길이 없던 그들은 앞으로의 거취를 두고 의견을 나눴다.

"나라 없는 군인이 무슨 소용이 있는가? 전원 자퇴하자."

"황궁 앞에서 단체로 자결하자."

"언젠가 조국이 우리를 부를 때가 올 것이다. 그때를 대비해 열심히 배워야 하지 않겠는가?"

결국 '조국이 필요로 할 때를 대비해 배워두자'라는 의견이 우세해 진로 문제는 일단락되었다. 이후 상급반 13명과 하급반 20명이 일본 육사 제26기(1914년)와 제27기(1915년)로 졸업하여 일본군 장교가 되었고, 나머지는 자퇴하거나 탈락했다.

일본육사를 졸업한 이들 33명의 삶은 조국의 운명처럼 기구했다. 일제강점기 대부분은 일본군 장교로 일본에 충성하는 길을 걸었으나, 일부는 독립운동에 몸을 던져 조국의 광복을 위해 싸웠다. 지청천은 독립군과 광복군 총사령을 지냈고, 한국보이스카우트를 창설한 조철호는 3·1운동으로 투옥되었다. 이종혁은 만주에서 독립군을 지휘했고, 이동훈은 3·1운동 당시 학생들을 지도했다.

다른 길을 택한 이들도 있었다. 홍사익은 일본군 중장까지 올랐으나 일본 패망 후 연합국 전범재판에서 처형됐다. 윤필상은 패전 후 소련군에 끌려가 끝내 귀환하지 못했다. 김인욱은 퇴역 후 평양에 머물다 체포돼 소련군에 넘겨졌고, 중앙아시아 우즈베키스탄에 수용되었다가 일본으로 송환되었다. 남우현은 일본 여성과 결혼해 일본에 귀화했다. 정훈은 1945년 8월 14일 조선총독부 제2인자인 정무총감과 여운형을 연결해, 여운형의 건국준비위원회에 치안권을 인계하도록 담판을 성사시킨 뒤 일본으로 건너가 일본인으로 여생을 보냈다. 장유근은 신사참배 문제로 상관과 충돌해 중위로 퇴역한 뒤 남대문상업학교와 오산중학교에서 체조 교사로 재직했고, 1941년 보성전문학교 체육 교사 조철호가 사망하자 그 후임이 되었다.[32]

이종혁, 참의부 군사위원장 마창덕

1919년 5월, 서울에서 일본육사 출신 김경천·지청천·이응준 세 사람이 만주로 탈출할 계획을 모의하고 있을 무렵, 멀리 시베리아에서는 이종혁(李種赫, 1892~1935) 일본군 중위가 러시아 공산 빨치산과 격전을 벌이고 있었다. 시베리아에 파견된 일본군은 혹독한 추위와 싸

---

32 자세한 내용은 이규원의 『마지막 무관생도들』, 에필로그 〈역사에 남은 이름〉 참조.

워야 했고, 러시아 공산 혁명군과의 전투도 이어졌다. 그러나 그보다 더 위협적인 적은 기동성이 뛰어난 공산 게릴라들이었다. 여기에 한인 게릴라들까지 가세해 일본군에게 큰 골칫거리가 되었다. 특히 3·1 운동 이후 시베리아 각지에서 한인 무장 세력이 점차 힘을 발휘하고 있었다.

1919년 4월, 일본군은 한인 활동 지역에 대규모 병력을 투입해 한인 무장 세력을 '토벌'하는 작전을 전개했다. 연해주 한인들의 정신적 지주였던 최재형(崔在亨, 1858~1920, 건국훈장 독립장 추서)이 살해된 것도 이 시기였다. 이 무렵 이종혁이 지휘하던 소대가 한인 게릴라 1명을 생포했는데, 그의 배낭에서는 선전물과 기밀 서류가 나왔다. 이종혁이 이를 중대장에게 보고하자, 중대장은 즉시 처형하라는 명령을 내렸다. 이종혁은 그 명령에 따라 부하에게 총살을 지시했다. 총살 장으로 끌려가던 동포 게릴라는 이종혁이 조선인임을 알아차리고 호통쳤다.

"이놈, 민족이 왜놈들에게 짓밟혀 신음하는데 어찌하여 왜놈 장교 복장을 하고 꼭두각시 노릇을 하느냐! 부끄러운 줄 알아라!"

이후 이종혁이 속한 중대는, 그 게릴라가 소지한 기밀 서류와 진술을 토대로 한인 무장 세력을 '소탕'하는 성과를 거두었고, 이종혁은 그 공로로 무공훈장을 받았다. 그러나 그는 점점 깊은 민족적 양심의 가책에 시달리며 일본군 장교 생활에 회의를 품게 되었다. 결국 그는 일본군 군복을 벗고 만주로 망명해 참의부 군사위원장으로 활동했다.

그는 이후 남만주 일대에서 무장투쟁을 벌이다가 한인 밀정의 밀고로 일본 경찰에 체포되어 5년 형을 선고받았다. 시베리아에서 훈장을 받은 전력이 있어 비교적 가벼운 형이었다. 일본 관헌은 그를 전향시켜 석방하려고 "잘못했다"라는 한마디만 하라고 집요하게 권유했으나, 그는 끝내 거절했다.

이처럼 완강한 태도 때문에, 당시 일반적으로 형기의 절반만 채우면 가석방하던 관행에도 불구하고, 일제는 늑막염에 걸린 그를 치료하지 않은 채 형기가 끝날 때까지 감옥에 가두었다.

이종혁이 풀려나 서울의 친구 집에서 요양하고 있다는 소식을 들은 대한제국 무관학교·일본육사 동기생 김석원(金錫源, 1893~1878, 육군 소장 전역)은 곧장 그를 찾아갔다. 김석원은 이종혁을 똑바로 바라볼 면목이 없었다. 이종혁은 조국의 독립을 위해 항일투쟁을 벌인 독립군 장교였고, 자신은 그 독립을 가로막는 일본군 장교였기 때문이다. 김석원이 먼저 입을 열었다.

"이군, 참 자네를 대할 면목이 없네그려."
"원 별말을 다 하는군. 이렇게 송장이 다 된 나를 찾아주니 고맙네."
"그래, 그동안 얼마나 고생했나?"
"사실 나쯤이야 뭐 고생이랄 것도 없지. 내 동지 중에는 왜놈들의 총칼에 쓰러져 이역만리에서 그냥 한 줌의 흙이 된 사람도 많으니까. 그들에 비하면 오히려 난 아무것도 아니지."
"원 별말을. 자네야말로 참 큰일을 했어, 나를 꾸짖어 주게."

이종혁은 자신을 찾아준 김석원이 고맙기는 했지만, 혹시 그로 인해 김석원의 신상에 불이익이 갈까 걱정하며 말했다.

"이 송장 때문에 혹시 자네에게 화가 미치는 건 내가 원하질 않아. 조심하게."

김석원은 그날로 가까이 지내던 인사들을 찾아다니며 이종혁의 치료비를 마련해 주었고, 그 돈으로 이종혁은 병원 치료를 받을 수 있었다. 그러나 일본 형사들이 이종혁을 돌보던 친구들을 괴롭히자, 김석원은 그를 친척 동생이 운영하는 여관으로 옮기고 자주 찾아갔다.

마침내 일본군 연대장이 이 사실을 알고 김석원을 불렀다.

"자네, 요즘 어딜 그리 잘 다니나? 응?"

"친구가 아파서 문병하러 다닙니다."

"아, 그래. 어떤 친구지?"

"사관학교 동기동창입니다."

"동기동창 누구냔 말일세."

"이종혁이란 친굽니다."

"뭐, 이종혁? 이종혁이라면 반일 사상이 농후한 아주 불온한 녀석이 아닌가?"

"글쎄, 그런 건 자세히 모르겠습니다만 그 친구 감옥에 들어가 있다가 아주 송장이 다 되어 나왔더군요. 누가 돕지 않으면 곧 죽게 될 것 같습니다."

"죽게 되건 말건 그런 사람 만나면 못쓰네. 자네는 공도 많이 세운 우수한 장교가 아닌가. 앞길이 창창한 자네 같은 장교가 그런 무모한 짓을 하면 되겠나. 앞으로도 계속 그자를 만난다면 난 자네 신상에 대하여 책임질 수 없단 말이야."

이 일 이후로 형사들이 여관을 들락거리기 시작하자, 결국 이종혁은 평북 선천으로 내려가 요양하다가 그곳에서 눈을 감았다.

1944년, 김석원이 대좌로 승진해 평양에서 근무하던 중 평북 선천으로 강연을 하러 가게 되었다. 그는 그곳에서, 친구들의 지극한 간병에도 불구하고 끝내 회복하지 못하고 세상을 떠난 이종혁의 무덤을 찾았다. 김석원은 동기생의 묘를 쓰다듬으며 한참 동안 눈물을 흘렸다.[33] 일본육사 출신들이 겪었을 민족적 양심의 한 단면을 엿볼 수 있다. 이종혁은 독립운동 당시 사용한 가명 '마창덕(馬昌德)'으로 더 잘 알려져 있으며, 1980년 건국훈장 독립장이 추서되었다.

'육군의 산파' 이응준

이응준(李應俊, 1891~1985)은 평안남도 안주 출생이다. 15세 때 무작정 상경한 그를, 당시 대한제국 참령이던 이갑이 집으로 데려가 공부시키고 대한제국 무관학교에 입교시켰다. 무관학교 2학년 때 학교가 폐교되자, 일본육사 진학을 권유한 사람도 이갑이었다. 이갑은 일제강점기 독립운동의 선구자였다.

독립운동의 선구자 이갑 참령(출처: 독립운동 인명사전)

이응준에게 이갑은 아버지 같은 존재이자 은인이었고, 후견인이

---

33   김석원, 『노병의 한』(육법사, 1977), 173-199쪽.

이응준. 이갑의 사위, 초대 육군참모총장(출처: 『육군의 산파역 이응준』)

었다. 임종을 앞둔 이갑은 "하나뿐인 딸 정희를 부탁한다"라는 편지를 보냈다. 편지를 보낸 지 한 달 뒤인 1917년 6월, 연해주 니콜스크에서 이갑은 세상을 떠났다. 당시 이응준은 일본군 중위로 도쿄에서 근무 중이었다.

3·1운동 직후인 1919년 4월, 그는 휴가를 얻어 서울로 돌아왔다. 이곳에서 대한제국 무관학교와 일본육사 동기생 지청천, 일본육사 3년 선배 김경천(본명 김광서)과 함께 만주로 망명해 독립군에 합류하기로 모의했다. 지청천과 김경천은 실제로 만주로 망명했으나, 이응준은 끝내 약속을 지키지 못했다. 그는 군자금을 마련하지 못해 불참했다고 했지만, 이는 변명이라는 평가도 있다.

지청천과 김경천이 망명한 직후, 이응준은 이갑의 딸 이정희와 결혼했다. 일본군 장교 신분으로 독립운동가의 딸과 결혼한다는 것은 당시로서는 모험에 가까운 일이었고, 실제로 상부 허락 없이 결혼했다는 이유로 근신 처분을 받았다. 이정희 여사는 병든 안창호 독립지사를 정성껏 간호했고, 임종도 지켰다.

해방 후 이응준은 미군정청 군사고문으로 임명되어 신생 조국의 육군이 될 경비대 창설에 핵심적 역할을 했다. 이 때문에 그는 '육군의 산파'로 불린다. 그는 신생 군대가 광복군의 법통을 계승해야 한다고 보고, 임시정부 참모총장과 군무부장을 지낸 유동열을 미군정청 통위부장에 천거해 이를 성사시켰다.

1946년 6월, 대령(정령)으로 임관한 이응준은 제3여단장과 제1여단장을 거쳐, 제14연대 반란 사건의 책임을 지고 물러난 송호성의 뒤를 이어 육군총사령관에 취임했다. 그리고 같은 해 12월 10일, 다른 4명과 함께 대한민국 최초로 장군 계급(준장)에 올랐다.

12월 15일, 육군총사령관 직제가 육군총참모장으로 변경되면서 이응준은 초대 육군참모총장이 되었다. 그러나 재임 5개월 만에 제8연대 2개 대대의 월북 사건으로 해임되었다. 이후 제3사단장과 제5사단장을 역임했으며, 6·25전쟁 발발 당시 미아리 방어전을 지휘했다. 당시 그의 나이는 예순에 가까웠다.

미아리 방어전 이후 이응준은 주로 후방 부대에서 근무하다 1955년 중장으로 전역했다. 그는 생전에 이갑 참령이 자신에게 했던 것처럼, 일본육사 출신 이형근을 사위로 삼았다. 이형근은 육군사관학교 초대 교장, 육군참모총장, 합참의장을 거쳐 대장으로 전역했다.

신흥무관학교 졸업생들

신흥무관학교는 1911년부터 1920년까지 3,500여 명의 졸업생을 배출한 것으로 알려져 있으나, 이들 가운데 국군이 된 사람이 얼마나 되는지는 확인할 자료가 없다. 다만, 신흥무관학교 졸업생 명단을 취합해 작성한 김재승의 『만주벌의 이름 없는 전사들』(2002) 끝에 수록

된 「신흥무관학교 출신자 명단」 328명 가운데, '육사 졸업생'으로 명시된 인원은 31명이다.

그러나 이들이 실제 신흥무관학교 출신이라는 근거는 없으며, 또한 일부 알려진 출신 인물은 이 명단에서 누락되어 있다. 이를 확인하기 위해 저자 김재승과 연락을 시도했으나 이미 작고한 뒤였다. 따라서 이 부분은 앞으로 연구가 더 필요한 사안이다.

신흥무관학교 출신 가운데 육사를 거쳐 대한민국 장교가 된 사람으로 신원이 확실하거나 건국훈장을 받은 사람을 중심으로 파악한 명단은 다음과 같다(가나다 순, ☆표는 건국훈장 포상자 표시).

강화린☆ 권준☆ 김련☆ 김창도☆ 노선경☆
박장희☆ 송호성 신동열☆ 오광선☆ 원병상
이규훈 이덕수☆ 이운강☆ 장두관☆

강화린(강근호)·이운강·장두관(장두권) 3명은 1920년 청산리 전투에 참전했다. 강화린과 이운강은 북로군정서 독립군으로, 장두관은 홍범도 장군 부대 소속으로 싸웠다.

송호성·권준·오광선 3명은 광복군에 참여했으며, 모두 대한민국 국군 장군까지 진급했다. 오광선은 지청천 총사령이 지휘하는 한국독립군의 지휘관으로 1933년 대전자령 전투에 참전했다.

김련·이덕수·박장희·이규훈 4명은 6·25전쟁 중 전사하거나 실종되었다.

원병상(원의상)은 1916년 신흥무관학교를 졸업하고, 1919년 교관으로 임명되었다. 폐교 이후에도 만주에서 생활하며 광복을 맞았고, 해방 후 귀국해 육사를 거쳐 임관했다. 이후 6·25전쟁에 참전해 무공을 세웠으며, 그가 남긴 신흥무관학교 관련 2편의 수기와 회고록은 신흥무관학교 연구에 귀중한 역사 자료로 평가된다.

김련은 1911년 신흥강습소 제1기로 졸업했다. 1919년 3·1운동 직후 조직된 대한독립단에 가입해 활동하다 일제 경찰에 체포되어 옥고를 치렀다. 출옥 후 평양신학교를 졸업하고 목사로 있으면서 독립운동 동지들을 도왔으나, 다시 일제 경찰에 체포되었다. 광복 후 신흥무관학교 출신 원병상과 함께 육사에 입교했으며, 당시 60세 고령에도 해방된 조국의 군복을 입겠다는 일념으로 지원했다. 그러나 6·25전쟁 초기에 행방불명되었으며, 당시 계급은 중위였다.

박장희는 1915년 신흥무관학교를 졸업하고 대한광복회에 가입해 활동했다. 1917년, 단원 모집과 군자금 모금을 위해 국내로 잠입해 활동하다가 일제 경찰에 체포되어 옥고를 치렀다. 6·25전쟁 초기에 전사했다.

이덕수는 만주에서 한족회와 서로군정서에서 활동하던 중, 독립운동 자금을 모으기 위해 국내에 들어왔다가 한국인 일본군 헌병에게 붙잡혔다. 그는 모든 사실을 솔직히 털어놓았고, 헌병은 그를 풀어주었다.

"내 비록 일본군 헌병에 종사하지만, 당신 같은 애국자를 어찌 내 손으로 체포하겠소. 어서 몸을 피하시오!"

이 일을 계기로 두 사람은 막역한 사이가 되었고, 함께 육사 제8기 특별2반에 입학했다. 이 헌병의 이름은 노엽이다.

노선경은 임시정부 군무총장과 국무총리를 지낸 노백린의 장남이다. 평양 숭실학교 재학 중 독립운동 단체에 가담해 활동하다 일본 경찰에 체포되어 옥고를 치른 뒤, 만주로 망명해 신흥무관학교를 졸업하고 군사강습소를 운영했다. 1920년, 동지 백은선과 함께 군자금을 마련하기 위해 국내로 들어오다 단둥에서 일제 경찰에 체포되어 신의주형무소에서 복역했다. 광복 후 육사를 거쳐 임관했고, 1956년 대령으로 예편했다. 그의 아우 노태준은 광복군으로 활약했다.

이운강은 신흥무관학교를 졸업한 뒤, 김좌진 사령관의 초빙으로 북로군정서 사관연성소 교관에 부임했다. 청산리 전투에서는 보병대 소대장으로 참전했다. 해방 후 육사 제8기 특별4반을 거쳐 소위로 임관했으나, 군에서 두각을 나타내지 못하고 전역했다.

이규훈은 신흥무관학교 설립자 이회영의 큰형 이건영의 차남으로, 6·25전쟁 중 실종되었다.

강화린, 청산리 독립전쟁 중대장

강화린(姜華麟, 1889~1960)은 1916년 함흥의 중학교 3학년 때 만주로 건너가, 3·1운동 이후 신흥무관학교에 입교했다. 졸업 후 북로군정서 사령관 김좌진의 초빙을 받아 북로군정서 사관연성소 교관으로 부임했는데, 당시 신흥무관학교 졸업생 8명이 함께 교관으로 초빙되었다.

1920년 9월, 사관연성소 제1기 졸업식을 마친 북로군정서 독립군은 백두산 부근 안도현으로 향하던 중 일본군과 교전했고, 이는 청산리 독립전쟁의 시작이었다. 강화린은 북로군정서 보병대 제1중대장으로 참전했다.

전투 후 그는 만주 독립군부대와 함께 러시아로 이동했으나, 자유시참변으로 포로가 되었다. 이후 이르쿠츠크로 이송되었다가 고려혁명군에 편입되었다. 곧 러시아 공산혁명군 제5군단에 의해 체포·구금되었다가 풀려나, 1923년 만주로 돌아왔다.

청산리 독립전쟁 중대장 강화린의 국군 중령 시절 모습(출처: 『만주벌의 이름 없는 전사들』)

귀환 직후 그는 이름을 '강화인'으로 바꾸고 조선공산당 화요회에 가입했으나 곧 공산주의와 결별했다. 당시 김좌진 장군이 한 공산주의자에게 암살당했는데, 그 배후에는 화요회 간부가 있었다. 청산리 전투에서 상관이었던 김좌진 장군의 피살은 강화린에게 큰 충격이었다. 더구나 동지들이 좌우로 갈려 갈등하고 희생되는 모습을 지켜보며 환멸을 느낀 그는 결국 시베리아와 북만주를 오가며 은거와 유랑의 삶을 이어갔다.

그 후 만주가 공산화되자 귀국길에 올라 고향인 북한을 떠나 남한을 선택했다. 남한에 도착한 뒤 이름을 '강근호'로 바꾸고, 북로군정서 사관연성소에서 함께 교관으로 근무했던 이범석 장군이 창단한 민족청년단 중앙훈련소에서 교관으로 활동했다.

정부수립 후 육군사관학교에 입교해 소위로 임관했으며, 6·25전쟁에 참전해 은성충무무공훈장과 미국 동성무공훈장을 받았다.

1956년 중령으로 전역한 지 4년 뒤인 1960년, 강근호는 부산 영도의 월세 판잣집에서 아내(이정희 여사)와 두 아이를 남겨둔 채 세상을 떠났다. 당시에는 퇴직금이나 연금 제도가 없어, 남편을 잃은 미망인의 생계는 막막했다. 그는 남편이 받은 미국 훈장을 들고 부산의 미군부대를 찾아갔다. 미망인이 부대장을 만나 훈장을 내보이자, 훈장에 경례한 부대장은 사정을 들은 뒤 보육원 보육사로 일할 수 있도록 도와주었다. 이렇게 해서 가족은 생활고를 어느 정도 벗어날 수 있었다.

미망인 이정희 여사의 피눈물 나는 노력 끝에, 1977년 강근호에게 건국포장이 추서되었고 1990년에는 국립대전현충원 애국지사 묘역으로 이장되었다. 이와 함께 훈격이 승격되어 건국훈장 애국장이 추서되었다.

2 국군이 된 광복군

국군이 된 광복군 출신들

광복군의 규모는 어느 정도였을까? 지청천 광복군 총사령은 1946년 5월 16일 '광복군 복원선언'을 발표하며 중국 기자들에게 "광복군의 관병(장병)은 1,100여 명이 된다"라고 말했다.[34] 당시 지청천 총사령은 중국 내 6개 광복군 잠편지대에 약 3만~3만5천 명의 병력을 확보하고 있었음에도 불구하고, 병력을 1,100여 명이라고 발표했다. 이를 보면, 순수 광복군의 병력은 지청천이 밝힌 수치에 가까웠을 가능성이 크다.

이들 1,100여 명 가운데 남한으로 귀환한 사람이 몇 명이나 되는지

---

34 국사편찬위원회, 한국사데이터베이스, 『대한민국임시정부 자료집 40』, 중국보도기사 2의 「지청천 남경에서 기자간담회 소집, 한국광복군 복원 준비」. 중국 《申報》, 1946년 5월 17일 자 기사.

확인할 수 있는 자료는 없다. 김민호는 「한국광복군 출신의 대한민국 국군 참여와 역할」이라는 논문에서 2022년까지 광복군으로 분류되어 독립유공자로 포상을 받은 인원은 579명으로 기술하고 있다.[35] 하지만 포상에서 누락된 인원까지 고려하면, 실제 귀환 인원은 이보다 많았을 것으로 추정된다.

그렇다면 남한으로 돌아와 국군이 된 광복군 출신은 얼마나 될까? 김민호는 앞의 논문에서 그 수를 97명으로 파악했다. 여기에 분류는 다르지만, 광복군 활동 경력이 있고 건국훈장을 받은 인물을 포함하면, 총 102명에 이른다는 것이다.

2025년 3월 대한민국임시정부기념관에서 편찬한 『한국광복군 그리고 국군』에는, 미군정기 경비대에 참여한 광복군 출신 32명과 창군 초기 국군에 입대한 광복군 출신 72명 등 모두 104명의 명단이 수록되어 있다.

그러나 이 두 자료 역시 정확하다고 보기는 어렵다. 군 관련 정보는 접근 자체가 쉽지 않은 데다, 개인정보 보호법 시행 이후 군 경력 자료를 확인하기가 거의 불가능해졌기 때문이다.

이에 필자는 지금까지 연구·발표된 자료들을 참고하고, 2024년에 필자가 펴낸 『육군사관학교, 그 역사의 뿌리를 찾아서』에 수록한 광복군 출신 육사 졸업생 명단을 추가하여, 국군이 된 광복군은 모두 128명으로 파악했다. 여기에는 군인은 아니나 초대 국방부 장관 이범

---

[35] 김민호, 「한국광복군 출신의 대한민국 국군 참여와 역할」, 국방부 군사편찬연구소, 『군사』 제125호(2022), 91쪽.

석, 초대 국방부 정훈국장 송면수, 미군정청 통위부장 유동열도 포함했다. 물론 필자가 제시한 이 명단도 완전하지 않다. 앞으로 보완을 거쳐 보다 정확하고 완전한 명단이 나오기를 기대한다.

광복군의 자질과 경력

국군이 된 광복군 출신의 대부분이 육군이고, 장교이며, 육군사관학교 졸업생이다. 그 내용은 다음과 같다.

- 군별: 육군 121명, 공군 3명, 해군 1명, 기타 3명
- 계급: 장교 118명, 사병 2명, 미상 5명, 기타 3명
- 임관구분: 군사영어학교 1명, 육사 99명, 기타 29명

"광복군 출신은 제대로 배우지 못해 군사적 자질이 부족하다"라는 편견이 있지만, 군사학교 이수자 현황을 보면 일본군 출신이나 만주군 출신에 뒤지지 않았다.

국군이 된 광복군 출신 가운데 군사학교를 이수한 인원은 일본육사 졸업생 1명(유동열), 신흥무관학교 졸업생 3명(송호성·권준·오광선), 중국 군관학교 수료생 33명(이범석·김홍일·최용덕·이준식 등), 중국 육군대학 졸업생 3명(김홍일·최용덕·박시창), 학병 출신 9명이다. 중국 군관학교 출신 가운데는 황푸군관학교와 그 후신인 중앙육군군관학교 졸업생이 가장 많았으며, 윈난육군강무학교와 바오딩군관학교 출신

도 포함되었다.

국군으로 편입된 광복군 출신 군사학교 이수자의 수는 일본육사 출신 35명(졸업생 30명, 재학생 5명)과 비슷하거나 더 많아서 광복군 출신의 자질은 일본군 출신에 결코 뒤지지 않았다.

장교의 엘리트 코스인 육군대학 졸업자는 광복군 출신이 3명으로 가장 많았다. 일본육사 출신 가운데 일본 육군대학을 이수한 인물은 영친왕 이은과 평민 출신 홍사익뿐이며, 두 사람 모두 일본군 중장까지 승진했다. 그러나 영친왕은 일본 패망 후 일본에 머물다 뒤늦게 귀국했고, 홍사익은 전범재판에서 사형을 선고받았다.

따라서 일본군 출신 국군 장교 가운데 일본 육군대학 이수자는 단 한 명도 없었고, 일본육사 출신 중 일본군 연대장 경력을 가진 자도 없었다. 대부분이 비전투 부대에서 근무했다. 만주군 출신 가운데 만주 육군대학을 이수한 인물은 정일권이 유일하다.

한편, 일본군 학병 출신으로 광복군에 합류한 인원은 40여 명에 이르며, 이 중 9명이 국군 장교가 되었다. 6·25전쟁에서 세운 공로로 태극무공훈장을 받은 장철부(육사 제5기, 중령 추서)가 대표적이다.

국군이 된 광복군 출신 가운데 인도·미얀마 전구 공작대에서 활동한 인물은 3명이다. 이들의 국군 경력은 다음과 같다.

- 문응국(육사 제5기): 연대장, 부사단장 역임, 대령 전역
- 박영진(육사 제7기 특별반): 6·25전쟁 중 전사(소령)
- 최봉진(육사 제3기): 병참기지창장, 대령 전역

한·미 합작 독수리작전을 위한 OSS 훈련에 참여한 인원 가운데 국군이 된 사람은 모두 21명이다. 이 가운데 8명은 공비토벌작전과 6·25전쟁에서 전사했고 1명은 순직했다. 이범석 국내정진군 사령관은 초대 국방부 장관을 지냈고, 안춘생 제1지구대장은 육사 교장과 국방부 차관보를 거쳐 중장으로 전역했다.

국방부장관 2명, 참모총장 3명, 장군 26명

광복군 출신 중 군의 최고위직에 오른 인물은 국방부 장관 2명과 참모총장 3명이다. 국방부 장관 2명은 미군정청 통위부장 유동열과 대한민국 초대 국방부 장관 이범석이다. 참모총장 3명은 미군정청 경비대총사령관 송호성과 대한민국 제2대 공군참모총장 최용덕, 제6대 공군참모총장 김신(김구의 차남)이다.

장군으로 진급한 인원은 총 26명으로, 중장 6명, 소장 10명, 준장 10명이다. 이 가운데 중장은 육군의 김홍일·안춘생·최덕신·이준식과 공군의 최용덕·김신이다.

제14연대 반란 진압 및 공비 토벌 작전과 6·25전쟁에서 전사한 광복군 출신은 20명에 이르며, 6·25전쟁에서 세운 공로로 태극무공훈장을 받은 인물은 김홍일·이준식·장철부 3명이다.

대한민국 최초의 육군 장군 진급자 4명 가운데 2명은 광복군 출신(김홍일·송호성), 나머지 2명은 일본육사 출신(이응준·채병덕)이다. 또한 8개 창설 사단의 사단장 가운데 4명은 광복군 출신이고 나머지

4명은 일본육사 출신으로, 국군 초창기에는 광복군 출신이 일본육사 출신과 어깨를 나란히 했다.

지정계와 노능서

국군으로 편입된 광복군 출신 가운데에는 지정계와 노능서를 둘러싼 의문이 남아 있다. 첫째, 지청천 총사령의 차남 지정계가 실제로 광복군에 복무했다면, 왜 독립유공자 서훈을 받지 못했는가 하는 점이다. 둘째, 노능서의 경우 복무기록 카드에는 '소위 시절 행방불명'으로 기록되어 있으나, 국가보훈부 독립유공자 명단에는 2014년 사망으로 기재되어 있다는 점이다.

지정계(육사 학적부와 졸업생 명단에는 '이정계'로 등록)는 정부수립 이틀 뒤인 1948년 8월 17일 육군사관학교 제7기 특별반에 입교하여, 같은 해 10월 12일 소위로 임관했다. 제7기 특별반에는 광복군·일본군·만주군 출신뿐 아니라 북한 인민군 장교 출신도 포함되어 있었으며, 졸업생들은 다양한 분야로 진출했다. 이 기수에서는 장군만 40명(대장 2명, 중장 4명, 소장 18명, 준장 16명)이 배출되었고, 생도 시절 박정희 소령이 중대장(오늘날의 훈육관)으로 재직했던 인연으로, 5·16군사정변 이후 정관계에 진출한 동기생도 많았다.

졸업 후 1주일간의 휴가를 마친 제7기 특별반은 10월 18일까지 배속 부대에 도착하라는 명령을 받았다. 광주의 제5여단에는 40여 명이 배치되었으며, 이 중 지정계 소위를 포함한 19명이 제4연대로 배속됐다.

　1948년 10월 19일 여수에서 제14연대 반란이 일어나고, 21일 광주에 반란군 토벌사령부가 설치되자 제4연대는 진압 작전에 투입됐다. 지정계 소위는 10월 23일 보성에서 반란군의 총탄에 맞아 전사했다. 당시 부친 지청천은 국회 국방위원장이었다.

　동기생이자 광복군 출신인 황의선은 동기회 회고록에서, 자신이 일본군을 탈출해 광복군 총사령부에 근무하던 시절 지정계도 광복군에서 활동했다고 증언했다. 황에 따르면 지정계는 중국 군관학교 기갑과를 졸업하고, 중국어·영어·스페인어·일본어에 능통했으며, 건강한 체격과 강한 애국심을 지닌 장래가 촉망되는 장교였다.

　광복 후 두 사람은 함께 귀국해 나란히 육사에 입교했으나, 졸업 후 황의선은 청주 제4여단에, 지정계는 광주 제5여단에 배치됐다. 두 사람은 1948년 10월 17일 대전에서 마지막으로 작별했다고 한다.[36]

　필자가 지정계를 광복군으로 분류한 것은 황의선의 증언을 참고한 결과이다. 황의선은 대령으로 전역하였다.

　노능서는 학병 출신의 광복군으로, 이범석·김준엽·장준하와 함께 OSS 선발대에 포함되어 1945년 8월 18일 여의도 비행장에 착륙한 뒤, 이튿날 중국으로 돌아간 바 있다. 같은 해 12월 1일에는 대한민국 임시정부 요인 제2진과 함께 귀국했다. 그러나 1949년 2월 21일 육사 제8기 특별 4반에 입교하기 전까지 약 3년간의 행적은 기록상 확인되지 않는다.

36　육군사관학교 제7기특별동기생회, 『노병의 추억』, 212~213쪽.

소위로 임관한 이후의 활동 역시 자료가 거의 남아 있지 않으며, 육군 장교 복무기록 카드에는 '소위 시절 행방불명'으로 기재되어 있다. 필자는 2024년에 펴낸 『육군사관학교, 그 역사의 뿌리를 찾아서』에서 이를 근거로 "여순사건 진압 출동 후 행방불명되었다"라고 서술했으나, 이번 재검토에서 이 부분이 사실과 다를 가능성이 있음을 확인하였다.

국가보훈부의 독립유공자 공훈록을 토대로 그의 행적을 다시 살펴본 결과, 노능서는 6·25전쟁 중이던 1951년 3월, 일본 주둔 미군 정보기관(당시 CIA) 소속 부대가 부산 영도에서 창설한 북파 유격대(일명 영도유격대) 기간요원으로 선발되었다. 그는 일본으로 건너가 훈련을 받은 뒤 귀국해 유격대원 훈련을 담당했다. 이미 중국에서 OSS 훈련을 받은 경험과 북한이 고향이라는 점이 교관 선발에 유리하게 작용했을 것이다.

전쟁이 끝난 후 그는 전역하여 대한해운공사에 입사했으며, LA 지점장과 도쿄 지점장을 거쳐 미국으로 이주해 여생을 보내다가 2014년 향년 90세로 타계한 것으로 보인다.

그렇다면 왜 그의 기록카드에는 '소위 시절 행방불명'이라고 남았을까? 6·25전쟁 초기에 육군 장교 기록카드가 유실되었고, 전쟁 중 본인의 진술을 바탕으로 다시 작성되었다. 그러나 이 과정에서 노능서는 참여하지 못한 것으로 보인다. 북파 유격대는 미군의 지휘와 통제 아래 극비리에 조직·운영되었기 때문에, 그의 실질적인 활동이 공식 기록에 반영되지 못했을 가능성이 크다.

2 건군에 공헌한 광복군 출신들

이범석 초대 국방부장관, 건군의 초석을 놓다

이범석 국방부장관 (출처: 나무위키)

　대한민국 정부수립 직후, 이범석은 남북분단과 이념대립, 주한미군 철수, 국군의 반란과 북한의 도발 등 복잡하고 어려운 상황 속에서 초대 국방부장관을 맡았다. 비록 짧은 재임 기간이었지만, 그는 국군의 기초를 다지고 국군의 이념과 정신을 정립했으며, 국방력 강화를 추진하는 등 많은 업적을 남겼다.

　이범석 장관의 업적을 꼽자면, 국군조직법·국방부직제령·병역임시조치령 등 각종 법령 제정으로 건군의 제도적 기반을 마련한 것, 국군의 정체성과 이념을 확립한 것, 예비군 조직, 그리고 우수한 군사 인재 영입을 통한 장교단 진용 보강 등이 있다.

그는 무엇보다 국군의 전통과 이념을 굳건히 세워, 장병들이 광복군의 독립투쟁 정신을 이어받아 투철한 애국심과 반공정신으로 무장한 정예군으로 성장하도록 하는 것을 목표로 삼았다. 만주·시베리아·중국에서 독립투쟁을 전개하며 이미 공산주의와 그 세력에 대한 불신을 깊이 품고 있었던 그는, 광복 후의 사상 혼란과 대립을 겪으며 반공 이념 확립과 사상통일의 필요성을 절감했다. 특히 1948년 제14연대 반란(여순사건)은 그의 반공 방침을 더욱 굳히는 계기가 되었다.

이범석 장관은 "반공 이념 무장과 사상통일 없는 정예군 양성도, 국가안보의 기틀도 위태롭다"라고 확신했다. 1948년 12월, 여순지구 전투에서 전사한 장병들의 추도식에 참석한 그는 국군의 정신적 지표로 삼을 '국군 3대 선언문'을 발표했고, 이후 이를 수정·보완하여 '국군맹세'로 개정했다.

국군 3대 선언문

1. 우리는 선열의 혈적(血蹟)을 따라 죽음으로써 민족·국가를 지키자.
2. 우리의 상관, 우리의 전우를 공산당이 죽인 것을 명기하자.
3. 우리 국군은 강철같이 단결하여 군기를 엄수하고, 국군의 사명을 다하자.

사진 위쪽에 '국방장관훈'이라는 글 밑에 '사상통일', '사병제일주의'라는 글이 보인다 (출처: 국사편찬위원회).

국군맹세

1. 우리는 대한민국 국군이다. 죽음으로써 나라를 지키자.
2. 우리는 강철같이 단결하여 공산침략자를 쳐부수자.
3. 우리는 백두산 영봉에 태극기를 날리고, 두만강수에 전승의 칼을 씻자.

이후 그는 '사상통일'과 '사병(士兵)제일주의'를 지휘 방침으로 정하고, 장병들의 사상무장을 함양할 정훈국을 국방부에 설치했다.

경비대는 누구나 지원만 하면 입대할 수 있었기 때문에 공산 분자들이 침투했고, 그로 인해 반란 사건이 발생한 바 있다. 이 경험을 바탕으로 이범석 장관은 불온사상을 지닌 자의 국군 입대를 원천적으로 차단하기 위해, 사상이 건전하고 연대책임을 질 수 있는 보증인과 추천인이 있는 사람으로 입대 조건을 제한하였다(『병역임시조치령』 제13조).

"대한민국의 국방부장관은 나요!"

국방부 직제를 새로 제정하는 과정에서 제2국(정훈국)과 제4국(특수공작국) 설치 문제를 놓고 이범석 장관과 윌리엄 로버츠(William L. Roberts) 미 고문단장 사이에 찬반 격론이 벌어졌다. 로버츠 단장은 먼저 정훈국 설치를 반대하였다.

"군내에 정치장교를 배치하는 제도는 히틀러나 공산당이 채택하고 있는 제도입니다. 민주주의 국가의 군은 정치에도 초연한 입장에서 엄정중립을 지켜야 합니다. 따라서 일당 독재국가의 군처럼 정치장교 제도를 채택할 수는 도저히 없습니다."

이에 이범석 장관이 맞받았다.

"공산당과 싸우는 군대가 반공사상의 정신 무장 없이 어떻게 싸우란 말이요? 당신네들은 공산주의가 어떤 것인지 잘 모르고 있소. 난 국방부장관으로서 내 부하들을 철저한 반공사상으로 무장시킬 것이오. 미국 군대에도 정훈장교가 있지 않소?"

"그것은 장관이 말씀하시는 정치장교 제도와는 전혀 다른 성질의 것입니다."

"내가 말하는 것도 정훈장교라니까요."

"그렇다면 반공사상을 무장하기 위한 과업은 각 군 총참모장에게 위임하면 되지, 국방부 직속의 정훈국을 편성할 필요가 없을 것으로 생각합니다."

로버츠 고문단장은 제4국 설치에 대해서도 강력하게 반대하였다. 이범석 장관이 구상한 제4국은 북한이 남파한 공산 게릴라를 38선 부근에서 저지하고, 필요할 경우 38선 이북으로 침투해 첩보활동을 수행하는 특수부대를 운용·지휘하는 부서였다. 그러나 로버츠 단장은 이러한 활동이 북한을 자극하는 도발로 비칠 수 있다며 부정적인 태도를 보였다.

"대한민국의 국방부장관은 나요! 당신네 미국 사람들이 지원을 못하겠다면 그건 당신네들 사정이야. 나는 내 생각대로 해보겠소."[37]

정치훈련을 담당하는 정훈장교 제도는 중국 국민당 군대가 제1차 국공합작 시기에 소련 공산군의 정치장교 제도를 받아들여, 국민당을 옹호하고 공산당의 침투를 막기 위해 활용한 것이다. 임시정부 광복군 역시 임시정부를 옹호하고 이에 반하는 사상을 통제하기 위해 총사령부에 정훈국을, 각 부대에는 정훈조를 두었다.

중국의 국민군은 국민당에 예속된 당군이었으므로 정치장교를 두었고, 이 점에서 정치장교는 일당 독재국가에나 둘 수 있다는 로버츠 단장의 지적은 타당했다. 그러나 미군이 경험하지 못한 공산주의와 맞서기 위해서는 미군의 공보장교로는 한계가 있다는 점에서, 이범석

---

37 고정훈, 『비록(祕錄) 군(상)』, 동방서원, 1967, 72~77쪽.

장관의 판단도 옳았다. 더구나 국방부직제령이 제정될 당시는 제14연대 반란 사건 이후 반공사상이 강조되고 있던 시기여서 이범석 장관에게 정훈국 설치는 절박한 과제였을 것이다.

결국 이범석 장관의 뜻대로 국방부에 정훈국이 설치되었고, 그가 지휘하던 광복군 제2지대에서 정훈조장을 지낸 송면수가 정훈국장으로 임명되었다. 또한 국방부 특수공작국은 제4국으로 설치되어, 육군에 수색학교와 호림부대 같은 특수부대가 편성되고, 각 여단에도 1개 대대 규모의 유격대대가 배치되었다. 수색학교는 1948년 11월 경기도 고양 수색의 제1여단 사령부에서 창설되었으며, 이후 독립 제1대대를 편성해 '서울 유격대'로 개칭하고 지리산지구 공비소탕전에 참가했다. 1949년 6월에는 '38부대'로 이름을 바꾸어 옹진지구 작전에 투입되었다. 호림부대는 1949년 2월 탈북민 367명을 기반으로 서울 영등포에서 창설되었으며, 육군본부 정보국 소속이었다. 이후 '영등포학원'으로 개칭되면서 부대원 전원이 현역으로 편입되었다.

그러나 이범석 장관의 퇴진과 함께 특수공작국(제4국)은 폐지되었고, 육군의 특수부대들은 활동이 위축되거나 해체되었다. 만약 이범석 장관의 구상대로 특수부대가 대북 침투 공작을 수행했다면, 북한의 남침 기도를 사전에 포착했을지도 모른다는 아쉬움이 남는다.

군사 인재 영입

미군정 시기에는 과거 광복군·중국군·일본군·만주군 등에서 경력을 쌓은 유능한 군사 인재들 가운데 경비대 참여를 주저하거나 회피한 사람이 적지 않았다. 일본군 출신들은 과거 일본군 복무에 대한 참회의 뜻으로 자숙하고 있었고, 광복군 출신들은 이범석의 민족청년단과 지청천의 대동청년단에 가입해 활동하며 정부수립을 기다렸다. 또 일부는 시기를 놓쳐 참여하지 못하기도 했다.

이범석 장관은 『병역임시조치령』에 근거해 과거 장교 경력이 있고 군사 지식과 능력이 풍부한 인재를 영입해 군 간부진을 강화했다. 이들은 별도의 임관 과정을 거치지 않고 특별임관하거나, 아니면 육사 특별과정을 수료한 뒤 임관했다. 과거 군사 경력을 고려해 초임 계급이 부여되었으며, 이때 영입된 인사 중 장군으로 진출한 사람만 30여 명에 이르렀다.

군사 인재 영입 조치로 광복군 출신 30여 명과 만주 독립군(신흥무관학교 졸업생 포함) 출신 30여 명이 국군 장교로 임관했다. 이에 일본군과 만주군 출신 일부는, 광복군 출신을 영입하기 위한 구색 맞추기 차원에서 일본군과 만주군 인사도 포함된 것이라고 말하기도 했다.

이범석 장관은 광복군 출신 노태준과 일본육사 출신 이종찬 가운데 한 사람을 신설 국방부 참모총장으로 천거할 생각이었다. 노태준은 임시정부 국무총장과 국무총리를 지낸 노백린의 차남이었다. 그러나 두 사람 모두 당시 민간인이었기에, 미 고문관 측은 이승만 대통령에게 경비대 장교 출신 가운데서 참모총장을 선발하도록 요청했다. 그 결과 이종찬의 일본육사 동기생 채병덕이 참모총장에 기용된 것으로 전해진다.

이종찬, 군의 정치적 중립 지킨 '참군인'

이범석 장관의 군사 인재 영입 방침에 따라 임관한 대표적인 인물로는 광복군 출신 김홍일과 일본육사 출신 이종찬을 들 수 있다. 이종찬은 일본군 복무 경력에 대한 죄책감으로 해방 후 3년 동안 자숙했다. 그러나 일본육사 동기생 채병덕의 강권과 이범석 장관의 인재 영입 방침에 따라 대령으로 특별임관했고, 1951년 6월 제6대 육군참모총장(소장)에 임명되었다.

전임 정일권 총장은 국민방위군사건과 거창양민학살사건의 책임을 지고 물러났다. 이 두 사건으로 신성모 국방부장관도 해임되고, 이시영 부통령이 도의적 책임을 지고 하야(下野)했다. 두 사건 모두 국민의 공분을 산 초대형 사건이었다.

참모총장에 취임한 이종찬 장군은 두 사건을 법과 원칙에 따라 엄정하게 처리했다. 국민방위군사건은 중공군 개입으로 전세가 불리해지자 만 17세 이상 40세 미만의 제2국민병으로 국민방위군을 편성했는데, 이들에게 지급될 예산을 국민방위군 고위 간부들이 횡령해 수많은 장정이 기아와 동상으로 사망한 사건이었다. 이종찬 총장은 이 사건의 재심을 맡아, 사령관 김윤근 준장을 비롯한 고위 장교 5명에게 사형을 선고하고 즉시 집행했다.

국민방위군사건이 일단락되자 거창양민학살사건이 심판대에 올랐다. 이종찬 총장은 강영훈 장군을 재판장에 임명하며 다음과 같이 지침을 내렸다.

"우리 군은 일본과 같은 제국주의 군대가 아닙니다. 자유민주주의를 지향하는 민주군대인 것입니다. 우리 군은 궁극적으로 국민의 생명과 재산을 보호하기 위해 존재하고 있는 것입니다. 이런 군이 바로 국민의 생명을 위협하고 재산을 약탈했다면 이는 마땅히 의법 처리돼야 합니다."

그는 거창양민학살사건의 진상을 조사하기 위해 현지로 향하던 국회 진상조사단을 향해, 국군을 공비로 위장시켜 사격을 가하도록 한 경남계 엄사령부 민사부장 김종원 대령(일본군 지원병 출신, 육사 제1기) 구속을 지시했다. 당시 김 대령은 이승만 대통령의 두터운 신임을 받고 있었기에, 그의 구속은 이종찬 총장이 아니었다면 어려웠을 일로 평가된다.

군의 정치적 중립을 지킨 이종찬 장군에 관한 저서.

군사재판 결과, 양민학살 지휘 책임을 물어 제11사단 제9연대장 오익경 대령에게 무기징역(사형 구형), 제3대대장 한동석 소령에게 징역 10년(사형 구형), 국회 조사단 사격 사건의 김종원 대령에게 징역 3년(7년 구형)이 각각 선고되었다. 이후 국군 사기를 고려해 형이 감형되었다.

강성재의 『참군인 이종찬 장군』(1986)의 부제는 「군의 정신적 대부, 그의 평전」이다. 제목에 담긴 '참군인'과 '군의 정신적 대부'라는 표현은 당시 후배 장교들이 이종찬 장군에게 내린 평가를 반영한다. 이러한 호칭이 붙은 이유는 앞서 언급한 두 사건에서 드러난 원칙에 충실한 강직한 성품 때문이기도 하지만, 무엇보다 군은 정치에 관여해서는 안 된다는 확고한 신념과 이를 행동으로 옮긴 점이 결정적으로 작용했기 때문일 것이다. 그 신념이 처음 시험대에 오른 사건이 바로 '부산정치파동'이었다.

부산정치파동이란, 국회 간선제 헌법으로는 재집권이 어려워진 이승만 대통령이 대통령 직선제 개헌을 추진하기 위해 1952년 5월 25일 부산 일원에 비상계엄령을 선포하면서부터 대통령 직선제 개정 헌법이 공포된 7월 7일까지 임시수도 부산에서 이어진 정치적 파행을 일컫는다.

비상계엄 선포 직후, 이승만 대통령은 원용덕 소장을 영남지구 계엄사령관에 임명했다. 원 사령관은 헌병을 동원해 국회의원들이 타고 있는 출근 버스를 크레인으로 끌어 연행했다. 그 뒤, 신태영 국방부장관은 이종찬 참모총장에게 계엄사령부에 2개 대대 병력을 파견하라는 전화를 걸었다. 이 명령은 이승만 대통령의 뜻에 따른 것이었다.

그러나 이종찬 총장은 파병 명령을 거부했다. 그리고 '군은 어떠한 상황에서도 정치에 개입해서는 안 된다'라는 내용을 담은 육군 훈령 제217호를 전군에 하달했다. '육군 장병에게 고함'이라는 제목의 이 훈령 핵심 내용은 다음과 같았다.

"군은 국가와 민족의 수호를 유일한 사명으로 하고 있으므로 어떤 기관이나 개인에 예속되지 않을 뿐 아니라 변화무상한 정사(政事)에 좌우될 수도 없는 신성한 국가의 공기(公器)이므로 군인 된 자는 누구를 막론하고 국가방위와 민족수호라는 그 본분을 떠나서 행동해서는 안 된다."

이종찬 총장의 거부로 이승만 대통령은 크게 노여워했고, 이종찬은 신변의 위협까지 느끼게 되었다. 그러나 제임스 밴 플리트(James Van Fleet) 미 제8군사령관의 중재로 대통령의 심기가 누그러졌다. 결국 이종찬은 총장에서 물러나 미 육군참모대학에 유학을 떠났고, 1년 후 귀국해 육군대학 총장으로 발령받았다. 이후 4·19혁명으로 이승만 대통령이 하야할 때까지 7년 가까이 그는 냉대 속에서 육군대학 총장직을 지켰다.

이승만 대통령 하야 후 출범한 허정 과도정부는 이종찬 중장을 예편과 동시에 국방부장관에 기용했다. 국방부장관에 취임한 그는 제헌절인 1960년 7월 17일, 3군 참모총장과 해병대사령관에게 헌법 준수식을 거행하게 했다. 이들은 헌법 법전에 오른손을 얹고 다음과 같이 선서했다.

"나는 국토방위의 신성한 의무 수행을 사명으로 하는 국군의 참모총장으로서, 국헌을 준수하고 정치에 관여함이 없이 엄정 중립하여 맡은 바 임무를 성실히 이행할 것을 이에 맹세합니다."

과도정부 종료 후 제2공화국이 출범하자, 그는 장관직을 사양하고 진해로 내려가 은거했다. 돈·권력·명예 같은 세속적 가치에 연연하지 않았으며, 재산을 모으거나 자리를 탐하지도 않았다. 한국전쟁 당시의 전공에도 불구하고 태극무공훈장을 받지 않은 것도 같은 맥락이었다. 이런 점이 그에게 '참군인'이자 '국군의 정신적 대부'라는 평가를 안겼다.

1961년 초, 박정희 장군이 보낸 밀사가 군사쿠데타 참여 제의를 했으나 그는 단호히 거절했다.

"군이 정치에 개입해서 민간 정부를 쓰러뜨리는 것은 절대 반대다. 힘에 의한 정치는 결국 정치적 악순환을 되풀이할 뿐 도움이 되지 않기 때문이다."

그러나 그의 뜻과 달리 5.16군사정변이 발생했고, 그는 이후 6년간 이탈리아 대사로 재직했다. 흥미롭게도 쿠데타 주역인 박정희 장군은 이종찬이 참모총장이던 시절 작전국 차장(대령)으로서, 육군 훈령 제217호 '육군 장병에게 고함'을 작성하는 데 참여한 인물이었다.

정치 바람에 밀려난 이범석 장관

대한민국 정부가 출범할 때 이범석은 국무총리와 국방부장관을 겸임하였다. 그런데 재임 7개월 만인 1949년 3월 국방부장관직에서 해임되고, 국무총리직은 1950년 4월까지 그대로 유지되었다. 직위로만 보면 국무총리가 더 높은 자리인데, 왜 국방부장관직에서 물러나게 되었을까? 그 이유는 그가 조직한 민족청년단으로 거슬러 올라간다.

민족청년단(약칭 족청)은 1946년 10월 창단되어 정부수립 무렵에는 100만 명이 넘는 대규모 조직으로 성장했다. 그로 인해 이범석은 어느새 이승만 다음가는 실력자로 불렸고, 족청을 두고 '히틀러 유겐트'에 비유하는 말도 나왔다. 여기에 이범석이 국방부에 정훈국과 특수공작국을 설치하고, 호국군에 족청 출신 인사들이 다수 입대하자, 정치권 일각에서는 그가 쿠데타를 준비하고 있다는 소문까지 퍼

민족청년단 1주년 기념식 장면. 앞쪽 말을 타고 사열을 받는 이범석 단장의 모습(출처: 나무위키)

졌다.

  이승만 대통령도 이런 소문에 초연할 수는 없었을 것이다. 그는 이범석 장관의 정치적 영향력을 견제하기 위해 청년단체의 통합을 지시했고, 이에 따라 대한청년단이 결성되었다. 총재에는 이승만 대통령, 단장에는 내무부장관 신성모가 추대되었다. 족청은 처음에는 통합에 반대했으나, 대통령의 강력한 지시로 결국 대한청년단에 흡수되었다. 날개가 꺾인 이범석은 결국 국방부장관직에서 해임되었다. 그리고 그 후임에는 군사 분야 경험이 없는 영국 해양대학 출신 신성모 내무부장관이 임명되었다.

  국방부장관에 취임한 신성모는 이범석 전임 장관 시절 창설된 호국군을 폐지하고 자신이 주도해 창단한 대한청년단을 기반으로 청년방위대를 창설했다. 그리고 이범석 장관이 미 고문단장의 반대에도 불구하고 만들었던 국방부 제4국(특수공작국)도 폐지했다.

이범석은 국방부장관에서 해임된 지 약 1년 뒤 국무총리직에서도 물러났고, 신성모가 국무총리 대리를 겸임했다. 곧이어 6·25전쟁이 발발했다. 신성모와 채병덕 육군참모총장 기용은 전쟁 초기 국군의 대응 실패와 관련해 비판받았다.

이범석이 국무총리에서 물러난 이후에도 족청 출신들은 '족청계'로 불리며 자유당 창당 과정에서 일정한 역할을 했으나, 집권당에서 배제되면서 세력이 약화되고, 이범석은 정치적으로 입지가 좁아졌다. 이범석과 족청계의 퇴진과 함께 군 내 광복군 출신들도 큰 타격을 입었다.

광복군 출신 사관학교 교장들

사관학교는 군을 조직하고 훈련하며, 부대를 지휘·통솔할 정예 장교를 양성하는 교육기관이다. 한 나라의 군사력 수준은 사관학교의 수준을 크게 벗어나기 어렵다. 그만큼 사관학교 교육은 군사력 건설과 밀접하게 연관되며, 그 교육을 책임지는 교장직은 매우 중요한 자리다.

신생 조국의 군대를 창설하는 과정에서 광복군 출신들이 사관학교 교장으로 임명된 데에는, 광복군의 후예를 길러내려는 의도가 담겨 있었을 것이다.

광복군 출신 사관학교 교장은 육군사관학교 5명, 해군사관학교 1명, 공군사관학교 1명 등 모두 7명이다. 해사 교장은 제9대 민영구 준장, 공사 교장은 제3대 최용덕 준장이었다.

1946년 개교부터 1951년 진해에서 4년제 과정으로 재개교하기까지, 육사 교장 9명 중 1명은 일본육사, 3명은 만주군, 5명은 광복군 출신이었다. 특히 제6대부터 제9대까지 4대의 육사 교장이 모두 광복군 출신이었던 점은, 당시 이승만 대통령이 국군에게 광복군의 전통을 계승시키려던 뜻으로 해석된다.

초대부터 제9대까지의 육사 교장은 다음과 같다(☆는 광복군 출신, 괄호 안은 광복 이전 군사 경력).

- 제1대 참령 이형근(일본육사, 일본군 대위) 군영. 육군참모총장·합참의장(대장)
- 제2대 참령 원용덕(만주군 군의관 중교) 군영. 헌병총사령관(중장)
- 제3대 소령 정일권(만주 봉천군관학교·일본 육사, 만주군 상위) 군영. 육군참모총장·합참의장(대장)
- ☆제4대 준장 송호성(신흥무관학교, 중국 한단군사강습소, 중국군 상교, 광복군 참장) 육사 제2기. 경비대총사령관(준장) 겸임
- 제5대 소령 김백일(만주 봉천군관학교, 만주군 상위) 군영. 제1군단장, 6·25전쟁 중 전사(중장 추서)
- ☆제6대 중령 최덕신(중국 중앙육군군관학교, 광복군 정령) 육사 제3기. 군단장(중장)
- ☆제7대 준장 김홍일(중국 구이저우강무당, 광복군 참장, 중국군

중장) 특별임관. 군단장(중장)
- ☆제8대 준장 이준식(중국 윈난강무학교, 광복군 정령) 육사 제8기 특별1반. 육대 총장(중장)
- ☆제9대 준장 안춘생(중국 중앙육군군관학교, 광복군 정령) 육사 제8기 특별1반. 국방부차관보(중장)

4년제 육사 초대 교장 안춘생(출처: 한문화타임즈)

육군사관학교가 1951년 진해에서 4년제 과정으로 재개교할 당시, 육군참모총장이던 이종찬 장군은 여러 후보를 두고 고심 끝에 안춘생 준장을 교장으로 임명했다. 안춘생은 안중근 의사의 5촌 조카이자 광복군 출신으로, 우리 군이 독립정신을 계승하고 정통성을 세우는 데 적임자라고 판단했기 때문이었다.

이종찬 총장이 이승만 대통령에게 안춘생 장군을 육사 교장으로 천거하자, 대통령도 흔쾌히 이를 승인했다. 당시 대통령은 "육사에서 안중근 의사 같은 애국자를 한 사람만 배출해도 육사 교육은 성공한 것이다"라고 말했다고 전해진다.[38]

---

38 강성재, 『참군인 이종찬 장군』, 70쪽.

오성 장군 김홍일

김홍일(金弘壹, 1898~1980)은 민족지도자 남강 이승훈이 세운 정주 오산학교를 졸업한 뒤 황해도 경신학교 교사로 재직했다. 재직 중 오산학교 동문회가 항일단체로 몰리면서, 그도 일본 경찰에 체포되어 심한 고문을 당한 후 석방되었다. 이후 상하이로 망명하여, 대한제국 무관학교 출신 신규식의 주선으로 중국 구이저우강무학교에 입학했고, 1920년 졸업과 동시에 중국군 장교로 임관했다.

그는 시베리아와 만주에서 항일 의용군을 이끌고 활동했으며, 이후 쑨원의 국민혁명군이 추진한 군벌 타도 작전인 북벌(北伐)에 참전했다. 중국군 복무 시절에는 왕웅(王雄)·왕일서(王逸曙)·왕부고(王復高) 등의 이름을 사용했다.

김홍일의 대표적인 업적으로는 1932년 이봉창·윤봉길 의사의 의거에 사용할 폭탄을 김구 주석에게 제공한 일, 중일전쟁에서 중국군 고급 장교로 일본군과 싸워 승리를 거둔 일, 광복군 참모장으로 활동한 일, 일본 패망 후 만주의 한인 동포들을 보호하고 귀국을 주선한 일, 귀국 후 육군사관학교 교장으로 군사 인재를 양성한 일, 그리고 6·25전쟁 초기 한강 방어전을 성공적으로 지휘한 일 등을 꼽을 수 있다.

일본 항복 후 그는 광복군 참모장에서 중국군으로 복귀하여 중국 동북보안사령부 고급참모 겸 한교선무처장으로 부임해, 만주에 거주하던 동포들의 보호와 귀국 업무를 담당했다. 이후 중국 국방부 정치부 전문위원으로 임명되고, 중장(우리나라의 소장)에 올랐다.

오성 장군 김홍일(출처: 연합뉴스)

대한민국 정부수립 직후인 1948년 8월 28일 귀국한 그는 같은 해 12월 대한민국 육군 준장으로 특별 임관되어 육군사관학교 제7대 교장에 취임했다. 김홍일은 초창기 육사 교장 가운데 가장 오랜 기간 재직하며 육사의 기틀을 마련했다. 부교장 이한림 대령과 함께 육사 정규과정 개설을 추진했고, 장기 복무할 소수 정예 장교와 단기 복무자를 구분해 교육하는 방안을 육군본부에 건의했다. 그 결과 보병학교에 간부후보생 과정이 신설되어 육사 제9기생과 동시 모집이 이루어졌다. 그러나 정규과정은 여건 미비로 인해 생도 1기부터 시행되었다.

역대 육사 교장 중 생도들의 존경을 가장 많이 받은 인물도 김홍일 장군이었다. 생도들은 그의 단정한 외모와 원숙한 풍모에 감명받았으며, 매주 월요일 진행된 교양강의를 통해 국가관과 군인관을 확립했다. 그는 생도들에게 국가에 대한 충성과 국민에 대한 사랑을 가장 강조했다. 김홍일이 5·16 군사정부 외무부 장관으로 기용된 배경에는, 군사정변 주체인 육사 제8기생들의 추천이 있었던 것으로 보인다. 육사 제8기생은 모두 김홍일 교장의 가르침을 받은 제자들이었다.

한국전쟁 직전 육사 교장을 떠난 김홍일 장군은 6·25전쟁 발발 초기 시흥지구전투사령관으로서 한강 방어선을 지휘하며 북한군의 남하를 지연시켰다. 이로써 미군이 참전할 시간을 벌어주어 국군과 유엔군이 낙동강 방어선을 지킬 수 있게 되었다. 이후 한국군 최초로 창설된 제1군단의 군단장을 맡아 작전을 지휘하다가, 1950년 9월 1일 육군종합학교 교장으로 전보되었다. 6개월 뒤인 1951년 3월, 중장으로 전역한 그는 주중화민국(타이베이) 대한민국 대사로 임명되었다.

사후에는 그가 6·25전쟁 4대 영웅 가운데 한 명으로 거론되었으며, 중국군 중장(2성)과 국군 중장(3성)을 지낸 경력을 들어 '오성(五星) 장군'이라는 별칭이 붙기도 했다. 일부에선 그를 명예 원수로 추대해야 한다는 주장도 제기되었다.

'공군의 아버지' 최용덕

해군에 손원일 제독이 있다면, 공군에는 최용덕 장군이 있다. 손원일 제독을 '해군의 아버지'라 부르듯, 최용덕 장군은 '공군의 아버지'라 불린다. 손원일이 독립운동가의 아들이었다면, 최용덕은 바로 자신이 독립운동가였다. 육군의 경우 초대부터 제21대까지의 참모총장이 모두 일본군과 만주군 출신이었던 것에 비하면, 해군과 공군은 상대적으로 '행운'이었다.

최용덕(崔用德, 1898~1969)은 서울에서 초등학교를 마친 뒤 15세이던 1913년 베이징으로 유학을 떠났다. 하지만 적응하지 못하고 귀국해 평양 숭실학교를 졸업했다. 이후 다시 중국으로 건너가 중국 군관학교를 졸업하고, 바오딩항공학교에서 비행 훈련을 마쳐 조종사가 되었다. 1927년부터 1940년까지 그는 장제스의 국민혁명군 소속으로 활동했다.

1942년 중국 육군대학을 졸업한 뒤 광복군 총사령부 총무처장으로 부임하면서 그의 광복군 시기가 시작되었다. 재직 중에는 임시정부 공군 창설을 위한 '공군설계위원회'를 구성했으나, 인력과 장비 부족으로 실행하지는 못했다. 그러나 이 꿈은 해방 후 조국에서 이루어졌다.

1946년 7월 귀국한 그는 한국항공건설협회 회장으로 선출되어, 일본군 출신 김정열, 일본 민항기 조종사 장덕창 등과 함께 항공부대 창설을 추진하며 미군정과 접촉했다. 초기 미군정의 반응은 냉담했으나, 1947년 후반 남한 단독정부 수립이 가시화되고 국군 창설 논의가 본격화되자 미군정도 항공대 창설에 긍정적으로 돌아섰다. 다만, 중국군이나 일본군에서 이미 장교로 복무했던 이들에게도 육군보병학교 입교를 요구했고, 미국식 교육 과정을 거치도록 했다. 이에 불만이 있었으나, 최용덕은 이렇게 설득했다.

"이순신 장군도 백의종군을 하였다. 자기 나라 군대에서 자기 나라 영공을 지킬 수 있다고 하는 것에 비교하면 결코 굴욕이 아닐 것이다."

최용덕을 비롯해 김정열, 장덕창, 이영무, 박범집, 이근석, 김영환 등 '공군 창설의 7인'은 육군보병학교에서 기초 군사훈련을 받고, 이어 육군사관학교에서 2주간 교육을 받은 뒤 육군 소위로 임관했다. 1948년 7월 15일 최용덕이 초대 항공기지부대 사령관으로 임명되었고, 부대는 수색에서 김포로 이전하면서 명칭을 '항공기지사령부'로 변경했다.

1948년 8월 15일 대한민국 정부가 수립되면서 최용덕은 국방차관에 임명되었다. 그로 인해 그는 초대 공군참모총장직을 맡지 못했다. 그러나 국방차관으로 있으면서 새로 만들어지는 국군조직법에 "육군에 속한 항공병은 필요한 때에 독립한 공군으로 조직할 수 있다"라는 조항을 마련함으로써 공군 독립을 위한 법적 기반을 마련했다. 그 결과 1949년 10월 1일, 공군이 독립된 군으로 탄생할 수 있었다.

'공군의 아버지' 최용덕 전기.

1950년 5월 그는 공군 준장 계급으로 복귀하여 공군사관학교 교장에 임명되었다. 한 달 뒤 6·25전쟁이 발발했고, 전쟁 중이던 1952년 제2대 공군참모총장에 취임했다.

최용덕 장군은 '공군사관학교 교가', '공군가', '비행행진곡', '은익의 노래', '공군행진곡' 등 수많은 군가를 직접 작사했다. '공군의 선구자'로 불린 그는 1969년 8월 15일 별세했으며, "죽으면 공군복을 수의로 입혀 달라"는 유언을 남겼다.

마지막 기병대장 장철부[39]

장철부(張哲夫, 1921~1950)는 1941년 정주 오산중학교를 졸업한 뒤 이듬해 일본으로 건너가 도쿄 주오(中央)대학교 법학부에 입학했다. 호방하고 의협심이 강한 그는 일본 야쿠자들에게 시달리던 한국 유학생들을 위해 직접 나서 그들을 제압했고, 이후 유학생들은 더 이상 괴롭힘을 당하지 않았다고 한다. 학업 성적이 우수했을 뿐 아니라 축구, 유도, 권투에 모두 뛰어난 만능 스포츠맨이었다.

1944년 1월, 그는 학병으로 일본군에 입대해 김준엽·장준하와 같은 사단에 배치되었다. 부대 생활 한 달쯤 지나, 5촌 당숙이자 어린 시절부터 친구처럼 지낸 김여현과 함께 병영을 탈출했으나, 중국 친일 왕징웨이(汪精衛) 정부 소속 기병대에 붙잡혀 일본군 헌병대에 인계되었다. 저항하던 김여현은 그 자리에서 사살되었다.

잔혹하기로 악명 높은 헌병대에 끌려간 그는 엄중한 처벌을 각오했으나, 의외로 가벼운 처분을 받았다. 학병 탈영이 광복군 합류를 위한 시도였음이 알려지면 다른 한국인 학병들의 탈영을 부추길 것을 우려한 일본군이 사건을 은밀히 처리한 것이다. 장철부는 억지로 반성문을 작성한 뒤 원대에 복귀했다.

그해 7월, 그는 다시 일본군을 탈출했다. 이번에는 숙영지 인근 판잣집에 살던 중국인 소년의 도움을 받았다. 탈출에는 성공했으나, 이

---

39   장철부에 관한 이야기는 김선덕의 『마지막 기병대장 장철부』(아사달, 2017)을 참조하였다.

번에는 모택동의 팔로군과 마주쳤고, 통역을 통해 자신이 조선인임을 밝힌 뒤 조선의용군에 인계되었다. 광복군에 합류하기 위해 조선의용군을 떠나 수천 리 떨어진 충칭으로 향하던 중, 중국 국민당군에게 붙잡혀 일본군 첩자로 오해받고 포로수용소에 갇혔다. 포로들은 학대당하거나 처형되었고, 그는 죽음을 기다리는 처지에 놓였다. 다행히 포로수용소를 방문한 광복군이 그가 조선인 탈영병임을 확인하고 석방을 도왔다.

그는 광복군과 함께 충칭에 도착해 제1지대 제1구대에 배치되었고, 이때 이름을 김병원(金秉元)에서 장철부로 개명했다. 이후 김홍일 참모장의 추천으로 강홍모·김중진·이건국 등과 함께 1945년 6월 중앙육군군관학교 제20기 기병과에 입학했다. 해방 후에도 2년 6개월의 교육 과정을 모두 마치고 1947년 12월 귀국했다.

귀국 당시 육사 제5기생이 교육을 받고 있었기에 이듬해 제6기로 입교할 예정이었으나, 송호성 경비대총사령관의 특별추천으로 제5기에 편입되었다. 1948년 4월 6일 졸업과 동시에 소위로 임관해 육사 교관으로 발령받았다.

제5기 동기생 김익권 장군은 동기회 회고록에 올린 「고 장철부 동지를 애도함」이란 글에서 장철부는, "쩨쩨한 구석이 없고, 정의를 위해서는 무서울 것이 없는 기질이며, 위풍당당하여 장차 장군이 될 틀이 소위 시절부터 엿보였다"라고 평했다.

그는 김홍일 교장과 광복군 시절 인연이 있었고, 오산학교 동창이라는 점에서도 김홍일 교장의 각별한 대우를 받았다. 육사 교관 재직 중 지청천 총사령을 주례로 모시고 결혼식을 올렸으며, 중위를 거치

장철부 기병대대장(출처: 『마지막 기병대장 장철부』)

지 않고 대위로 특진한 뒤 곧 소령으로 진급해 기갑연대 기병대대장에 부임했다.

6·25전쟁이 발발하자 장철부 소령은 기병대대를 이끌고 각 전선에서 활약했다. 한강 방어전에서는 기병대의 기동력을 살려, 곳곳에서 한강을 도하하는 북한군 침투부대에 타격을 가했다. 철수 과정에서는 부상병을 말에 태워 후송하고, 후위를 맡아 아군 철수를 엄호했다. 오산 북방 죽미령에 이르러서는 미군 선발대 스미스 부대의 부상병들을 후송하는 한편, 7월 14일 공주 남방 삼교리에서 북한군에 포위된 미 제24사단 포병대대를 구출해냈다.

이후 대구로 후퇴한 기병대대는 청송지구 방어 명령을 받자, 남은 군마 약 180필(개전 초 약 330필)을 대구 경마장에 맡기고 산악지대인 청송으로 출동했다.

1950년 8월 4일, 장철부 소령은 경상북도 청송군 진보면 진안리 야산에서 적의 공격을 받아 29세의 나이로 전사했다. 이후 중령으로 추서되었으며, 건국훈장과 태극무공훈장이 수여되었다.

결론 국군의 뿌리 광복군

국군의 정통성 논란

 '국군의 뿌리는 광복군이다'라거나 '국군은 광복군을 모체로 한다'라는 말은 곧 '국군의 정통성이 광복군에 있다'라는 것을 의미한다. 정통성이란 정당성을 인정하고 받아들이게 하는 근거라 할 수 있다. 필자는 전통성(tradition), 정체성(identity), 합법성(legitimacy)이라는 세 가지 요건을 충족할 때 비로소 정통성이 성립한다고 생각한다. 그렇다면 국군의 정통성은 어디에서 찾아야 할까? 미군정이 창설한 경비대에서 찾아야 할까, 아니면 대한민국임시정부의 국군인 광복군에서 찾아야 할까?

 먼저 국군의 정통성이 경비대에 있는지를 살펴보자. 첫째, 경비대는 역사도 전통도 없으므로 전통성이 결여되어 있다. 둘째, 미군정이 만든 경비대는 군대도 경찰도 아닌 경찰예비대로, 미군도 아니고 대한민국 국군도 아닌 국적 불명의 조직이었다. 따라서 국군과 정체성을 공유한다고 보기 어렵다. 셋째, 경비대가 미군정 법령에 따라 설치된 반면, 국군은 대한민국 헌법과 법률에 근거해 창설되었다. 이 점에서 경비대는 국군으로서의 합법성을 지니지 못한다. 따라서 국군의 정통성을 미군정의 경비대에서 찾을 수 없다는 결론이 나온다.

미군정의 경비대와 이를 인수한 대한민국 국군은 해방 전 광복군·일본군·만주군·중국군 등에서 복무했던 군사 경력자들을 인적 자원으로 삼아 창설되었다는 사실은 부인할 수 없다. 인적 자원이 다양하고 이질적이었음에도, 사회 여론과 다수의 군사 경력자들은 광복군을 모체로 국군을 편성해야 한다는 데 인식을 같이했다. 그 결과 국군 창설 초기에는 광복군 정통성 계승론이 비교적 큰 이견 없이 받아들여졌다.

경비대 창설을 추진하던 미군 고문관들은 일본육사 출신이나 학병 출신을 선호했음에도 불구하고, 미군정은 통위부장(국방부 장관)에 임시정부 군무부장을 지낸 인물을, 경비대총사령관(육군참모총장)에는 광복군 출신을 임명했다. 또한 대한민국 초대 국방부 장관과 차관, 사관학교 교장을 비롯한 주요 보직에도 광복군 출신을 우선 기용했다. 이는 광복군을 모체로 삼아 국군을 편성해야 한다는 당시의 시대정신을 반영한 조치였다.

우리 헌법 전문에는 대한민국이 대한민국임시정부의 법통을 계승한다고 명시되어 있다. 따라서 국군 역시 임시정부의 국군인 광복군의 법통을 잇는다고 할 수 있다. 그렇다면 이처럼 평범하고도 당연한 명제가 오늘날 다시 논의되는 이유는 무엇일까?

그 이유는 대한민국 정부 수립 직후 발생한 좌익 세력의 군내 반란과 이어진 6·25전쟁 때문이다. 이 두 사건을 거치며 반공이 시대정신으로 자리 잡았고, 그 결과 항일 독립투쟁과 국군의 광복군 정통성 계승 문제는 자연히 뒷전으로 밀려났다. 바로 그 시기, 국군의 창군 이념과 전통을 확립해야 할 중요한 순간에 군의 요직을 차지하고 있던 일본군·만주군 출신들을 중심으로 '경비대 모체론'이 제기되었다. 미군정이 창설한 경비대가 국군으로 전환되었으니, 국군의 모체이자 전신은 당연히 경비대라는 주장이다.

이러한 경비대 모체론은 1987년 민주화 투쟁의 성과로 개정된 헌법 전문에 '대한민국은 대한민국임시정부의 법통을 계승한다'라는 구절이 명시되면서, 광복군 모체론과 계승론이 다시 힘을 얻어 한동안 잠잠해졌다.

그러나 오늘날 광복군의 정통성과 모체론은 왜곡된 역사관을 지닌 일부 세력으로부터 도전을 받고 있다. 이들은 광복이 우리의 독립투쟁의 결과가 아니라 연합군이 베푼 '선물'이거나, 일제가 미국과 무리하게 충돌하다가 패망하면서 얻어진 부산물이라고 주장한다. 이런 논리에 따르면 독립군과 광복군의 항일투쟁은 우리 역사에서 설 자리를 잃게 된다. 이런 그릇된 역사관이 육군사관학교에 설치된 독립군과 광복군 독립지사들의 흉상을 철거하려던 시도로 이어졌다고 생각한다.

국군의 정통성 확립을 위한 제안

건군 77년이 되는 오늘날까지 국군의 정통성에 관한 논란이 있다는 것 자체가 개탄스러운 일이 아닐 수 없다. 이에 필자는 불필요한 논쟁을 마무리하기 위해 세 가지 조치를 제안하고자 한다.

첫째, 국군의 정통성을 법제화하는 일이다. 이는 군인의 지위 및 복무에 관한 기본법(약칭, 군인기본법) 제5조(국군의 강령)를 보완하는 방법이다. 다시 말해, 군인기본법 제5조에 "국군은 한국광복군의 전통을 계승한 민족의 군대이다"라는 내용을 추가하는 방식이다. 이렇게 했을 때 군인기본법 제5조는 다음과 같이 된다.

① 국군은 한국광복군의 전통을 계승한 민족의 군대이다.
② 국군은 국민의 군대로서 국가를 방위하고 자유 민주주의를 수호하며 조국의 통일에 이바지함을 그 이념으로 한다.
③ 국군은 대한민국의 자유와 독립을 보전하고 국토를 방위하며 국민의 생명과 재산을 보호하고 나아가 국제평화의 유지에 이바지함을 그 사명으로 한다.
④ 군인은 명예를 존중하고 투철한 충성심, 진정한 용기, 필승의 신념, 임전무퇴의 기상과 죽음을 무릅쓰고 책임을 완수하는 숭고한 애국애족의 정신을 굳게 지녀야 한다.

이렇게 함으로써 국군 장병들은 광복군의 후예로서 자긍심을 갖고 복무의 의미를 되새길 수 있을 것이다.

둘째, 국군 창설일을 바로잡는 일이다. 국군의 정통성이 광복군에 있다면 창설일 역시 광복군이 창설된 1940년 9월 17일로 정하는 것이 타당하다. 이러한 의견은 이미 노태우 정부 때 '국군의 날'을 광복군 창설일인 1940년 9월 17일로 하자는 논의가 있었다.[40] 이후 문민정부와 국민의 정부에 이르기까지 '국군의 날'을 광복군 창설일로 바꾸려는 논의가 있었으나, 정치적·사회적 상황으로 실현되지 못했다.

이에 필자는 현행 '국군의 날'은 유지하되, 별도로 광복군 창설일을 '국군 창설기념일'로 제정할 것을 제안한다. 이렇게 하면 두 기념일의 역사적 의미를 모두 살릴 수 있다.

이러한 점에서 미국의 사례는 참고할 만하다. 미국은 육·해·공군, 해병대, 해안경비대 각각의 창설기념일을 따로 두고, 이를 아우르는 '군대의 날(Armed Forces Day)'을 별도로 운영하고 있다. 특히 미 육군은 1775년 6월 14일 창설된 대륙군(Continental Army)을 기념하며 이를 육군의 뿌리로 삼는다. 대륙군은 영국의 식민 지배에서 벗어나 독립을 쟁취하기 위해 조직된 군대로, 우리 식으로 표현하면 '독립군'이다. 광복군 또한 영어로 'Korean Independence Army', 즉 '한국 독립군'이다. 따라서 광복군 창설일을 국군 창설일로 기념하는 것은 충분한 역사적 정당성을 지닌다.

셋째, 교육과 홍보를 강화하는 일이다. 장병들에게 국군의 뿌리가 광복군이라는 사실을 체계적으로 인식시켜야 한다. 특히 장교는 양성 과정에서부터 독립군과 광복군의 역사와 전통을 교육받아야 한다. 또한 국방부와 각 군의 공식 홈페이지에 기재된 연혁을 개선하여, 근대 이후 우리나라의 군사 전통이 제대로 소개되도록 할 필요가 있다. 이 점에서 공군 홈페이지는 모범적인 사례라 할 수 있다.

---

40 육군본부, 《국군의 맥》, 1992. 529-532.

참고문헌

- McKenzie, F.A., *The Tragedy of Korea.*, E.P. Dutton & Co, New York, 1908, 신복룡 역주, 『대한제국의 비극』, 집문당, 1999.
- Sawyer, Robert K., ed. by Hermes, Walter G., *Military Advisors in Korea: KMAG in Peace and War*, Center of Military History U.S. Army Washington, D.C., 1988.
- 강성재, 『참군인 이종찬 장군』, 동아일보사, 1986.
- 강정애, 『황푸군관학교의 한인, 학생·교관편』, 소명출판, 2024.
- 고정훈, 『비록(祕錄) 군(상)』, 동방서원, 1967.
- 공군사관학교, 『공군사관학교 60년사』, 2009.
- 국립대한민국임시정부기념관, 『한국광복군 그리고 국군』, 2025.
- 국방부, 『한국전쟁 I: 해방과 건군』, 1967.
- 국방부, 『국방사: 1945.8-1950. 6』, 1984.
- 국방부 군사편찬연구소, 『건군사』, 2002.
- 국방부 군사편찬연구소, 『6·25전쟁사 1: 전쟁의 배경과 원인』, 2004.
- 국방부 군사편찬연구소, 『독립군과 광복군 그리고 국군』, 2017.
- 국방부 군사편찬연구소, 『근현대 한국군의 역사』, 2019.
- 국방부 군사편찬연구소, 『국방 100년의 역사: 1919~2018』, 2020.
- 국방부 군사편찬연구소, 『한국군 전력증강사 1: 1945~1960』, 2020.
- 국사편찬위원회 한국사데이터베이스, 한국근대사료DB, 『임시정부자료집

6』,「임시의정원 V」, '대일선전성명서'.
- 국사편찬위원회 한국사데이터베이스, 한국근대사료DB,『임시정부자료집 9』,「군무부」.
- 국사편찬위원회 한국사데이터베이스, 한국사 총설DB,『신편한국사 43』,「국권회복 운동」, 2002.
- 국사편찬위원회 한국사데이터베이스, 한국사 총설DB,『신편한국사 48』,「임시정부의 수립과 독립전쟁」, 2002.
- 김광제,『독립전쟁에 일생을 바친 군인 김학규』, 역사공간, 2016.
- 김구,『백범일지』, 스타북스, 2020.
- 김민호,「한국광복군 출신의 대한민국 국군 참여와 역할」, 국방부 군사편찬연구소 편,《군사》, 제125호, 81~130.
- 김석원,『노병의 한』, 육법사, 1977.
- 김선덕,『육군의 산파역 이응준』, 아사달, 2017.
- 김선덕,『마지막 기병대장 장철부』, 아사달, 2017.
- 김영심,『시대를 앞서간 민족혁명의 선각자 신규식』, 역사공간, 2010.
- 김원룡 편역,『보병조전』, 국방군사연구소, 1998.
- 김재승,『만주벌의 이름 없는 전사들』, 혜안, 2002.
- 김준엽,『장정 I: 나의 광복군시절·상』, 도서출판 나남, 1989.
- 김준엽,『장정 II: 나의 광복군시절·하』, 도서출판 나남, 1989.
- 김효순,『간도특설대』, 서해문집, 2014.
- 김희곤,『독립군을 기르고 광복군을 조직한 조성환』, 역사공간, 2013.
- 대한민국역사박물관,『소장자료4』,「해방공간 1945~1948」, 2015.
- 독립기념관,『공간과 한국광복군』, 2020.
- 박경석,『오성장군 김홍일』, 서문당, 2010.
- 반병률,『홍범도 장군』, 한울, 2014.
- 서인한,『대한제국의 군사제도』, 혜안, 2000.

- 서중석, 『신흥무관학교와 망명자들』, 역사비평사, 2001.
- 신용하, 『독립협회 연구』, 일조각, 1976.
- 신용하, 「신민회의 독립군기지 창건운동」, 『한국근대민족운동사연구』, 일조각, 2017.
- 신용하, 「독립군의 봉오동전투와 청산리독립전쟁」, 『한국근대민족운동사연구』, 일조각, 2017.
- 신흥무관학교기념사업회 편, 『신흥무관학교 교관 원병상회고록』, 2023
- 육군본부, 『창군전사』, 1980.
- 육군본부, 『육군복제사』, 1995.
- 육군본부, 『국군의 맥』, 1992.
- 육군사관학교, 『대한민국 육군사관학교 30년사』, 1978.
- 육군사관학교, 『대한민국 육군사관학교 50년사』, 1996.
- 육군사관학교 전사학과, 『한국전쟁사』, 일신사, 1987.
- 육군사관학교 제3기동기회 편, 『화랑의 꿈 선구의 길』, 2005.
- 육군사관학교 제5기생회 편, 『육사제5기생』, 1990.
- 육사7기 특별동기생 편, 『노병의 추억: 육사7기 특별임관40주년기념특집』, 1989.
- 육군사관학교 제8기생회 편, 『노병들의 증언: 육사8기사』, 1992.
- 육군사관학교 한국군사연구실 편, 『한국군제사: 근세조선후기 편』, 육군본부, 1977.
- 윤상원, 「러시아 지역 한인의 항일무장투쟁 1918-1922」, 박사학위논문, 고려대학교 대학원, 2010.
- 이기동, 『비극의 군인들: 일본 육사 출신의 역사』, 일조각, 1982.
- 이기동, 『비극의 군인들: 근대한일관계사의 비록』, 일조각, 2020.
- 이덕일, 『이회영과 젊은 그들』, 역사의아침, 2009.
- 이범석, 『철기 이범석 자전』, 외길사, 1991.

- 이원규, 『마지막 무관생도들』, 푸른세상, 2016.
- 이지원, 「조선경비대 항공 부대의 역사에 관한 비판적 고찰」, 국방부 군사편찬연구소, 《군사》, 제125호, 2022, 47~80.
- 이형근 회고록, 『군번 1번 외길인생』, 중앙일보사, 1993.
- 이현주, 『한국광복군 총사령 지청천』, 역사공간, 2010.
- 이현희, 『계원 노백린 장군 연구』, 신지서원, 2000.
- 장창국, 『육사졸업생』, 중앙일보사, 1984.
- 조승옥, 『육군사관학교, 그 역사의 뿌리를 찾아서』, 글씨앗, 2024.
- 지복영, 『역사의 수레를 끌고 밀며, 항일 무장독립운동과 백산 지청천 장군』, 문학과 지성사, 1995.
- 짐 하우스만·정일화, 『한국 대통령을 움직인 미군 대위』, ㈜한국문화원.
- 한시준, 『한국광복군연구』, 일조각, 1993.
- 한시준, 『대한제국군에서 한국광복군까지 황학수의 독립운동』, 역사공간, 2013.
- 한용원, 『장군』, 박영사, 1984.
- 해군사관학교, 『대한민국 해군사관학교 50년사』, 1996.

부록 광복군 출신 국군 명단

1 강홍모(1922~2000, 애족장) 중국 중앙육군군관학교, 광복군 제1지대/ 육사 제4기, 제2사단 32연대장, 제5관구사령부 참모장(대령)

2 계의성(1924~1982, 애족장) 일본군 탈출, 광복군 제2지대 제3구대, OSS 훈련을 마치고 국내정진군 평안도 반에 편성 대기 중 광복/육사 제8기 특별 3반, 병기 중령

3 고시복(고일명, 1911~1953, 애국장) 중국 중앙육군군관학교, 광복군 총사령부 창설 요원, 제2지대 간부, 총사령부 심리작전 연구실 주임/육사 제2기, 제6사단 참모장, 서울지구병사구사령관, 6·25전쟁 중인 1953년 5월 8일 병사(준장 추서)

4 구자민(1924~2001, 애국장) 광복군 제2지대, OSS 훈련 참가/육사 제8기 특별3반, 군수기지사령부 시설대장(중령)

5 권준(1895~1959, 독립장) 신흥무관학교 졸업, 의열단 창단 요원, 중국 황푸군관학교 졸업, 임시정부 내무부 차장, 광복군 우한(武漢)잠편지대장/육사 제8기 특별1반(대령 임관), 초대 수도경비사령관, 초대 제50사단장(소장)

6 김관오(1901~1965, 독립장) 중국 윈난육군강무당, 광복군 총사령부 고급참모, 임시정부 내무부 경위대장, 광복군 총사령부 고급부관, 참모처 제2과장/육사 제7기 특별반, 제5여단 제21연대장, 관구 부사령관(소장), 충무무공훈장 외 4개, 미국 공로훈장

7 김국주(1924~2021, 애국장) 광복군 징모 제6분처에서 모병 활동, 광복군 제3지대 제2구대장/육사 제7기 특별반, 제36사단장, 제1야전군사령부 부사령관(소장), 화랑·충무무공훈장

8 김동수(1916~1982, 독립장) 중국 뤄양분교 한인특설반, 한국청년전지공작대 부대장, 광복군 제5지대·제2지대, 총사령부 토교대 대장/특별임관, 제1기갑연대장, 제27사단장(준장)

9 김명천(1916~1999, 애국장) 광복군 제2지대/육사 제7기 특별반, 육군 중령 전역

10 김명탁(1916~1950, 애족장) 한국청년전지공작대, 광복군 제2지대/육사 제5기, 6·25전쟁 중 행방불명(소령)

11 김문호(1911~1999, 애국장) 징모 제3분처 주임, 제2지대 제3구대 제3분대장/ 미군정 헌병 CIC 근무, 헌병총사령부 조사과장(소령)

12 김병학(1922~1983, 애국장) 광복군 제3지대, 학병 탈출 지원/육사 제8기, 육군 정보장교(중령)

13 김성환(1919~미상, 애국장) 일본군 탈출, 광복군 제2지대, OSS 무전반 훈련 수료/육사 제8기, 1950년 6월 28일 파주 남방 봉일천에서 전사(대위)

14 김소(1917~2008, 애족장) 중국 중앙육군군관학교, 중국군 복무 중 광복군 제3지대로 가는 동포들을 안전하게 인도/육사 제5기, 제1사단 제11연대 제1대대장, 육군 대령 전역

15 김승조(1919~2013, 애족장) 광복군 제1지대 제2구대에 입대하여 통역 및 포로심사, 연락업무 등을 담당/육군 대위 전역

16 김신(1922~2016, 애족장) 김구 차남, 임시정부 내무부·한국광복군 총사령부 직원으로 활동, 중국 및 미국 항공학교에서 비행훈련/공군 간부후보생 제2기, 제6대 공군참모총장(공군 중장)

17 김영관(1924~ , 애족장) 일본군 탈출 광복군 제1지대 제2구대와 징모제3분처에서 활동/육군종합학교 제26기, 육군 대위 전역

18　김영남(1922~1950, 애족장) 학병, 광복군 징모3분처에서 활동/육사 제8기 특별4반, 육군헌병학교 졸업, 1950년 안동전투에서 전사(소령)

19　김영오(1920~1993, 애족장) 광복군 제3지대에 입대하여 베이징 지하 공작원으로 활동/육사 제8기 특별4반, 육군 중령 전역

20　김영일(1925~2011, 애국장) 광복군 제3지대에 입대하여 광복군 기관지 《빛》의 편집위원으로 활동/육사 제8기 특별3반, 주월 십자성부대장, 제25사단장, 육군대학 총장(소장)

21　김용관(1926~1971, 애족장) 광복군 제3지대에 입대하여 중국유격여단에 배속되어 활동/육사 제5기 졸업, 육사 생도대장, 제38사단장(소장)

22　김윤택(건국훈장 미포장) 육사 제5기, 1950년 6월 30일 한강 방어전에서 전사(대위)

23　김일환(1923~1950, 애국장) 광복군 제2지대/육사 제8기 특별3반, 6·25전쟁 중 평남 덕천에서 전사(소령)

24　김은석(1919~2011, 애족장) 광복군 제3지대에서 활동/낙동강 전투에서 전사

25　김중섭(1916~1985, 애족장) 광복군 제3지대에서 활동/육군 중령 전역

26　김현(1914~1950, 애족장) 광복군 제2지대, OSS 훈련 참가/육사 제8기 특별3반, 6·25전쟁 중 전사(대위)

27　김홍일(1898~1980, 독립장) 중국 구이저우 강무당 졸업, 임시정부 군무부 차장 겸 광복군 참모장, 중국 동북보안사령부 고급참모 겸 한교사무처장에 취임하여 만주에 거류하는 교포의 생명과 재산을 보호하고 귀국 편의 제공, 이후 중국 국방부 정치부 전문위원/준장으로 특별임관, 육사 교장, 시흥지구전투사령관, 초대 제1군단장, 육군종합학교 교장(중장)

28　나태섭(왕중랑, 1901~1989, 독립장) 중국 뤄양군관학교 한인특설반. 중국 중앙육군군관학교, 광복군 제2지대 간부, 임시정부 군무부 군무국장/육사 제7기 특별반, 제50사단 참모장, 제2훈련소 연대장(대령), 화랑·충무·을지

무공훈장

29 노능서(서준철, 1923~2014) 학병, 광복군 제2지대, OSS 훈련, 국내정진군 전라도 반에 편성/육사 제8기 특별4반, 6·25전쟁 중 주일 미 CIA가 비밀리에 조직한 북파 유격대(영도유격대) 훈련 교관으로 활동(대위?)

30 노복선(1912~1997, 독립장) 중국 중앙육군군관학교, 광복군 총사령부 부관, 광복군 제2지대 3구대장/육사, 101사단 제118연대장(대령)

31 유춘성(1914~1982, 애국장?) 학병, 광복군 총사령부/육사 제3기, 제103근무사단 연대장, 대령 전역

32 문상명(1922~1992, 대통령표창) 광복군 제3지대/육사 제7기 특별반, 제6사단 제2연대장, 육군대학 참모장, 보병학교 교수단장(대령), 화랑무공훈장, 충무무공훈장

33 문응국(1921~1996, 애족장) 광복군 인도미얀마전구공작대 부대장/육사 제5기, 제12연대장, 제1사단 부사단장(대령)

34 민영구(1909~1976, 애족장) 임시의정원 의원, 임시정부 외무부 참사 등을 역임한 독립운동가 민제호의 아들, 광복군 총사령부 주계과장, 임시정부 내무부 경무과 과원, 광복군 총사령부 제2과 과원/해군 장교로 특별임관, 해군사관학교장(해군 소장)

35 박금룡(1925~2019, 애국장) 일본군 탈출, 광복군 제2지대, OSS 훈련 참가/육군 헌병 장교

36 박기성(1905~1991, 독립장) 중국 중앙육군군관학교, 한국청년전지공작대 군사조장, 광복군 제5지대 간부, 총사령부 서무과 과원/육사 제3기, 제101사단장, 육본 전사감(준장)

37 박노일(1923~1976, 애족장) 광복군 제3지대 교련 교관, 한미합동 포로 심사관/육사 제8기 특별4반, 육군 중령 전역

38 박동환(미상~1948, 애족장) 광복군 제3지대 지하 공작원/1948년 여순사건 당시 사망

39 박석권(1925~1990, 애족장) 일본군 탈출 광복군 제1지대에 입대, 한미합동 기갑반 훈련 대기 중 광복/육사 제5기, 육군 중령 전역
40 박승헌(1923~1982, 애국장) 학병, 총사령부 부관처/육사 제3기, 육군 헌병 차감(대령)
41 박시창(1903~1986, 독립장) 임시정부 제2대 대통령 박은식의 아들, 중국 황푸군관학교 우한분교 및 중국 육군대학 졸업, 광복군 총사령부 고급참모, 임시정부 참모부 참모, 광복군 상하이잠편지대장/육사 제3기, 제102여단장, 제3군단 부군단장(소장)
42 박영섭(1922~1962, 애국장) 중국 중앙육군군관학교, 광복군 제2지대 제2구대, OSS 훈련 참가/육사 제7기 특별반, 제21연대 대대장, 보병학교 교관, 교육총본부계획과장(중령)
43 박영일(1924~2011, 애족장) 광복군 제3지대/육사, 1948년 8월 예편
44 박영준(1915~2000, 독립장) 임정 국무위원 박찬익의 아들, 중국 중앙육군군관학교, 광복군 총사령부 회계과장, 제3지대 제1구대장/육사 제7기 특별반, 육군 정훈감, 제29사단장, 제6군단 부군단장(소장)
45 박영진(1921~1950, 애국장) 광복군 인도미얀마전구공작대 대원/육사 제7기 특별반, 6·25전쟁 중 1950년 6월 25일 전사(소령)
46 박용운(1917~1960, 애족장) 광복군 제3지대/육사 제5기, 육본 근무 중 사망(대령)
47 박재곤(1916~1997, 애족장) 광복군 제3지대/육사 제5기, 국방부 총무국장(대령)
48 박종길(1924~2000, 애족장) 광복군 총사령부 토교대/육사 제5기, 중부지구 경비사령부 참모장(중령)
49 박재화(1921~1950, 애족장) 중국 중앙육군군관학교, 광복군 제2지대, OSS 훈련 참가/육사 제8기 특별2반, 6·25전쟁에서 제1사단 13연대 중대장으로 전사(대위)

50 박찬규(1928~2019, 애족장) 광복군 제3지대/육군 사병 입대, 백마고지 전투 공훈(하사)

51 박효근(1923~2009, 애족장) 일본군을 탈출, 광복군 제1지대 제3구대/육사 제7기, 경북대 학생군사교육단장(대령)

52 백운룡(1925~2006, 애족장) 광복군 제3지대 입대/육사 제7기 특별반, 제71연대장, 육군본부 감찰감실 차장(대령), 충무무공훈장, 화랑무공훈장

53 백창섭(1916~2004, 애국장) 광복군 총사령부에서 복무하다가 국내 특파원으로 입국하여 활동 중 광복/1950년 11월 제1사단 입대, 6·25전쟁 평양전투 참전

54 송면수(1910~1950, 애족장) 중국 중앙육군군관학교, 광복군 제2지대 정훈조장, OSS훈련 참가/초대 정훈국장, 6·25전쟁 중 사망

55 선우기(1921~1949, 애국장) 광복군 제2지대 제3구대 1분대, OSS 정보·파괴반 훈련 수료 후 국내정진군 평안도 반에 편성/육사 제8기 특별 4반, 1949년 지리산 공비토벌작전 수행 전사(중위)

56 송호성(1889~1959, 미포상) 신흥무관학교, 중국 한단군사강습소, 광복군 총사령부 편련처장, 제1지대장/육사 제2기, 육사 교장, 조선경비대총사령관, 육군총사령관, 제5사단장, 6·25전쟁 중 납북(준장)

57 승영호(1920~1988, 애국장) 학병, 광복군 제3지대 입대, 총사령부 군법무실/육사 제8기 특별 4반, 병무청장(대령)

58 신동열(1899~1972, 애국장) 중국 낙양분교 한인특설반, 지청천 총사령의 특파원으로 중국군에 편입되어 항일활동/육사 제8기 특별4반, 대령 전역

59 안병표(미포상) 광복군 제2지대/육사 제8기, 1960년 6월 29일 전사(중위)

60 안춘생(1912~2011, 독립장) 중국 중앙육군군관학교, 광복군 제1지대 간부, 광복군 제2지대에서 OSS 훈련 참가 후 국내정진군 제1지구대장에 임명/육사 제8기 특별1반(중령 임관), 육사 교장, 제8사단장, 국방부 차관보(중장)

61 엄송여(1912~2002, 애족장) 중국 뤄양분교 한인특설반, 한인애국단에 가입하여 국내로 잠입하다 체포되어 2년 형을 받음/육사 제3기로 임관
62 엄일우(1922~2000, 애족장) 광복군 제3지대/육사 제5기, 육군 중령 전역
63 엄자명(미포상) 육사 제5기, 첩보부대, 1961년 전역
64 오광선(1896~1967, 독립장) 중국 바오딩군관학교 중퇴, 신흥무관학교 졸업, 대한독립군 중대장, 뤄양분교 한인특설반 교관, 베이징에서 일경에 체포되어 신의주에서 옥고를 치른 후 만주로 가서 독립운동 중 8·15광복으로 귀국/김구 주석이 광복군 국내지대장에 임명, 육사 제8기 특별1반(대령 임관), 호국군 여단장, 대전지구위수사령관(준장)
65 오성행(1921~2000, 애국장) 한국청년전지공작대에 입대, 광복군 제2지대 본부/육사 제7기 특별반, 제2훈련소 연대장(대령)
66 왕태일(1918~1995, 애국장) 중국 중앙육군군관학교 기병과, 중국군 기병대장교로 복무 중 광복/육사 제5기, 파면(중위)
67 유동열(1879~1950, 대통령장) 일본육사, 대한제국 참령, 임시정부 참모총장·군무부장/미군정 통위부장(국방부장관), 6·25 전쟁 때 납북 도중 사망
68 유영중(1921~1951, 애족장) 학병, 광복군 제1지대 제3구대/육사 제5기, 육군 대령 전역
69 유해준(1917~1986, 독립장) 중국 중앙육군군관학교, 광복군 제2지대 간부로 초모 공작 활동 중 일본 헌병대에 체포, 징역 2년에 집행유예 3년 선고 받음, 이후 만주로 들어가 독립운동을 하던 중 광복/군사영어학교, 남원지구 전투사령부 부사령관, 제25사단장, 육본 정훈감·감찰감, 육군대학 총장, 제1야전군사령부 부사령관(소장)
70 윤태현(1919~1970, 애국장) 한국청년전지공작대, 광복군 제2지대, OSS 훈련 후 국내정진군 충청도 반에 편성되어 국내 진입 작전 준비 중 광복/육사 제7기 특별반, 6·25전쟁 중 단양전투에서 무단 철수로 즉결처분(소령)
71 이건국(1918~1951, 애족장) 학병, 중국 중앙군관학교, 광복군 제3지대/육

사 제4기, 육사 교관, 제2사단 부연대장, 1951년 1월 7일 횡성전투에서 전사(대령)

72 이구연(이해명, 1896~1950, 독립장) 광복군 총사령부 군법처 군법관/육사 제8기 특별4반

73 이금렬(1926~2003, 대통령표창) 중국 산둥성 중학교 재학 중 광복군 지하 공작원과 접선한 후 동지를 규합하여 광복군 지역으로 탈출하려던 중 일제 경찰에 붙잡혀 징역 7년을 선고받았으나 4개월 만에 병보석으로 석방/육사 제8기, 제3사단 부사단장(대령)

74 이득우(1925~2014, 애족장) 광복군 제3지대/육군 헌병 장교

75 이명(진가명, 1917~1950, 애국장) 대한제국 무관학교 출신으로 신흥무관학교장, 북로군정서 참모부장, 한국독립군 참모장을 지낸 독립운동가 이장녕의 아들, 중국 뤄양분교 한인특설반, 한국청년전지공작대에 입대, 광복군 제5지대를 거쳐 제2지대로 편입, OSS 정보·파괴반 훈련을 받고 국내진입 작전 명령 대기 중 광복/육사 제8기 특별 3반, 수도사단 제1연대 2대대장, 6·25전쟁 중 전사(중령)

76 이무중(1925~1950, 애족장) 광복군 제1지대/육사 제2기, 제1사단 제11연대 제3대대장, 1950년 10월 1일 미원에서 전사(소령)

77 이문화(1921~2022, 애족장) 학병, 광복군 제3지대 입대, 총사령부 정훈처/육사 제8기 특별3반, 육군 중령 전역

78 이범석(1900~1972, 대통령장) 윈난육군강무당, 신흥무관학교 교관, 북로군정서 사관연성소 교관, 북로군정서 연성대장으로 청산리 독립전쟁 지휘, 뤄양분교 한인특설반 교관 및 학생대장, 광복군 참모장, 제2지대장, OSS 국내정진군 대장/대한민국 초대 국무총리 겸 국방부장관

79 이병곤(뇌명) 한국청년전지공작대에 입대, 광복군 제2지대 제2구대, 중국군 제9전구 사령부에 파견되어 대적 공작 담당, 광복군 제1지대 제3구대장/육사 제5기, 육군 중령 전역

80 이신성(1922~2016, 애족장) 광복군 제3지대, OSS 무전반에서 훈련 중 광복/육사 제7기 특별반, 제1군사령부 수송대대장(중령)

81 이영길(1912~1973, 애국장) 학병, 광복군 총사령부에 입대, 임시정부 경위대에 배치/육사 제7기, 제26사단 73연대장, 제9사단 부사단장(대령)

82 이영수(1924~2022, 애족장) 광복군 제3지대, 1952년 사병 입대, 장교 임관, 육군 대위 전역

83 이원범(이창범, 1920~1985, 애국장) 광복군 제3지대/육사 제7기 특별반, 탈영(소령)

84 이윤철(1925~2017, 애족장) 한국광복진선청년공작대에 입대, 중국 공군통신학교 수료, 쓰촨성(四川省 사천성) B-29 폭격기 기지에 배치/공군 장교 임관, 공군 소령 전역

85 이종국(건국훈장 미포장) 중국군 제9집단군 정보처 근무/육사 제2기, 합참국장(준장)

86 이종렬(1924~2019, 애족장) 일본군 탈출, 중국 유격부대에서 활동, 광복군 제1지대 제3구대 입대/6·25 전쟁 중 입대, 제주도 포로수용소와 미군 부대 근무

87 이준식(1900~1966, 독립장) 윈난육군강무당, 광복군 제1지대 지대장 및 징모제1분처 주임, 총사령부 고급참모/육사 제8기 특별1반(대령 임관), 초대 수도사단장, 제7사단장, 육사 교장, 제3사단장으로 영덕지구 전투에서 수훈(태극무공훈장), 육본 전방지휘소장, 작전참모부장, 국방부 제1국장, 교육총감, 육군 중장 전역

88 이진영(1907~1951, 독립장) 중국 뤄양분교 한인특설반, 의열단 가담, 민족시인 이육사의 권유로 조선혁명간부학교 제2기 수료, 조선의용대 입대, 의용대가 광복군 제1지대로 편입됨에 따라 광복군 총사령부 경리과 및 총무처 3과에서 복무/육사 제7기 특별반, 제14연대 반란군 진압 작전 중 전사

89 이찬영(1924~1983, 애족장) 일본군을 탈출, 광복군 제1지대 제3구대/장교

임관, 육군 제2군사령부 헌병부장, 국방부 합동조사본부장(헌병 대령)

90 이창도(1926~2010, 애족장) 광복군 제3지대, OSS 훈련 참가/육사 제7기, 제2훈련소 수용연대장(대령)

91 이창범(1920~1973, 대통령표창) 광복군 제3지대, 국내정진군 교육훈련반/육사 제7기 특별반, 육군 대령 전역

92 이홍근(1928~2009, 애족장) 광복군 제3지대/육사 제8기, 제28사단 81연대장, 제32사단 부사단장(준장)

93 장덕기(1921~1996, 애국장) 광복군 제2지대, OSS 훈련 수료 후 국내정진군 평안도반 제1조에 편성되어 국내 침투 작전 대기 중 광복/육사 제7기, 제8사단 포병연대장(대령)

94 장세국(1928~2012, 애족장) 광복군 제3지대 제1구대 2분대, OSS 훈련생으로 선발/육군 사병 입대, 육군 상사 전역

95 장철(1922~2008, 애국장) 한국청년전지공작대에 입대, 광복군 제2지대, OSS 정보·파괴반 훈련 수료 후 국내정진군 평안도반 1조에 배치되어 대기 중 광복/육사 제7기 특별반, 사단 참모장, 육본 조달감실 차감(대령)

96 장철부(김병원, 1921~1959, 애족장) 학병, 중국 중앙군관학교, 광복군 제1지대 제1구대/육사 제5기, 육사 훈육관, 기갑연대 기병대대장으로 1950년 8월 4일 청송지구 전투에서 전사(태극무공훈장·중령 추서)

97 장호강(1916~2009, 애족장) 중국 중앙육군군관학교, 중국군 정보장교, 광복군 제3지대 본부 부관실에서 활동/육사 제8기 특별4반, 육군 제38사단장, 제25사단장(준장)

98 장흥(1903~1983, 애국장) 중국 황푸군관학교, 중국군 헌병 중교, 광복군 한커우(漢口 한구)잠편지대 부지대장,/육사 진학 후 퇴교, 초대 육군헌병사령관, 전남병사구사령관, 제5관구사령부 부사령관(소장)

99 전이호(1922~2013, 애국장) 학병, 광복군 제3지대 정보교육 담당/육사 제3기, 육군헌병학교장, 국방부 조사본부장(대령)

100 전재덕(1924~2016, 애족장) 일본군 탈출, 광복군 제1지대 제3구대에 편입/육사 제8기, 육군 대령 전역

101 정희섭(1920~1987, 애족장) 중국에서 의사로 있으면서 광복군 징모제3분처 활동 지원/육군 의무장교로 임관, 의무사령관, 육군본부 의무감(준장), 보건복지부 장관

102 조동린(1924~2011, 애국장) 중국 육군중앙군관학교 제21기, 광복군 제3지대/육사 제7기 특별반, 제9사단 정보참모, 제1군단 정보참모 보좌관(중령), 충무무공훈장

103 지정계(1925~1948, 미포상) 육사 학적부와 동기생 명단에는 이정계로 기록. 광복군 총사령 아들, 임시정부를 지지하는 한국광복진선청년공작대에서 활동, 광복군 총사령부 근무/육사 제7기 특별반, 제14연대 반란 진압차 출동했다가 1948년 10월 23일 전남 보성에서 전사(중위), 을지무공훈장, 충무무공훈장

104 차성훈(1926~1951, 애족장) 제3지대에 입대하여 OSS 훈련생으로 선발되어 대기 중 광복/육사 제5기, 1951년 12월 20일 전사(소령)

105 차약도(1927~1950, 애족장) 학병, 광복군 제3지대 창설 주역/육사 제5기, 6월 28일, 서울지구 헌병대장으로 지금의 신세계백화점 부근에서 전사(대위)

106 채원개(1895~1974, 독립장) 중국 뤄양강무당 수학, 황푸군관학교 한인 학생 지도관, 중국군 고급장교로 복무하던 중 광복군이 창설됨에 따라 총사령부 참모처장, 제1지대장으로 활약/육사 제3기, 제7연대장, 제2여단장, 제2사단장(준장)

107 최규련(1915~1999, 애족장) 경영하던 운수회사를 처분하여 광복군 제3지대에 헌납, 광복 후 광복군 제남·청도지구 특파단 부단장에 임명/육사 제5기, 육군 대령 전역

108 최덕신(1914~1979, 대통령표창) 임시정부 국무위원 최동호의 아들, 임시정

부 참모총장 유동열의 사위, 중국 중앙육군군관학교, 총사령부 선전과장/육사 제3기, 육사 교장, 제8사단장, 제11사단장, 제1군단장(중장)

109 최덕휴(1922~1998, 애족장) 일본군 탈출, 광복군 제1지대 제3구대에 편입/6·25 전쟁 중 입대, 육군본부·국방부 근무(소령)

110 최봉진(1917~2003, 애국장) 광복군 인도미얀마지구공작대 대원으로 파견/육사 제3기, 육군 병참기지창장(대령)

111 최세득(1921~1998, 건국포장) 광복군 제3지대/육사 제5기, 육군본부 정보국, 육군 대령 전역

112 최시화(1921~1950, 애족장) 광복군 제3지대 제1구대 제3분대/6·25전쟁 중 실종

113 최용덕(1898~1969, 독립장) 중국 군관학교, 바오딩항공학교, 육군대학 수료, 광복군 총사령부 총무처장·참모처장, 광복군 북평잠편지대장/대한민국 초대 국방부 차관, 공군간부후보생 제1기, 공사 교장, 공참모총장(중장)

114 최웅세(1919~1976, 애족장) 광복군 제3지대/육사 제8기 특별4반, 육군 중령 전역

115 최장학(1909~1987, 애국장) 권준의 사위, 중국 성자군관학교 한인 특별훈련반 수료, 광복군 제1지대/육사 제8기 특별4반, 경남병사구사령관(대령)

116 최진동(1913~1995, 애국장) 중국 중앙육군군관학교를 졸업 후 중국군에 복무하다 조선의용대에 가담, 조선의용대가 광복군 제1지대로 편입됨에 따라 광복군에 합류/육사 제7기 특별반, 육군 대령 전역

117 태윤기(1918~2021, 애족장) 광복군 제2지대 입대, OSS 정보·파괴반 훈련 수료, 국내정진군 함경도반 1조에 편성되어 국내 진공을 기다리던 중 광복/육사 제7기 특별반, 육군 법무관(대령)

118 한성도(1909~1950, 애국장) 중국 뤄양분교 한인특설반, 광복군 총사령부 토교대(土橋隊) 대장, 총사령부 참모처 제3과 과원/육사 제3기, 제3여단 연대장(중령), 6·25전쟁 중 실종

119 한철(1902~1980, 애족장) 중국 윈난육군강무학교 졸업 후 상하이에서 의열단에 입단하여 남만주에서 활약, 1929년 난징에서 한국혁명단 조직에 참여/육사 제5기, 정훈학교 교장 대리, 제3군단 관리부장(대령)

120 한필동(1921~1993, 애족장) 학병, 광복군 총사령부 토교대/제1연대 헌병대장, 육군 대령 전역

121 함세만(1922~2012, 애족장) 광복군 제3지대/육사 제8기, 육군 병기기지창장(대령)

122 허봉석(1917~1955, 애족장) 광복군 제2지대, OSS 정보·파괴반 훈련 수료 후 국내정진군 황해도반 제3조에 편성되어 대기하던 중 광복/육사 제7기 특별반, 순직(중령)

123 허영일(1921~1950, 애족장) 한국청년전지공작대, 광복군 제2지대, OSS훈련 수료 후 국내정진군 경상도 반 반장에 임명되어 대기 중 광복/육사 제7기 특별반, 파면(중위)

124 홍구표(1923~2003, 애족장) 학병, 광복군 제2지대/육사 제8기 특별4반, 6·25전쟁 당시 소령으로 한국은행 금괴 수송 열차 호송 책임, 육군 대령 전역

125 홍재원(1917~2015, 애족장) 광복군 제2지대, OSS 정보·파괴반 훈련 수료 후 국내정진군 강원도반 제2조에 편성되어 대기 중 광복/육군 중령 전역

126 황영식(1913~1969, 애국장) 광복군 제2지대, 임시정부 내무부 경위대 대원, 총사령부 경리처 근무/육사 제7기 특별반, 육군 중령 전역

127 황의선(1924~2018, 애족장) 일본군 징병, 광복군 총사령부 토교대/육사 제7기 특별반, 사단 참모장, 군사령부 군수처장(대령), 금성무공훈장

128 황하규(1921~1950, 애족장) 광복군 제1지대 제1구대, 한미합동 기갑훈련반 교육 대기 중 광복/육사 제7기, 1950년 7월 10일 영천전투에서 전사(대위)

국군의 뿌리, 한국광복군
ⓒ조승옥 2025

초판 1쇄 발행일	2025년 11월 15일
지은이	조승옥
펴낸이	이문용
편집	복일경, 조주호
디자인	페이퍼컷 장상호
펴낸곳	도서출판 세종마루
등록	제2023-000012호
주소	세종시 마음로 322, 2201-602
전화	0507-1432-6687
E-mail	sjmarubook@gmail.com

ISBN 979-11-993183-2-8 03910

※이 책의 판권은 지은이와 세종마루에 있습니다.
※잘못된 책은 교환해 드립니다.